ENSINAR VERDE
A DIREITO

ESTUDO DE METODOLOGIA DO ENSINO DO DIREITO DO AMBIENTE (EM "AMBIENTE DE BOLONHA")

VASCO PEREIRA DA SILVA

Professor das Faculdades de Direito
da Universidade de Lisboa e da
Universidade Católica Portuguesa

ENSINAR VERDE A DIREITO

ESTUDO DE METODOLOGIA DO ENSINO DO DIREITO DO AMBIENTE (EM "AMBIENTE DE BOLONHA")

ENSINAR VERDE A DIREITO

AUTOR
VASCO PEREIRA DA SILVA

EDITOR
EDIÇÕES ALMEDINA, SA
Rua da Estrela, n.º 6
3000-161 Coimbra
Telef.: 239 851 904
Fax: 239 851 901
www.almedina.net
editora@almedina.net

PRÉ-IMPRESSÃO • IMPRESSÃO • ACABAMENTO
G.C. – GRÁFICA DE COIMBRA, LDA.
PALHEIRA – ASSAFARGE
3001-453 COIMBRA
producao@graficadecoimbra.pt

Abril, 2006

DEPÓSITO LEGAL
241393/06

Os dados e as opiniões inseridos na presente publicação
são da exclusiva responsabilidade do(s) seu(s) autor(es).

Toda a reprodução desta obra, por fotocópia ou outro qualquer processo,
sem prévia autorização escrita do Editor,
é ilícita e passível de procedimento judicial contra o infractor.

Relatório sobre o Programa, os Conteúdos e os Métodos de Ensino
Teórico e Prático da Disciplina de Direito do Ambiente

Agregação em Direito, 3.º Grupo: Ciências Jurídico-Políticas
Faculdade de Direito da Universidade de Lisboa

ENSINAR VERDE
A DIREITO

ESTUDO DE METODOLOGIA DO ENSINO
DO DIREITO DO AMBIENTE (EM "AMBIENTE DE BOLONHA")

Relatório sobre o Programa, os Conteúdos e os Métodos de Ensino
Teórico e Prático da Disciplina de Direito do Ambiente

I – "Avaliação do impacto" do ensino do direito ambiental.
Considerações genéricas

1 – Da "natureza" e da "cultura" do relatório
2 – Da "sustentabilidade do desenvolvimento" de um relatório sobre Direito
do Ambiente
3 – Das condicionantes externas: o "meio-ambiente universitário europeu".
A Declaração de Bolonha e a criação do "Espaço Europeu do Ensino
Universitário do Direito"
   3.1 – "Estudo de impacto ambiental" da Declaração de Bolonha (levantamento da situação). Fichas sobre o ensino do Direito e sobre o
ensino do Direito do Ambiente na Europa
   3.2 – "Avaliação do impacto" da Declaração de Bolonha no ensino do
Direito
   3.3 – Ensinar Direito do Ambiente no contexto da Declaração de Bolonha

II – Verde Cor de Direito.
Programa e conteúdos da disciplina de Direito do Ambiente

1 – Programa e indicações bibliográficas gerais da disciplina de Direito do
Ambiente

2 – Conteúdos da disciplina de Direito de Direito do Ambiente. Planificação de matérias, indicações sumárias de conteúdos e sugestões bibliográficas para cada lição

III – Utilizando as "melhores técnicas disponíveis" para ensinar Direito do Ambiente. Os métodos de ensino

1 – Problemas gerais
2 – Aulas teóricas
3 – Aulas práticas
    3.1 – Explicitação da matéria e esclarecimento de dúvidas
    3.2 – Resolução de casos práticos
    3.3 – Debates
    3.4 – Comentários de jurisprudência
    3.5 – Trabalhos de investigação
    3.6 – Europeização do ensino do Direito, utilização jurídica de línguas estrangeiras e de novas tecnologias
    3.7 – Outras actividades complementares
4 – Simulação de julgamento
5 – Sistema de avaliação e provas de exame.

I

"AVALIAÇÃO DO IMPACTO"
DO ENSINO DO DIREITO AMBIENTAL.
CONSIDERAÇÕES GENÉRICAS

1 – Da "natureza" e da "cultura" do relatório
2 – Da "sustentabilidade do desenvolvimento" de um relatório sobre Direito do Ambiente
3 – Das condicionantes externas: o "meio-ambiente universitário europeu". A Declaração de Bolonha e a criação do "Espaço Europeu do Ensino Universitário do Direito"
   3.1 – "Estudo do impacto ambiental" da Declaração de Bolonha (levantamento da situação). Fichas sobre o ensino do Direito e sobre o ensino do Direito do Ambiente na Europa
   3.2 – "Avaliação do impacto" da Declaração de Bolonha no ensino do Direito
   3.3 – Ensinar Direito do Ambiente no contexto da Declaração de Bolonha

I

"AVALIAÇÃO DO IMPACTO"
DO ENSINO DO DIREITO AMBIENTAL
CONSIDERAÇÕES GENÉRICAS

1 – Da "natureza" e da "cultura" do relatório

É meu entendimento que o "relatório sobre o programa, os conteúdos e os métodos de ensino teórico e prático de uma disciplina", legalmente exigido para a progressão na carreira académica (no concurso para Professor Associado, primeiro, e nas Provas de Agregação, depois), se destina a permitir a reflexão teórica sobre a prática pedagógica de uma determinada matéria leccionada, ou a leccionar. Tal a razão de ser deste «Ensinar Verde a Direito – Estudo de Metodologia do Ensino do Direito do Ambiente ("Em Ambiente de Bolonha")», no momento em que me submeto à prestação de provas de Agregação em Direito, 3.º Grupo: Ciências Jurídico-Políticas, na Faculdade de Direito da Universidade de Lisboa.

Da minha perspectiva, proceder ao estudo da metodologia do ensino de uma disciplina jurídica, como é o caso do Direito do Ambiente, enquadra-se na lógica e nas funções da Universidade, na qual «se encontram indissociavelmente ligadas as tarefas de investigação e de ensino, [pelo que] tanto se exige ao Professor de Direito que saiba investigar e construir autonomamente o seu pensamento no domínio da respectiva disciplina científica, como se deve também exigir que ele seja capaz de comunicar, de fazer chegar aos estudantes o fruto da sua investigação e labor doutrinário, numa palavra, que seja capaz de ensinar»[1], como ainda se deve exigir também que seja capaz de reflectir tanto sobre a sua própria prática didáctica,

---

[1] VASCO PEREIRA DA SILVA, «Ensinar Direito (a Direito) – Contencioso Administrativo», Almedina, Coimbra, 1989, página 12.

como acerca da metodologia mais adequada para o ensino da respectiva disciplina científica[2].

Mas, se a natureza do relatório é pedagógica, a sua cultura é jurídica, até porque os estudos didácticos não devem ser apenas apropriados à natureza do ensino universitário, mas também do respectivo domínio científico. Assim, o ensino do Direito coloca problemas pedagógicos específicos, por se tratar de um domínio científico que tem por objecto uma realidade que se destina a ser aplicada, o que impõe que se considere a «indissociável relação entre a ciência e a técnica jurídica, entre a norma e a realidade, entre o Direito legislado e o aplicado. E a necessidade de o jurista estar em condições tanto de pensar, como de aplicar o Direito, o que obriga a um ensino universitário do Direito que tenha em conta essa dupla dimensão»[3].

Ultrapassada a dicotomia tradicional, entre um ensino do Direito exclusivamente teórico e livresco (correspondente ao modelo histórico romano-germânico) e um outro essencialmente prático e profissionalizante (correspondente ao modelo histórico anglo-saxónico), ensaiam-se, hoje em dia, por toda a parte, novas metodologias jurídicas que consideram simultaneamente essa dupla dimensão, dando origem a formas múltiplas de combinação entre as vertentes teórica e prática da formação dos juristas (posto que, da originária dualidade, mais não subsistiu do que simples tendências, ou orientações no sentido de valorizar, mais ou menos, uma ou outra das referidas dimensões). Aproximação de duas tradições antagónicas que resultou, desde logo, da extraordinária complexidade assumida tanto pelos factos como pelas fontes de natureza jurídica, na actualidade, exigindo uma mais completa e diversificada educação dos juristas (mais prática, no caso dos países romano-germânicos, mais teórica, no caso dos países anglo-saxónicos), mas a que não é também alheio o fenómeno da europeização do Direito, decorrente da criação de uma ordem jurídica europeia (aquém e além da Mancha), que aproxima sistemas jurídicos e sistemas de

---

[2] Tem havido, sobretudo, entre os Professores de Direito, alguma controvérsia sobre a natureza do relatório, assim como acerca da sua adequação, ou não, ao ensino universitário das ciências jurídicas, bem como ainda a propósito da razoabilidade (ou, mesmo, legalidade) da sua exigência em distintos momentos da progressão académica. Sobre tal polémica, já anteriormente tive oportunidade de me pronunciar, pelo que me limito, agora, a partir da posição antes sustentada, a remeter para esse meu estudo anterior a análise das diferentes posições relativas, assim como dos respectivos argumentos (vide Vasco Pereira da Silva, «Ensinar D. (a D.) – C. A.», cit., pp. 9 e ss.).

[3] Vasco Pereira da Silva, «Ensinar D. (a D.) – C. A.», cit., pp. 22 e ss.

"Avaliação do impacto" do ensino do direito ambiental 13

formação jurídica, para já não falar também da crescente influência de outro fenómeno recente da "globalização jurídica".

Assim, por um lado, as transformações do ensino superior, com a generalização e a democratização do acesso e da frequência universitários, que conduziram mesmo à respectiva massificação, por outro lado, as referidas mudanças ao nível da formação jurídica, traduzidas na busca de um novo paradigma pedagógico (que fizesse a síntese dos dois modelos didácticos anteriores), vão fazer com que as questões da metodologia do ensino do Direito, durante tanto tempo ignoradas, adquirissem uma premente actualidade. Tendo-se verificado que, nas Faculdades de Direito, não só aumentou o interesse pelo tema, como se «multiplicaram, nos últimos anos, os instrumentos da didáctica jurídica: ao lado daqueles tradicionais, como os cursos, os manuais, os compêndios, as lições, surgiram novos instrumentos, destinados a tornar menos conceptualística e mais problemática a aprendizagem jurídica, como, por exemplo, as recolhas de casos e de materiais» (SABINO CASSESE / CLAUDIO FRANCHINI)[4].

2 – Da "sustentabilidade do desenvolvimento" de um relatório sobre Direito do Ambiente

A elaboração de um estudo metodológico sobre o ensino do Direito do Ambiente impôs-se-me, como escolha óbvia, por três ordens de razões:

a) a "juventude" da disciplina, uma vez que o surgimento da "questão ecológica", como problema político necessitado de resposta jurídica, tanto no plano internacional como nacional, só se verificou tardiamente, no final dos anos 60 e início dos anos 70 do século XX[5]. Ora, esta existência recente – ainda "um pouco verde" – da disciplina é particularmente propícia a "ousadias" de natureza metodológica, pelo que a sua leccionação oferece uma excelente oportunidade para "pôr à prova" velhos métodos didácticos, assim como para testar "novas experiências" pedagógicas, de forma a determinar e a poder utilizar as "melhores técnicas disponíveis" para o ensino do Direito do Ambiente;

---

[4] SABINO CASSESE / CLAUDIO FRANCHINI, «L' Esame di Diritto Amministrativo», 3.ª edição, Giuffrè, Milano, 2000, página XIII.

[5] Vide VASCO PEREIRA DA SILVA, «Verde Cor de Direito – Lições de Direito do Ambiente», Almedina, Coimbra, 2002, páginas 17 e seguintes.

b) a pluridisciplinaridade do Direito do Ambiente, tanto no que se refere à necessidade de utilização de conhecimentos provenientes de disciplinas extra-jurídicas (por exemplo, ecologia, biologia, termodinâmica, física, química), como também pelo facto de que, enquanto domínio próprio da ciência jurídica, não deixa de estar dependente dos diferentes ramos da ciência jurídica (v.g. Direito Internacional do Ambiente, Direito Europeu do Ambiente, Direito Constitucional do Ambiente, Direito Administrativo do Ambiente, Direito Fiscal do Ambiente, Direito Privado do Ambiente, Direito Penal do Ambiente).

O Direito do Ambiente é, assim, «uma disciplina horizontal – à semelhança de um "jardim de condomínio" –, que engloba um conjunto de matérias provenientes de diferentes ramos do ordenamento jurídico unificadas em razão da finalidade de preservação do ambiente, mas que não afasta o estudo mais detalhado de cada uma dessas questões ambientais, enquanto capítulo específico de um determinado ramo da ciência jurídica – tal como, continuando a usar a metáfora de há pouco, a existência do "jardim comum" não impede que os diferentes condóminos tenham os seus próprios "canteiros de flores", ou uma "área ajardinada privativa"»[6]. Desta forma, a multiplicidade de fontes do Direito do Ambiente – tanto de natureza internacional, como europeia, como também nacional, e de aplicação simultânea – dá origem a um verdadeiro "pluralismo jurídico" que conduz à «superação das específicas conotações jurídicas dos vários ramos do direito a favor de um direito "mestiço"» (MARIO CHITI)[7].

A dimensão pluridisciplinar do Direito do Ambiente obriga, portanto, a uma atitude de "abertura metodológica" que, dizendo primariamente respeito a métodos científicos, não pode deixar de se reflectir também ao nível dos métodos pedagógicos. Já que ela significa introduzir uma dimensão, habitualmente «ausente do ensino e que deveria ser essencial: a arte de organizar o pensamento,

---

[6] VASCO PEREIRA DA SILVA, «Verde C. de D. – L. de D. do A.», cit., p. 53.

[7] MARIO CHITI, «Monismo o Dualismo in Diritto Amministrativo: Vero o Falso Dilema?», in «Rivista Trimestrale di Diritto Amministrativo», n.º 2, 2000, página 305.

[8] EDGAR MORIN, «Introdução às Jornadas Temáticas», in «O Desafio do Século XXI. Religar os conhecimentos» (tradução), Instituto Piaget, Lisboa, 2001, página 15.

de religar e de distinguir, simultaneamente. Trata-se de favorecer a aptidão natural do espírito humano para contextualizar e para globalizar, ou seja, para inscrever todas as informações ou todos os conhecimentos dentro do respectivo contexto e conjunto» (EDGAR MORIN)[8]. Ora, esta possibilidade / necessidade de "religação" de diferentes disciplinas no ensino do Direito do Ambiente constitui um extraordinário desafio didáctico, que contribui para tornar ainda mais atractiva a sua leccionação;

c) a ligação pessoal à disciplina, decorrente da sua leccionação, praticamente ininterrupta, desde o "primeiro momento", quando o Direito do Ambiente passou a fazer parte do currículo da licenciatura em Direito, na Faculdade de Direito da Universidade de Lisboa (mas, também da Faculdade de Direito da Universidade Católica Portuguesa), como disciplina de opção, da Menção de Ciências Jurídico-Políticas (mesmo, se também pode ser escolhida e frequentada – e tem sido – por estudantes de outras menções). Ligação ao ensino do Direito do Ambiente, que se tem também manifestado na preparação de publicações de natureza científica ou pedagógica, de forma a auxiliar os estudantes na aprendizagem da disciplina (nomeadamente, um livro de ensino teórico, um caderno de trabalhos práticos e uma colectânea de legislação ambiental)[9].

3 – Das condicionantes externas: o "meio-ambiente universitário europeu". A Declaração de Bolonha e a criação do "Espaço Europeu do Ensino Universitário do Direito"

A Declaração de Bolonha (de 19 de Junho de 1999) é um dos momentos decisivos de um procedimento faseado de criação da "Europa das Universidades", iniciado com a Declaração de Paris / Sorbonne (de 28 de Maio de 1998), e continuado (nomeadamente, em Praga, em 2001, em Berlim, em 2003, em Bergen, em 2005) por outras conferências e docu-

---

[9] VASCO PEREIRA DA SILVA, «Verde C. de D. – L. de D. do A.», cit.; VASCO PEREIRA DA SILVA / JOSÉ CUNHAL SENDIM / JOÃO MIRANDA, «O Meu Caderno Verde – Trabalhos Práticos de Direito do Ambiente», Associação Académica da Faculdade de Direito de Lisboa, Lisboa, 2002; VASCO PEREIRA DA SILVA / JOÃO MIRANDA, «Verde Código – Legislação de Direito do Ambiente», Almedina, Coimbra, 2004.

16   *Ensinar Verde a Direito*

mentos de âmbito internacional. O objectivo último deste processo é a «construção do espaço europeu do ensino superior ("European area of higher Education")», procurando, para tanto, realizar os fins intermédios do «alcance de uma maior (1) compatibilidade e (2) comparabilidade dos sistemas de ensino superior», a que se poderiam acrescentar os da (3) "garantia da qualidade" e da "dimensão europeia".

De forma a assegurar a realização do fim último da criação do "Espaço Europeu do Ensino Superior", encontram-se previstas as seguintes medidas:

a) «adopção de um sistema de graus de fácil leitura e comparação, nomeadamente através do "Suplemento ao Diploma", de modo a promover a empregabilidade dos cidadãos europeus e a competitividade internacional do sistema europeu do ensino superior»;

b) «adopção de um sistema essencialmente assente em 2 ciclos principais», correspondentes à Licenciatura e ao Mestrado, que seriam, depois, desenvolvidos e popularizados (e, na prática, desdobrados em três), através da fórmula L / M / D (Licenciatura / Mestrado / Doutoramento), com a duração, respectivamente, de 3 ou de 4 anos, para o 1.° Ciclo; de 1 ou 2 anos, para o 2.° ciclo; a que acrescem os 3 anos previstos para o doutoramento (3 + 2 + 3, ou 4 + 1 + 3);

c) «estabelecimento de um sistema de créditos (...) como forma adequada de promover a mais generalizada possível mobilidade estudantil»

d) «promoção da mobilidade» para estudantes, professores e pessoal administrativo»[10].

A Declaração de Bolonha não consiste num tratado internacional, mas antes num compromisso formal dos Estados europeus (que, tendo o seu "núcleo duro" nos Estados membros da União Europeia, vai mesmo para além das "fronteiras" desta, já que se encontram incluídos também Estados membros da E.F.T.A), no sentido de tomarem eles próprios, nas respectivas ordens jurídicas nacionais, todas as medidas necessárias para a criação do "Espaço Europeu do Ensino Superior". Trata-se, portanto, de

---

[10] As frases citadas no texto são retiradas da Declaração de Bolonha, de Junho de 1999 ("Joint Declaration of the European Ministers of Education Convened in Bologna in the 19th. of June 1999").

"Avaliação do impacto" do ensino do direito ambiental　　17

um instrumento de Direito Internacional Público de tipo novo – enquadrável no denominado "Direito Brando" ("soft Law") –, que não goza de imediatividade ou de vinculatividade directa na ordem jurídica interna dos Estados signatários ou aderentes, mas que os obriga internacionalmente a tomar todas as medidas jurídicas necessárias, no plano interno, para a concretização dos objectivos estabelecidos e dos meios de os alcançar.

Mas, além disso, estes "compromissos" (internacionalmente assumidos, mas de realização interna) geram um fenómeno de "integração jurídica horizontal". Dimensão da integração (existente a numerosos níveis e resultante de diferentes fontes, no Direito Europeu), esta que se «realiza através dos institutos do "mútuo reconhecimento", do "controlo dos países de origem"», entre outros, que provocam uma «acção horizontal de aproximação da disciplina entre os diversos países» (SABINO CASSESE)[11]. Pois, por exemplo, o estabelecimento de um regime comum e a previsão do reconhecimento mútuo, significa que «cada Estado (...) deve reconhecer às regras de qualquer outro Estado (...) um efeito também no seu próprio território. O princípio do mútuo reconhecimento, juntamente com o do controlo dos países de origem e da autorização única, fazem com que os ordenamentos nacionais, uniformizados pela base, produzam assim efeitos uns em relação aos outros, reciprocamente» (SABINO CASSESE)[12].

No que diz respeito à aplicação da Declaração de Bolonha ao ensino do Direito, verifica-se que a discussão, entretanto suscitada, em todos os países europeus, conduziu ao surgimento das seguintes posições principais:

a) a de indiferença, considerando ser impossível alcançar o objectivo final da criação do "Espaço Europeu do Ensino Superior" ou – mesmo "admitindo, sem conceder" que tal fosse possível – que este nunca poderia ter qualquer viabilidade no domínio do ensino do Direito. Apresentando como argumento principal o da dimensão nacional do ensino do Direito, porque nacional seria também o respectivo objecto, o que geraria insuperáveis diferenças no respeitante a sistemas, culturas e métodos pedagógicos jurídicos. Acresce ainda, normalmente, o argumento das especificidades do

---

[11] SABINO CASSESE, «Le Basi Costituzionali», in SABINO CASSESE (coord.), «Trattato di Diritto Amministrativo» – Diritto Amministrativo Generale», tomo I, Giuffrè, Milano, 2000, página 170.

[12] SABINO CASSESE, «Le Basi C.», in SABINO CASSESE (coord.), «Trattato di D. A. – Diritto Amministrativo Generale», t. I, cit., p. 170.

ensino do Direito, assim como o da complexidade e da diversidade das respectivas matérias, que tornariam impossível o encurtamento dos tempos de formação (mesmo se o ponto de partida era variável, pois o argumento foi utilizado em relação aos "tradicionais": v.g. 6 anos, na Noruega; 5 anos, em Portugal, Espanha e Grécia; 4 anos, na Áustria e na Holanda; de 3 a 4 anos, consoante a legislação do Estado membro da federação, na Alemanha);

b) a de euforia (muitas vezes, "panglossiana"), resultante do optimismo e da confiança (frequentemente, acrítica) nos modelos europeus (sejam eles quais forem), sem que se discuta o modelo nem a sua viabilidade (e, tantas vezes, olhando para essa discussão como a manifestação de "resquícios nacionalistas" de antanho, só superáveis através de "novos passos" no processo de construção europeia);

c) a de optimismo realista, manifestando "abertura à mudança", mas adoptando uma atitude de "confiança crítica", que passa pela discussão e pela ponderação das vantagens e dos inconvenientes, para o ensino do Direito, da construção do "Espaço Europeu do Ensino Superior". Isto, tendo em conta, por um lado, que o sistema jurídico dos Estados europeus, nos dias de hoje, já não é exclusivamente nacional e que a União Europeia trouxe consigo um ordenamento jurídico próprio (que não colide, nem afasta, mas se sobrepõe ao dos Estados membros), assim como, por outro lado, o facto de se ter verificado, nos últimos tempos, uma convergência crescente dos sistemas tradicionais de ensino do Direito.

É esta última posição, que julgo ser a mais correcta[13], que tem sido adoptada, nomeadamente pela Associação das Faculdades de Direito da Europa (AFDE / ELFA), que é uma «associação representativa» dessas entidades, fundada em 1995 e reunindo mais de três centenas de associados, que «desenvolve acções em todos os domínios do ensino e da formação jurídica profissional, nomeadamente favorecendo a mobilidade dos estudantes e dos docentes», entre os quais a organização de «colóquios

---

[13] Vide o resumo da minha intervenção, neste sentido (e com referência às três atitudes dos juristas europeus, antes referenciadas), nas Actas da Assembleia Geral da ELFA / / AFDE, que teve lugar em Riga, em 2002 («General Assembly – Riga, 23 February 2002 – Summary of the Discussion of the Bologna Declaration», www.elfa.bham.ac.uk).

"Avaliação do impacto" do ensino do direito ambiental 19

anuais onde as questões de actualidade da formação jurídica são discutidas em companhia de responsáveis políticos e de especialistas»[14].

Num importante documento sobre o "Espaço Europeu do Ensino Superior" (de 2003), refere-se que «a AFDE / ELFA apoia o espírito e os objectivos gerais da Declaração de Bolonha, a saber: a exigência de qualidade, transparência e mobilidade nos estudos na Europa, a procura de uma melhoria da competitividade das nossas instituições de ensino superior num contexto de mundialização, a efectivação de sistemas universitários mais compatíveis e comparáveis, a redução da taxa de falhanço dos estudantes e, por último, uma grande adaptação às necessidades mutáveis do mercado de trabalho, combinadas com a manutenção de um elevado nível de qualidade dos estudos»[15].

Mas, simultaneamente, chama-se a atenção para o facto da aplicação das novas regras, nos diferentes Estados europeus, necessitar «de um acompanhamento regular e de avaliações atentas para evitar que essas iniciativas se afastem umas das outras», assim como para a necessidade de ter em conta que a «criação de um espaço europeu do ensino superior (...) deve também conduzir a um espaço europeu de formação jurídica» e que estes implicam ainda a «construção, em paralelo, de um espaço europeu da prática jurídica profissional»[16]. Nesse mesmo documento a ELFA / AFDE tomou ainda posição sobre o facto do grau de licenciatura (em especial, o correspondente a «uma espécie de formação jurídica acelerada em 3 anos») "não poder, nem dever" «permitir o acesso imediato às profissões jurídicas e judiciárias (advogado, magistrado, funcionário público, consultor jurídico)», para as quais é de exigir «uma formação teórica e / ou prática sensivelmente mais importante», como a equivalente ao grau de Mestre»[17].

---

[14] «Para um Espaço Europeu de Ensino Superior do Direito – Posição da AFDE / ELFA sobre a Declaração Comum dos Ministros Europeus da Educação tomada em Bolonha, a 19 de Junho de 1999», texto policopiado, página 1, in http://elfa.bham.ac.uk.

[15] «Para um Espaço E. de E. S. do D. – Posição da AFDE / ELFA sobre a D. C. dos M. E. da E. t. em B., a 19 de Junho de 1999», cit., p. 1, in http://elfa.bham.ac.uk.

[16] «Para um Espaço E. de E. S. do D. – Posição da AFDE / ELFA sobre a D. C. dos M. E. da E. t. em B., a 19 de Junho de 1999», cit., p. 2, in http://elfa.bham.ac.uk.

[17] «Para um Espaço E. de E. S. do D. – Posição da AFDE / ELFA sobre a D. C. dos M. E. da E. t. em B., a 19 de Junho de 1999», cit., p. 2, in http://elfa.bham.ac.uk. Solução que julgo também ser a mais adequada para a realidade portuguesa, distinguindo entre o Mestrado, como grau de acesso às profissões jurídicas principais, e a Licenciatura como grau de acesso a outras actividades jurídicas não tão especializadas (v.g. solicitadoria, apoio jurídico não especializado, tradução jurídica, funcionalismo público e das autarquias locais, jurista de apoio a empresas, secretariado jurídico).

3.1 – "Estudo do impacto ambiental" da Declaração de Bolonha (levantamento da situação). Fichas sobre o ensino do Direito e sobre o Ensino do Direito do Ambiente na Europa

Da mesma maneira como o procedimento de avaliação de impacto ambiental se inicia com a apresentação de um estudo prévio do projecto (artigos 11.° e seguintes da Lei da Avaliação de Impacto Ambiental, Decreto-Lei n.° 69 / 2000, de 3 de Maio), também agora se vai proceder a um levantamento preliminar da situação relativa ao Ensino do Direito, em geral, e do Direito do Ambiente, em especial, a fim de analisar o impacto da Declaração de Bolonha na maioria dos países europeus, comparando essa situação com o que se passa nos Estados Unidos da América. O critério adoptado para a elaboração desse "estudo de impacto" da Declaração de Bolonha, foi o seguinte:

a) escolheu-se uma Faculdade / Universidade por cada país. A opção dos países decorreu do facto de se tratar daqueles (quer da União Europeia, quer da EFTA) que, há mais tempo, se encontram envolvidos em actividades universitárias de âmbito europeu, assim como dos Estados Unidos da América (que são, simultaneamente, "rival" e "fonte inspiradora" da "Europa das Universidades"). A escolha das Faculdades / Universidades foi feita em função dos respectivos prestígio e qualidade, internamente reconhecidos, assim como da projecção internacional e da participação em programas europeus e internacionais (e em que se verifique, nomeadamente, participação nos Programas SOCRATES e ERASMUS, no Projecto EL-PIS, na AFDE / ELFA); atribuição de graus universitários internacionais – "comuns" ou "conjuntos" –; institucionalização de relações bilaterais com Universidades estrangeiras originadoras de intercâmbio académico; existência de currículos com disciplinas ou seminários leccionados por professores estrangeiros e /ou em língua estrangeira). Apesar da ampla "margem de apreciação" e de "decisão" (ou de discricionaridade), forçosamente inerente à utilização de tais critérios, procurou-se, na medida do possível, fazer escolhas objectivas (ainda que, por vezes, também limitadas pela dificuldade em obter informação numa língua "acessível");

b) procurou-se apurar, em primeiro lugar, relativamente a cada Faculdade / Universidade, qual o "estado da situação" do ensino do Direito, tentando saber quais os graus existentes e qual a sua

"Avaliação do impacto" do ensino do direito ambiental 21

duração, agrupando-os em 3 níveis – A, B, C, correspondentes à lógica do sistema L / M / D (Licenciatura / Mestrado / Doutoramento) –, tal como determinado pela "reforma de Bolonha". Por último, relativamente à leccionação das disciplinas procurou-se averiguar das respectivas duração e estatuto normais, assim como se já se verificou, ou não, a adopção de um regime de créditos;

c) buscou-se, depois, averiguar do "estado da situação" do ensino do Direito do Ambiente, procurando saber se existiam, ou não, disciplinas próprias e, em caso afirmativo, quais as respectivas denominação, duração e estatuto, assim como o nível em que são ensinadas.

Feitas as devidas justificações, procede-se, então, à apresentação das "fichas: ensinar verde a direito", começando por uma "ficha-modelo", seguida de 17 fichas de Faculdades / Universidades de países (por ordem alfabética, em língua portuguesa) europeus (da União Europeia, mas também da EFTA) e de 1 ficha de uma Faculdade / Universidade norte-americana:

FICHA: ENSINAR VERDE A DIREITO

I – IDENTIFICAÇÃO

País:
Universidade:
Faculdade:
Sítio electrónico: **Ano lectivo:**

II – ENSINO DO DIREITO

Graus académicos:
    Nível A:
    Duração:

    Nível B:
    Duração:

    Nível C:
    Duração:

Disciplinas (A e B):
    Duração e estatuto normais:
    Sistema de créditos:

III – ENSINO DO DIREITO DO AMBIENTE

Disciplina(s) própria(s):
    1 – Nome da disciplina:
    Duração e estatuto:
    Nível:

    2 – Nome da disciplina:
    Duração e estatuto:
    Nível:

Mestrado especializado:
Nome:
Duração:

"Avaliação do impacto" do ensino do direito ambiental

FICHA: ENSINAR VERDE A DIREITO

I – IDENTIFICAÇÃO

País: Alemanha
Universidade: Universitaet Hannover
Faculdade: Fachbereich Rechtswissenschaften
Sítio electrónico: www.uni-hannover.de   **Ano lectivo:** 2005 / 2006

II – ENSINO DO DIREITO

Graus académicos:
Nível A: Licenciatura
Duração: Formação completa: 4 anos lectivos (8 semestres) + 1.º Exame de Estado ("erste Staatspruefung") + 2 anos de estágio ("Referendariat") + 2.º Exame de Estado ("zweite Staatspruefung")

Nível B: Mestrado ("Magister", "Master of Laws, LLM.)
a) E.L.P.I.S. I – "Magister Legum Europae" ("europaeischen Magister Abschluss")[18]
b) E.L.P.I.S. II – "Master's Degree in European Legal Practice" (LLM Europae U. Hannover / U. Rouen / U. Le Havre / U.C.P. Lisboa)[19]

---

[18] Mestrado europeu, que apresenta como requisito que os estudantes tenham frequentado, durante um ano, uma das Universidades europeias que integram o grupo E.L.P.I.S. ("European Legal Practice Integrated Studies"), ao abrigo do Programa ERASMUS / SÓCRATES, seguido da frequência de um programa lectivo específico, em Hannover, e da elaboração (e discussão) de uma dissertação.

[19] Mestrado europeu, realizado no âmbito do Programa ERASMUS-MUNDUS, atribui diploma conjunto pelas Universidades de Hannover, de Rouen, de Le Havre e da Universidade Católica Portuguesa, destinando-se primacialmente a estudantes provenientes "de países terceiros", não integrados na União Europeia, embora esteja previsto também o seu alargamento a estudantes europeus. O estudante inicia o Mestrado numa das referidas Universidades, frequentando um programa lectivo especial (1 ano), findo o qual deve frequentar um programa lectivo diferente noutra Universidade europeia (1 semestre), voltando a seguir à Universidade de origem para a elaboração de uma dissertação de Mestrado (podendo ou não ter novo programa lectivo).

24 Ensinar Verde a Direito

c) E.U.L.I.S.P. – "Master of Laws (LLM) Rechtsinformatik" (Ergaenzungsstudiengangs Rechtsinformatik)[20]

Duração:

a) E.L.P.I.S. I – M.L.E. – 1 ano e meio (3 semestres lectivos e dissertação)

b) E.L.P.I.S. II – LLM. E. – 2 anos (4 semestres lectivos e dissertação)

c) E.U.L.I.S.P. LLM. – 1 ano (2 semestres lectivos e dissertação)

Nível C: Doutoramento ("Doktorgrad der Rechtswissenschaften", "Dr. Jur.")

Duração: Programa lectivo (com a duração de, pelo menos, 1 ano) mais acompanhamento de investigação (aproximadamente 3 anos) conducente à dissertação ("Dissertation und Disputation")

Disciplinas (A e B):
Duração e estatuto normais: Semestrais e com grande variedade de opções (a partir do 4.° semestre)
Sistema de créditos: Sim (ECTS)

III – ENSINO DO DIREITO DO AMBIENTE

Disciplina(s) própria(s): Sim[21]

---

[20] Mestrado europeu, que apresenta como requisito que os estudantes tenham frequentado, durante (pelo menos) 3 meses (12 semanas), uma das Universidades europeias que integram o grupo E.U.L.I.S.P. ("European Legal Informatics Study Plan"),seguido da frequência de um programa lectivo específico em Hannover e da elaboração (e discussão) de uma dissertação.

[21] Os estudantes, para além da formação genérica comum, devem escolher um domínio especializado para a sua licenciatura, podendo optar pela área do de Direito do Ambiente ("Umweltrecht"). De referir ainda que o catálogo das disciplinas oferecidas, em cada área, é muito vasto e diversificado, podendo mudar de ano para ano. Veja-se o exemplo das disciplinas jus-ambientais que, no ano lectivo de 2003-04, eram as seguintes: "Direito do Ambiente" ("Umweltrecht – Seminar"); "Direito do Ambiente II" ("Umweltrecht II"); "Protecção do Ambiente: Direito, Economia e Política" ("Umweltschutz: Recht, Oekonomie und Politik-Seminar"); Direito da Energia ("Energierecht"); Protecção do Ambiente no Estado de Niedersachen ("Umweltschuz in Niedersachen – Workshop").

"Avaliação do impacto" do ensino do direito ambiental   25

1 – Nome da disciplina: "Direito do Ambiente I" – "Umweltrecht I"
Duração e estatuto: Semestral e de opção (4 ECTS)
Nível: A (licenciatura)

2 – Nome da disciplina: "Estudo (Teórico-Prático) Integrado de Protecção Jurídica do Ambiente" ("Workshop zum Umweltschutz")
Duração e estatuto: Semestral e de opção (12 ECTS)
Nível: A (licenciatura)

3 – Nome da disciplina: "Seminário sobre Direito da Energia e Direito do Ambiente" ("Seminar zum Energie – und Umweltrecht")
Duração e estatuto: Semestral e de opção (12 ECTS)
Nível: A (licenciatura)

4 – Nome da disciplina: "Direito Europeu da Energia" ("Europaeisches Energierecht")[22]
Duração e estatuto: Semestral e de opção
Nível: A (licenciatura)

Mestrado especializado: Não
Nome: –
Duração: –

---

[22] O programa desta disciplina, sendo de conteúdo mais amplo, apresenta também uma importante componente de Direito do Ambiente.

FICHA: ENSINAR VERDE A DIREITO

I – IDENTIFICAÇÃO

País: Áustria
Universidade: Universitaet Wien
Faculdade: Rechtswissenschaftliche Fakultaet
Sítio electrónico: www.juridicum.at   **Ano lectivo:** 2003 / 2004

II – ENSINO DO DIREITO

Graus académicos:
Nível A: Licenciatura ("Diplomstudium") dividida em três fases ("drei Studienabschnitte"), cada uma delas conferindo o respectivo diploma[23]
Duração: 4 anos (total), divididos da seguinte forma:
1 ª fase ("Erster Abchnitt"): 2 semestres (1 ano)
2ª fase ("Zweite Abschnitt"): 3 semestres (1 ano e meio)
3ª fase ("Dritte Abschnitt"): 3 semestres (1 ano e meio)

Nível B: Mestrado ("Magister", "Master of Laws, LLM.)
Duração: 1 ano

Nível C: Doutoramento ("Doktor der Rechtswissenschaften", "Doctor iuris")
Duração: Programa de doutoramento ("Doktoratsstudium") inclui parte lectiva com a duração de 4 a 6 semestres (2 a 3 anos) mais dissertação ("Dissertation")

Disciplinas (A):
Duração e estatuto normais: Semestrais e com grande variedade de opções
Sistema de créditos: Sim (ECTS)

---

[23] De acordo com a reforma do plano de estudos aprovada em 5 de Março de 1999.

III – ENSINO DO DIREITO DO AMBIENTE

Disciplina(s) própria(s): Sim

    1 – Nome da disciplina: Direito do Ambiente ("Umweltrecht")
    Duração e estatuto: Semestral e de opção
    Nível: –

Mestrado especializado: Não
Nome: –
Duração: –

FICHA: ENSINAR VERDE A DIREITO

I – IDENTIFICAÇÃO

País: Bélgica
Universidade: Universiteit Leuven
Faculdade: Fakulteit Rechtsgeleerdheit
Sítio electrónico: www.kuleuven.ac.be   **Ano lectivo:** 2003 / 2004

II – ENSINO DO DIREITO

Graus académicos:
   Nível A: Licenciatura – ("bachelor")
   Duração: 4 anos

   Nível B: Mestrado – 6 modalidades:
   1) "Master of Laws" (LLM)
   2) "European Master in Social Security"
   3) "Master of Laws in European and International Taxation"
   4) "Master in European Criminology"
   5) "Master of Energy and Environmental Law"
   6) "European Master in Human Rights and Democratization"
   Duração: 1 ano

   Nível C: Doutoramento – (Ph.D)
   Duração: Programa lectivo + dissertação

Disciplinas (A):
   Duração e estatuto normais: Semestrais e com grande variedade de opções
   Sistema de créditos: Sim (ECTS)

III – ENSINO DO DIREITO DO AMBIENTE

Disciplina(s) própria(s): Sim

1 – Nome da disciplina: "Direito do Ambiente" ("Environmental Law")
Duração e estatuto: Semestral e facultativa
Nível: A (Licenciatura) e B (Mestrado)

2 – Nome da disciplina: "Direito Internacional e Europeu do Ambiente"
("International and European Envionmental Law")
Duração e estatuto: Semestral e facultativa (podendo ser obrigatória para programas de Mestrado)
Nível: A (Licenciatura) e B (Mestrado)[24]

Mestrado especializado: Sim
Nome: "Master of Energy and Environmental Law"
Duração: 1 ano

---

[24] Disciplina leccionada em língua inglesa, podendo ser frequentada por estudantes ERASMUS (de licenciatura e de Mestrado) e por estudantes nacionais (de Mestrado, podendo, nesse caso, ser de frequência obrigatória).

FICHA: ENSINAR VERDE A DIREITO

I – IDENTIFICAÇÃO

País: Dinamarca
Universidade: Kobenhavns Universitet
Faculdade: Det Jurisdike Fakulteit
Sítio electrónico: www.jur.ku.dk   **Ano lectivo:** 2003 / 2004

II – ENSINO DO DIREITO

Graus académicos:
    Nível A: Licenciatura ("B.A – uddannelsen")
    Duração: 3 anos

    Nível B: Mestrado ("Kandidatuddannellsen", ou "candidata juris")
    Duração: 2 anos

    Nível C: Doutoramento
    Duração: (Programa lectivo + dissertação)

Disciplinas (A):
    Duração e estatuto normais: Semestrais e com grande variedade de opções
    Sistema de créditos: Sim (ECTS)

III – ENSINO DO DIREITO DO AMBIENTE

Disciplina(s) própria(s): Sim

1 – Nome da disciplina: "Direito Internacional do Ambiente" ("International Environmental Law")
Duração e estatuto: Semestral e de opção
Nível: B – Mestrado (4.º ou 5.º ano)

2 – Nome da disciplina: "Direito do Ambiente da União Europeia"
("EU – Environmental Law")
Duração e estatuto: Semestral e de opção
Nível: B – Mestrado (4.° ou 5.° ano)

3 – Nome da disciplina: "Direito Internacional da Energia e Impacto
Ambiental" ("International Energy Law and the Environmental Im-
pact")
Duração e estatuto: Semestral e de opção
Nível: B – Mestrado (4.° ou 5.° ano)

Mestrado especializado: Não
Nome: –
Duração: –

FICHA: ENSINAR VERDE A DIREITO

I – IDENTIFICAÇÃO

País: Espanha
Universidade: Universidad Complutense de Madrid
Faculdade: Facultad de Derecho
Sítio electrónico: www.ucm.es   **Ano lectivo:** 2005 / 2006

II – ENSINO DO DIREITO

Graus académicos:
   Nível A: Graus: "Diplomatura" (I ciclo) e Licenciatura (I e II ciclos).
   Modalidades:
   1) "Licenciatura en Derecho"
   2) "Licenciatura en Derecho Hispano-Francés"[25]
   3) "Licenciaturas en Derecho y Administración y Dirección de Empresas"[26]
   4) "Diplomatura en Relaciones Laborales"
   5) "Licenciatura en Ciencias del Trabajo"
   Duração:
   1) L.D. – I e II ciclos: 3 + 2 anos[27]
   2) L.D.H-F. – I e II ciclos: 2 + 2 anos
   3) L.D.A.D.E. – I e II ciclos: 4 + 2 anos
   4) DRL – só I ciclo: 3 anos
   5) L.C.T. – só II ciclo: 2 anos

---

[25] Licenciatura conjunta, sendo os dois primeiros anos frequentados na "Universidad Complutense" e os dois restantes na "Université de Paris I (Panthéon-Sorbonne)".

[26] Licenciatura dupla ("doble titulación") em "Derecho" e "Administración y Dirección de Empresas".

[27] Divisão da licenciatura em 2 ciclos, sendo o primeiro ciclo ("primer ciclo") correspondente aos três primeiros anos e o segundo ciclo ("segundo ciclo") correspondente aos dois últimos, parece ter sido introduzida para ir preparando a reforma do sistema, nos moldes da Declaração de Bolonha.

"Avaliação do impacto" do ensino do direito ambiental 33

Nível B: Mestrado ("Magister" ou "Master"). Múltiplas modalidades consoante a área temática escolhida.
Duração: 1 ano lectivo (podendo incluir, ou não, a elaboração de dissertação)

Nível C: Doutoramento ("Doctorado")
Duração: Programa lectivo + dissertação

Disciplinas (A):
Duração e estatuto normais: Anuais e obrigatórias.
Sistema de créditos: Não.

III – ENSINO DO DIREITO DO AMBIENTE

Disciplina(s) própria(s): Não

Mestrado especializado: Sim[28]
Nome: "Magister – Derecho Medioambiental"
Duração: 2 quadrimestres, incluindo a elaboração de uma dissertação ("memoria")

---

[28] Existe também programa de doutoramento especializado em Direito do Ambiente, incluindo componente lectiva e dissertação.

FICHA: ENSINAR VERDE A DIREITO

I – IDENTIFICAÇÃO

País: Estados Unidos da América
Universidade: Harvard University
Faculdade: Harvard Law School
Sítio electrónico: www.law.harvard.edu   **Ano lectivo:** 2005 / 2006

II – ENSINO DO DIREITO

Graus académicos:
Nível A: Licenciatura – "J. D. (Juris Doctor)
Duração: 3 anos (elaboração de trabalho no último ano)

Nível B: Mestrado – "LL. M (Master of Laws)"
Duração: 1 ano (podendo incluir ou não a elaboração de dissertação)[29]

Nível C: Doutoramento – "S.J.D. ("Doctor of Juridical Science", "PhD. Program")
Duração: – 4 anos (sendo 1 ano de programa lectivo, seguido de um exame oral; e 3 anos de investigação, que implicam a realização de duas apresentações orais de trabalhos, assim como a elaboração e a discussão de uma dissertação)

---

[29] O Mestrado apresenta uma estrutura flexível, podendo os estudantes frequentar qualquer das disciplinas leccionadas pela Faculdade de Harvard (além da possibilidade de se obter ainda um determinado número de créditos em disciplinas de outros cursos leccionados na Universidade), pelo que «é enorme a variedade de combinações curriculares» ("the range of curricula students design is enormous"), que vão desde a escolha de «currículos variados» (com disciplinas de todas as áreas), até à especialização numa «determinada área curricular». Além disso, o Mestrado (de acordo com as escolhas e as aptidões dos candidatos) pode ainda ser mais orientado para a investigação, dando origem à elaboração de uma dissertação («75 – to 100 – page papers»), como mais orientado para a valorização profissional, caso em que se verificará a elaboração de pequenos trabalhos («shorter papers»).

Disciplinas (A):
Duração e estatuto normais: Semestrais e com grande possibilidade de escolha
Sistema de créditos: Sim

III – ENSINO DO DIREITO DO AMBIENTE

Disciplina(s) própria(s): Sim[30]

1 – Nome da disciplina: "Direito do Ambiente" ("Environmental Law")
Duração e estatuto: Semestral e de opção
Nível: A (Licenciatura) ou B (Mestrado)

2 – Nome da disciplina: "Direito Federal dos Índios" ("Federal Indian Law")
Duração e estatuto: Semestral e de opção
Nível: A (Licenciatura) ou B (Mestrado)

3 – Nome da disciplina: "Domínio Público Federal e Lei dos Recursos" ("Federal Public Land and Resources Law")
Duração e estatuto: Semestral e de opção
Nível: A (Licenciatura) ou B (Mestrado)

4 – Nome da disciplina: "Recursos Naturais: Direito e Políticas Públicas" ("Natural Resources: Law and Policy")
Duração e estatuto: Semestral e de opção
Nível: A (Licenciatura) ou B (Mestrado)

---

[30] Para além das disciplinas de "Direito do Ambiente" leccionadas pela Faculdade de Direito (e seguidamente elencadas), a Universidade de Harvard, por intermédio do respectivo "Centro de Ambiente" ("Harvard University Center for the Environment"), «ainda oferece uma grande variedade de disciplinadas relacionadas com o direito e a política ambientais», leccionadas por outras faculdades, nas quais os «estudantes são encorajados a inscrever-se».

5 – Nome da disciplina: "Gestão Regional do Eco-sistema: Ciência, Lei e Políticas Públicas" ("Regional Ecosystem Management: Science, Law and Policy")
Duração e estatuto: Semestral e de opção (Seminário)
Nível: A (Licenciatura) ou B (Mestrado)

6 – Nome da disciplina: "Risco e Regulação do Ambiente" ("Risk and Environmental Regulation")
Duração e estatuto: Semestral e de opção (Seminário)
Nível: A (Licenciatura) ou B (Mestrado)

7 – Nome da disciplina: "A ONU, o Direito do Mar e os Tratados Multilaterais no Domínio do Ambiente" ("The UN, the Law of the Sea, and Multilateral Environmental Treaties")
Duração e estatuto: Semestral e de opção (Seminário)
Nível: A (Licenciatura) ou B (Mestrado)

8 – Nome da disciplina[31],[32] "Direitos dos Animais" ("Animal Rights Law")
Duração e estatuto: Semestral e de opção
Nível: A (Licenciatura) ou B (Mestrado)

---

[31] Além destas disciplinas específicas, muitas outras disciplinas leccionadas pela Faculdade de Direito – conforme se esclarece no respectivo "website" – «incluem uma componente ambiental ("include environmental content"», referindo-se aí como exemplos, nomeadamente "Direito Administrativo A1" ("Administrative Law A1"), "Direito Administrativo A2" ("Administrative Law A2"), "Direito Administrativo B" ("Administrative Law B"), "Regulação Económica e Antritrust" ("Economics of Regulation and Antritrust"), "Direito Internacional Público" ("International Law"), "Prática Jurídica Internacional" ("International Legal Practice"), "A União Europeia" (The European Union"), "Direito do Comércio Internacional" ("WTO Law"), "Gestão global" ("Global governance").

[32] Prevêm-se ainda numerosas actividades extra-curriculares, integradas no ensino do Direito do Ambiente, para o ano lectivo de 2005 / 2006, nomeadamente um Simpósio sobre "Contencioso Ambiental", uma conferência sobre "Regulação da Energia e das Alterações climáticas" ("Energy and Climate Change Regulation"), uma série de conferências sobre temas ambientais organizada pela "Sociedade de Direito do Ambiente" ("Environmental Law Society"), o planeamento de uma "nova clínica legal do ambiente" ("new environmental clinical program").

Mestrado especializado: Não (formalmente, embora materialmente "Sim"[33])

Nome: –

Duração: –

---

[33] Apesar de não haver um Mestrado especificamente denominado de Direito do Ambiente, e dada a natureza curricular flexível desse grau, em que os estudantes podem escolher qualquer das disciplinas leccionadas pela Faculdade (e mesmo, de resto, pela Universidade), é possível aos estudantes criar a sua própria "especialidade" de Mestrado, nomeadamente optando por frequentar apenas disciplinas (e elaborar a dissertação) na área ambiental ("Course Grouping – Environmental Law").

FICHA: ENSINAR VERDE A DIREITO

I – IDENTIFICAÇÃO

País: Finlândia
Universidade: University of Turku
Faculdade: Turku Law School
Sítio electrónico: www.utu.fi   **Ano lectivo:** 2003 / 2004

II – ENSINO DO DIREITO

Graus académicos:
Nível A: Licenciatura ("Bachelor Degree")
Duração: 3 anos

Nível B: Mestrado ("Master Degree")
Duração: 2 anos

Nível C: 2 graus (programa lectivo + dissertação):
1) "Licenciate Degree" – LD
2) "Doctorate Degree" – DG
Duração:
1) LD – 2 a 3 anos
2) DG – 4 anos

Disciplinas (A):
Duração e estatuto normais: Semestrais e com grande variedade de opções
Sistema de créditos: Sim (ECTS)

III – ENSINO DO DIREITO DO AMBIENTE

Disciplina(s) própria(s): Sim

1 – Nome da disciplina: "Direito e Natureza" ("Law and Nature")

Duração e estatuto: Semestral e de opção
Nível: A (Licenciatura) ou B (Mestrado)

2 – Nome da disciplina: "Responsabilidade Internacional pela Poluição Marítima" ("International Liability for Marine Pollution")
Duração e estatuto: Semestral e de opção
Nível: A (Licenciatura) ou B (Mestrado)

Mestrado especializado: Não
Nome: –
Duração: –

FICHA: ENSINAR VERDE A DIREITO

I – IDENTIFICAÇÃO

País: França
Universidade: Université de Paris 1 (Panthéon – Sorbonne)
Faculdade: Faculté de Droit
Sítio electrónico: www.univ-paris1.fr   **Ano lectivo:** 2005 / 2006

II – ENSINO DO DIREITO

Graus académicos:[34]
   Nível A: Licenciatura ("Licence"). Modalidades:

   a) Direito ("Licence de Droit"). O diploma apresenta as seguintes
   Menções: "Direito (formação geral)" ("Droit"), "Direito – Percurso
   Direito Privado" ("Droit – parcours Droit privé"), "Direito – Eco-

---

[34] Apesar de o sistema universitário francês de ensino do direito já ter adoptado, de há muito, uma lógica de organização em sucessivos ciclos ou níveis (3 anos de "Licence" + 1 ano de "Maitrise" + 1 ano de "D.E.A." ou de "D.S.S." + 3 anos de "Doctorat"), que segundo alguns terá mesmo sido uma das fontes inspiradoras do "Processo de Bolonha-Sorbonne", verificou-se recentemente uma profunda reforma, entrada em vigor no ano lectivo de 2005 / 2006, motivada pela criação de um "espaço europeu de ensino superior".
   A reforma consistiu em instaurar um sistema LMD, «L como "Licence", M como "Master", D como "Doctorat". A arquitectura comum das formações propostas pelas universidades europeias repousa, de ora em diante, sobre três níveis, três diplomas nacionais, três graus. A reforma assenta também na instauração de um sistema europeu de créditos (ECTS) e na organização das disciplinas em semestres e em unidades de ensino ("EU" – unités d' enseignement")» (in www.univ-paris1.fr).
   A formação universitária encontra-se organizada em domínios, tanto ao nível da licenciatura ("domaines de licence: droit., sciences politiques et sociales"), como do Mestrado ("domaines de Master: Droit, Science Politique, Etudes Sociales: Travail et Developpement"). Tanto «na Licenciatura como no Mestrado, os diplomas dividem-se em Menções ("Mentions") dentro de cada um desses domínios. Os diplomas de Licenciatura incluirão o título do domínio e da menção (...). Dentro de cada menção, os Mestrados são, para além disso, divididos em especialidades "profissionais" ou de "investigação". Exemplo: "Mestrado profissional em Direito, Menção de Direito dos Negócios, Especialização em Direito Bancário ou financeiro"("Master professionnel en Droit, mention Droit des affaires, spécialité Droit bancaire et financier") (in www.univ-paris1.fr).

"Avaliação do impacto" do ensino do direito ambiental   41

nomia" ("Droit-Economie"), "Direito – Gestão" ("Droit-Gestion"), "Direito Francês e Estrangeiro – Percurso Direito Francês e Alemão" ("Droits français et étranger parcours Droits français et allemand"), "Direito Francês e Estrangeiro – Percurso Direito Francês e Inglês" ("Droits français et étranger parcours Droits français et anglais"), "Direito Francês e Estrangeiro – Percurso Direito Francês e Espanhol" ("Droits français et étranger parcours Droits français et espagnol"), "Direito Francês e Estrangeiro – Percurso Direito Francês e Italiano" ("Droits français et étranger parcours Droits français et italien"), "Direito Francês e Estrangeiro – Percurso Direito Francês e Americano" ("Droits français et étranger parcours Droits français et américain")

b) Administração Pública («Licence de Administration Publique)[35].

Duração: 3 anos

Nível B: Mestrado ("Master"). Modalidades[36]:

– Menções e Especializações de Mestrado disponíveis no 1.º ano ("Master 1ère. Année") – Títulos de Diploma ("Titres de Diplôme"):

a) Menção de "Direito Comparado" ("Droit comparé")
b) Menção de "Direito dos Negócios" ("Droit des Affaires")
c) Menção de "Direito Económico" ("Droit Économique")
d) Menção de "Direito e Gestão das Finanças Públicas" ("Droit et gestion des finances publiques"). Especializações: "Administração das Colectividades Locais" ("D.G.F.P. – Administration des collectivités locales")
e) Menção de "Direito Europeu" ("Droit européen")

---

[35] A licenciatura em Administração Pública tem uma componente disciplinar predominantemente jurídica, é atribuída pela Faculdade de Direito da Universidade de Paris I, e não só dá acesso como está sequencialmente integrada nos graus imediatos de Mestrado ("Master") e de Doutoramento em Direito ("Doctorat").

[36] Apesar do (novo) Mestrado ("Master") corresponder agora a um único grau, obtido no fim de 2 anos lectivos, o sistema francês continua a distinguir o 1.º e 2.º ano (correspondentes, respectivamente, aos anteriores ciclos de "Maitrise" e D.E.A. ou D.S.S.), permitindo que, em cada um desses anos (apresentando uma relativa autonomia), os estudantes possam frequentar – e combinar – múltiplas menções e especializações diferenciadas, as quais, no final, constarão do diploma correspondente ao grau de Mestre, que apresenta 2 vias: a profissionalizante e a de investigação.

f) Menção de "Direito Fiscal" ("Droit Fiscal")

g) Menção de "Direito Internacional" (**"**Droit international")

h) Menção de "Direito Privado" ("Droit Privé")

i) Menção de "Direito Público" ("Droit public"). Especializações: "Direito e Gestão das Colectividades Territoriais" ("D.P. – Droit et gestion des collectivités territoriales"), "Direito Público dos Negócios" ("D.P. – Droit public des affaires"), "Direito Público Geral" ("D.P. – Droit public général")

j) Menção de "Direito Francês e Estrangeiro" ("Droits français et étranger"). Especializações: "Direito Francês e Inglês" ("D.F.E. – Droits français et anglais"), "Direito Francês e Alemão" ("D.F.E. – Droits français et allemand"), "Direito Francês e Espanhol" ("D.F.E. – Droits français et espagnol"), "Direito francês e italiano" ("D.F.E. – Droits français et italien") "Direito Francês e Americano" ("D.F.E. – Droits français et américain")

k) Menção de "Ambiente" ("Environnement")

l) Menção de "Justiça e Processo" ("Justice et procès")

– Menções e Especializações de Mestrado disponíveis no 2.º ano: Via Profissionalizante ("Master 2ème. Année Professionnel") – Títulos de Diploma ("Titres de Diplôme"):

a) Menção de "Direito Comparado" ("Droit comparé")

b) Menção de "Direito dos Negócios" ("Droit des affaires"). Especializações: "Direito Bancário e Financeiro" ("D.A. – Spécialité Droit bancaire et financier"), "Direito da Globalização Económica" ("D.A. – Spécialité Droit de la globalisation économique"), "Direito dos Negócios e Fiscalidade" ("D.A. – Spécialité Droit des affaires et fiscalité"), "Direito do Comércio Electrónico e da Economia Numérica" ("D.A. – Spécialité Droit du commerce électronique et de l'économie numérique")

c) Menção de "Direito do Património" ("Droit du patrimoine"). Especializações: "Construção, Urbanismo e Contratos" ("D.P. – Spécialité Construction, urbanisme, contrat"); "Engenharia do Património" ("D.P. – Spécialité Ingénierie du patrimoine")

d) Menção de "Direito e Gestão das Finanças Públicas" ("Droit et gestion des Finances Publiques"). Especializações: "Direito, Administração e Gestão Financeira das Colectividades Locais"

"Avaliação do impacto" do ensino do direito ambiental

("D.G.F.P. – Spécialité Droit, administration et gestion financière des collectivités locales")

e) Menção de "Direito Europeu" ("Droit européen"). Especializações: "Direito Europeu" ("D.E. – Spécialité Droit européen"), "Direito da Agricultura e das Substâncias agro-alimentares" ("D. E. – Spécialité Droit de l'agriculture et des filières agroalimentaires")

f) Menção de "Direito Fiscal" ("Droit fiscal"). Especializações: "Direito dos Negócios e Fiscalidade" ("D.F. – Spécialité Droit des affaires et fiscalité"), "Administração Fiscal" ("D.F. – Spécialité Administration fiscale"), "Direito e Fiscalidade do Turismo" ("D.F. – Spécialité Droit et fiscalité du tourisme"), "Engenharia Financeira e Estratégia Fiscal" ("D.F. – Spécialité Ingénierie financière et stratégie fiscale")

g) Menção de "Direito Internacional" ("Droit international"). Especializações: "Direito do Comércio Internacional" ("D.I. – Spécialité Droit du commerce international"), "Administração Internacional" ("D. I. – Spécialité Administration internationale")

h) Menção de "Direito Privado" ("Droit privé"). Especializações: "Direito Notarial" ("D.Pr. – Spécialité Droit Notarial"), "Direito dos Seguros" ("D. Pr. – Spécialité Droit des assurances")

i) Menção de "Direito Público"("Droit public"). Especializações: "Direito Público dos Negócios" ("D.P. – Spécialité Droit public des affaires"), "Administração geral" ("D.P. – Spécialité Administration générale"), "Administração da Política" ("D.P. – Spécialité Administration du Politique parcours Formation continue"), "Governo e Administração Europeus"("D.P. – Spécialité Gouvernance et administration européennes"), "Administração e Gestão Pública" ("D.P. – Spécialité Administration et gestion publique"), "Direito Público da Internet" ("D.P. – Spécialité Droit de l'internet public"), "Direito da Segurança Sanitária e Alimentar" ("D.P. – Spécialité Droit de la sécurité sanitaire et alimentaire"), "Contencioso Público" ("D.P – Spécialité Contentieux public")

j) Menção de "Direito Social" ("Droit social"). Especializações: "Jurista de Direito Social" ("D. S. – Spécialité Juriste de droit social")

k) Menção de "Direito, Inovação, Comunicação e Cultura" ("Droit, innovation, communication, culture"). Especializações: "Direito e Administração do Audio-visual" ("D.I.C.C. – Spécialité Droit et administration de l'audiovisuel"), "Direito do Comércio Electrónico e da Economia Digital" ("D.I.C.C. – Spécialité Droit du commerce électronique et de l'économie numérique"), "Direito das Criações Digitais" ("D.I.C.C. – Spécialité Droit des créations numériques")

l) Menção de "Direito, Ciências e Saúde" ("Droit, sciences et santé"). Especializações: "Direito da Segurança Sanitária e Alimentar" ("D.S.S. – Spécialité Droit de la sécurité sanitaire et alimentaire")

m) Menção de "Direito Francês e Estrangeiro" ("Droits français et étrangers). Especializações: "Direito Francês e Espanhol" ("D.F.E. – Spécialité Droits français et espagnol"), "Direito Francês e Italiano" ("D.F.E – Spécialité Droits français et italien"); "Direito Francês e Alemão" ("D.F.E – Spécialité Droits français et allemand"), "Direito Francês e Americano" ("D.F.E. – Spécialité Droits français et américain"), "Direito Francês e Inglês" ("D.F.E. – Spécialité Droits français et anglais")

n) Menção de "Ambiente"(«Environnement). Especializações: "Desenvolvimento Sustentável, Gestão Ambiental e Geomática" ("E. – Spécialité Développement durable, management environnemental et géomatique")

o) Menção de "Imobiliário" ("Immobilier")

p) Menção de "Justiça e Processo" ("Justice et procès"). Especializações: "Contencioso Público" ("J.P. – Spécialité Contentieux public"), "Contencioso dos Negócios" ("J.P. – Spécialité Contentieux des affaires")

q) Menção de "Ciência Política" ("Science Politique"). Especialização: "Administração do Político" ("S.P. – Spécialité Administration du Politique")

– Menções e Especializações de Mestrado disponíveis no 2.º ano: Via de Investigação ("Master 2ème. Année Recherche") – Títulos de Diploma ("Titres de Diplôme"):

a) Menção de "Direito Comparado" ("Droit comparé"). Especializações: "Direito Anglo-americano dos Negócios" ("D.C. – Spécialité Droit anglo-américain des affaires"), "Direito dos Países Árabes" ("D.C. – Spécialité Droit des pays arabes"), "Direito

Económico Francófono" ("D.C. – Spécialité Droit économique francophone"), "Direito Penal e Política Criminal na Europa" ("Droit comparé Spécialité Droit pénal et politique criminelle en Europe"), "Direito Público Europeu Comparado – Percurso Estudos Internacionais e Europeus" ("D. C. – Spécialité Droit public comparé européen parcours Etudes Internationales & Européennes"), "Estudos Africanos – Opção Antropologia do Direito" ("D.C. – Spécialité Etudes africaines option Anthropologie du droit"), "Estudos Africanos – Opção Direitos Africanos" ("D.C. – Spécialité Etudes africaines option Droits africains"), "Estudos Jurídicos Comparados"("D.C. – Spécialité Etudes juridiques comparatives"), "História do Pensamento Jurídico Europeu" ("D.C. – Spécialité Histoire de la pensée juridique européenne")

b) Menção de "Direito dos Negócios" (Droit des affaires). Especializações: "Direito dos Negócios e da Economia" ("D. A. – Spécialité Droit des affaires et de l'économie")

c) Menção de "Direito do Património" ("Droit du patrimoine"). Especializações: "Direito Patrimonial Aprofundado" ("D.P. – Spécialité Droit patrimonial approfondi"), "Património Imobiliário" ("D.P. – Spécialité Patrimoine immobilier"), "Propriedade Industrial e Artística" ("D.P. – Spécialité Propriété industrielle et artistique")

d) Menção de "Direito e Gestão das Finanças Públicas" ("Droit et gestion des Finances Publiques"). Especializações: "Direito, Gestão e Governo dos Sistemas Financeiros Públicos" ("D.G.F.P. – Spécialité Droit, gestion et gouvernance des systèmes financiers publics")

e) Menção de "Direito Europeu" ("Droit européen")

f) Menção de "Direito fiscal" ("Droit fiscal")

g) Menção de "Direito Internacional" ("Droit international"). Especializações: "Direito Internacional Privado e do Comércio Internacional" ("D.I. – Spécialité Droit international privé et du commerce international"), "Direito Internacional e Organizações Internacionais" ("D.I. – Spécialité Droit international et organisations internationales"), "Direito Internacional Económico" ("D.I. – Spécialité Droit international économique")

h) Menção de "Direito Privado" ("Droit privé). Especializações: "Direito Privado Geral" ("D.P. – Spécialité Droit privé général"), "Pessoa e Direito" ("D.P. – Spécialité Personne et droit")

i) Menção de "Direito Público" ("Droit public"). Especializações: "Direito Público (geral)" ("D.P. – Spécialité Droit public"), "Direito Público da Economia" ("D.P. – Spécialité Droit public économique"), "Direito Público Comparado – Via do Direito Público" ("D.P. – Spécialité Droit public comparé européen parcours droit public")

j) Menção de "Direito Social" ("Droit social")

k) Menção de "Direito, Inovação, Comunicação e Cultura" ("Droit, innovation, communication, culture"). Especializações: "Direito da Inovação, da Comunicação, da Cultura" ("D.I.C.C. – Spécialité Droit de l'innovation, de la communication et de la culture")

l) Menção de "Direito, Ciências e Saúde" ("Droit, sciences et santé"). Especialização: "Direito das Ciências e da Saúde" ("D.S.S. – Spécialité Droit des sciences et de la santé)

m) Menção de "Ambiente" ("Environnement"). Especializações: "Direito do Ambiente" ("E. – Spécialité Droit de l' Environnement"), "Geografia Ambiental e Paisagística" ("E. – Spécialité Géographie environnementale et paysages"), "Economia do Ambiente" (E. – Spécialité Economie de l'environnement")

n) Menção de "Justiça e Processo" ("Justice et procès"). Especializações: "Teoria e Prática do Processo" ("J.P. – Spécialité Théorie et pratique du procès"), "Ciências Sociais da Justiça" ("J. et P. – Spécialité Sciences sociales de la justice"), "Direito Penal e Política Criminal em Europa – Justiça Penal" ("J.P. Spécialité Droit pénal et politique criminelle en Europe, Justice Pénale")

Duração: 2 anos

Nível C: Doutoramento ("Doctorat")
Duração: 3 anos (dissertação)

Disciplinas (A e B):
Duração e estatuto normais: Semestrais e com grande variedade de opções
Sistema de créditos: Sim (ECTS)

III – ENSINO DO DIREITO DO AMBIENTE

Disciplina(s) própria(s): Sim

1 – Nome da disciplina: "Direito Administrativo do Ambiente" ("Droit Administratif de l' Environnement")
Duração e estatuto: Semestral e facultativa (podendo ser obrigatória para certas menções ou especializações) (10 ECTS)
Nível: B – Mestrado ("Master")

2 – Nome da disciplina: "Direito Internacional e Comunitário do Ambiente" ("Droit International et Communautaire de l' Environnement")
Duração e estatuto: Semestral e facultativa (podendo ser obrigatória para certas menções ou especializações) (8 ECTS)
Nível: B – Mestrado ("Master")

3 – Nome da disciplina: "Direito Civil do Ambiente" ("Droit Civil de l' Environnement")
Duração e estatuto: Semestral e facultativa (podendo ser obrigatória para certas menções ou especializações) (9 ECTS)
Nível: B – Mestrado ("Master")

4 – Nome da disciplina: "Direito Penal do Ambiente" ("Droit Pénal de l'Environnement")
Duração e estatuto: Semestral e facultativa (podendo ser obrigatória para certas menções ou especializações) (6 ECTS)
Nível: B – Mestrado ("Master")

5 – Nome da disciplina: "Instrumentos Económicos, Financeiros e Fiscais (de Ambiente)" ("Instruments économique, Financiers et Fiscaux")
Duração e estatuto: Semestral e facultativa (podendo ser obrigatória para certas menções ou especializações) (6 ECTS)
Nível: B – Mestrado ("Master")

6 – Nome da disciplina: "Economia do Ambiente" ("Économie de l'Environnement")
Duração e estatuto: Semestral e facultativa (podendo ser obrigatória para certas menções ou especializações) (6 ECTS)
Nível: B – Mestrado ("Master")

7 – Nome da disciplina: "Gestão Administrativa do Ambiente e do Ordenamento do Território" ("Gestion Administrative de l' Environnement et de l' Aménagement")
Duração e estatuto: Semestral e facultativa (podendo ser obrigatória para certas menções ou especializações) (7 ECTS)
Nível: B – Mestrado ("Master")

8 – Nome da disciplina: "Património Natural e Cultural" ("Patrimoine Naturel et Culturel")
Duração e estatuto: Conferência facultativa (5 ECTS)
Nível: B – Mestrado ("Master")

9 – Nome da disciplina: "Procedimento e Prática do Contencioso (Ambiental)" ("Procedure et Pratique du Contentieux")
Duração e estatuto: Conferência facultativa (5 ECTS)
Nível: B – Mestrado ("Master")

10 – Nome da disciplina: "Relações Internacionais e Ambiente" ("Relations Internationales et Environnement")
Duração e estatuto: Seminário de curta duração, facultativo (3 ECTS)
Nível: B – Mestrado ("Master")

Mestrado especializado: Sim (2)
Nome:
– "Mestrado Pofissional em Direito", Menção de "Ambiente" («Environnement), com Especialização em "Desenvolvimento Sustentável, Gestão Ambiental e Geomática" ("E. – Spécialité Développement durable, management environnemental et géomatique");
– "Mestrado de Investigação em Direito", com Menção de "Ambiente" ("Environnement") e Especializações em "Direito do Ambiente" ("E. – Spécialité Droit de l' Environnement"), "Geografia Ambiental e Paisagística" ("E. – Spécialité Géographie environnementale et paysages"), "Economia do Ambiente" (E. – Spécialité Economie de l'environnement")
Duração: 2 anos

"Avaliação do impacto" do ensino do direito ambiental 49

FICHA: ENSINAR VERDE A DIREITO

I – IDENTIFICAÇÃO

País: Grécia
Universidade: Aristotle University of Thessaloniki
Faculdade: Faculty of Law, Economic and Political Sciences
Sítio electrónico: www.auth.gr   **Ano lectivo:** 2003 / 2004

II – ENSINO DO DIREITO

Graus académicos:
   Nível A: Licenciatura – ("Bachelor")
   Duração: 5 anos

   Nível B: Mestrado – ("Master of Laws – LLM")
   Duração: –

   Nível C: Doutoramento – ("Doctor iuris degree")
   Duração: (Programa lectivo? + dissertação)

Disciplinas (A):
   Duração e estatuto normais: Combinação de disciplinas anuais com semestrais e de disciplinas obrigatórias com facultativas[37]
   Sistema de créditos: Sim (ECTS)

III – ENSINO DO DIREITO DO AMBIENTE

Disciplina(s) própria(s): Sim

   1 – Nome da disciplina: "Direito do Ambiente" ("Environmental Law")

---

[37] O curriculum é composto por 98 disciplinas, sendo 31 obrigatórias e 67 de opção, mas os estudantes não apenas devem escolher um maior número de disciplinas obrigatórias para obter o respectivo grau, como também algumas opções têm lugar entre alternativas pré-estabelecidas ("elective courses of mandatory option").

Duração e estatuto: Semestral e facultativa ("elective course of mandatory option")
Nível: A (Licenciatura)

2 – Nome da disciplina: "Seminário em Direito do Ambiente" ("Seminar on Environmental Law")
Duração e estatuto: Semestral e facultativa ("elective course of mandatory option")
Nível: A (Licenciatura)

3 – Nome da disciplina: "Direito Europeu do Ambiente" ("European Environmental Law")
Duração e estatuto: Semestral e facultativa
Nível: A (Licenciatura)

Mestrado especializado: –
Nome: –
Duração: –

"Avaliação do impacto" do ensino do direito ambiental 51

FICHA: ENSINAR VERDE A DIREITO

I – IDENTIFICAÇÃO

País: Holanda
Universidade: Vrije Universiteit Amsterdam
Faculdade: Fakulteit der Rechtsgeleerdheid
Sítio electrónico: www.vu.nl   **Ano lectivo:** 2005 / 2006

II – ENSINO DO DIREITO

Graus académicos:
Nível A: Licenciatura – ("Bachelor") – 3 menções:
a) "Licenciatura em Ciências Jurídicas" ("Bachelor Rechtsgeleerdheid")
b) "Licenciatura em Direito Notarial" ("Bachelor Notarieel Recht")
c) "Licenciatura em Criminologia" ("Bachelor Criminologie")
Duração: 3 anos[38]

Nível B: Mestrado – Especializações
a) "Mestrado em Ciências Jurídicas" ("Master Rechtsgeleerdheid")
b) "Mestrado em Direito Notarial" ("Master Notarieel Recht")
c) "Mestrado em Criminologia" ("Master Criminologie")
d) "Mestrado em Direito do Comércio Internacional" ("LLM International Business Law")[39]
e) "Mestrado em Direito Comercial Internacional e dos Negócios" ("International Commercial and Trade Law")[40]
Duração: 1 ano

Nível C: Doutoramento – (PhD)
Duração: Mínimo de 4 anos (Programa lectivo + dissertação)

---

[38] A duração normal da licenciatura é de três anos, embora se preveja também um "programa abreviado" ("Verkort Programma") com a duração de 2 anos.
[39] Programa de Mestrado leccionado integralmente em língua inglesa.
[40] Programa de Mestrado leccionado integralmente em língua inglesa.

Disciplinas (A):
Duração e estatuto normais: Semestrais e com grande variedade de opções
Sistema de créditos: Sim (ECTS)

III – ENSINO DO DIREITO DO AMBIENTE

Disciplina(s) própria(s): Sim

1 – Nome da disciplina: "Direito Internacional do Ambiente" ("International Environmental Law")[41]
Duração e estatuto: Semestral e facultativa
Nível: A – Licenciatura ("Bachelor")

Mestrado especializado: Não
Nome: –
Duração: –

---

[41] Disciplina leccionada em língua inglesa.

"Avaliação do impacto" do ensino do direito ambiental 53

FICHA: ENSINAR VERDE A DIREITO

I – IDENTIFICAÇÃO

País: Irlanda
Universidade: University College Dublin
Faculdade: Faculty of Law
Sítio electrónico: www.ucd.ie   **Ano lectivo:** 2003 / 2004

II – ENSINO DO DIREITO

Graus académicos:
Nível A: Licenciatura ("bachelor degree") – 5 modalidades:
1) "Bachelor of Civil Law" – BCL
2) "Bachelor of Civil Law (European Legal Studies)" – BCL (ELS)
3) "Bachelor of Business and Legal Studies" – BBLS
4) "Bachelor of Business and Legal Studies" (European) – BBLS (E)
5) "Bachelor of Business and Legal Studies" (International) – BBLS (I)

Duração:
1) BCL – 3 anos
2) BCL (ELS) – 4 anos (3+1 ano ERASMUS)
3) BBLS – 4 anos (disciplinas Direito e Gestão)
4) BBLS (E) – 4 anos (3+1 ano ERASMUS)
5) BBLS (I) – 5 anos (4+1 ano nos E.U.A. ou na Austrália)

Nível B: Mestrado ("Master of Laws") – 2 programas:
1) "Master of Laws in European Law" – LLM (EL)
2) "Master of Laws in Comercial Law") – LLM (CL)
Duração: 1 ano

Nível C: Doutoramento ("Doctor degree") – 2 modalidades:
1) "Doctor of Laws"[42]

---

[42] Grau de doutor destinado à valorização profissional dos juristas (entre os requisi-

54 *Ensinar Verde a Direito*

2) "Doctor of Philosophy"[43]
Duração: 3 a 6 anos (programa lectivo + dissertação)

Disciplinas (A):
Duração e estatuto normais: Semestrais e com grande variedade de opções
Sistema de créditos: Sim (ECTS)

III – ENSINO DO DIREITO DO AMBIENTE

Disciplina(s) própria(s): Sim

1 – Nome da disciplina: "Direito do Ambiente" ("Environmental Law")"
Duração e estatuto: Semestral e de opção
Nível: A – Licenciatura (todas modalidades) – 2.° ou 4.° ano

2 – Nome da disciplina: "Direito do Planeamento e do Desenvolvimento" ("Planning and Development Law")[44]
Duração e estatuto: Semestral e de opção
Nível: A – Licenciatura – BCL e BCL (ELS): 3.° ano

3 – Nome da disciplina: "Direito do Ambiente" ("Environmental Law")
Duração e estatuto: Semestral e de opção
Nível: B – Mestrado ("Master of Laws") – LLM (European Law)

Mestrado especializado: Não
Nome: –
Duração: –

---

tos para a sua obtenção consta um mínimo de 15 semestres de prática profissional, para além de um exame e da elaboração de uma dissertação).

[43] Grau de doutor destinado à investigação e à vida académica.

[44] O programa desta disciplina é basicamente de Direito do Urbanismo e do Ordenamento do Território, mas a dimensão jus-ambiental da matéria não é descurada, pelo que se optou pela sua inclusão no presente quadro.

"Avaliação do impacto" do ensino do direito ambiental

FICHA: ENSINAR VERDE A DIREITO

I – IDENTIFICAÇÃO

País: Islândia
Universidade: University of Iceland – "Sigillum Universitatis Islandiae" (Háskóli Islands)
Faculdade: Faculty of Law
Sítio electrónico: www.hi.is   **Ano lectivo:** 2003 / 2004

II – ENSINO DO DIREITO

Graus académicos:
   Nível A: Licenciatura ("bachelor degree")
   Duração: 3 / 4 anos[45]

   Nível B: Mestrado ("Master of Laws – LLM")
   Duração: 1 / 2 anos[46]. A frequência do programa de 5 anos (3+2, ou 4+1) e a elaboração de uma dissertação conduz à atribuição do grau denominado "cand. iuris degree", que permite o acesso às principais profissões jurídicas

   Nível C: –
   Duração: –

Disciplinas (A):
   Duração e estatuto normais: Semestrais e com grande variedade de opções
   Sistema de créditos: Sim (ECTS)

---

[45] A duração de 3 ou 4 anos do primeiro nível depende das escolhas feitas pelos estudantes relativamente às disciplinas a frequentar, bem como dos respectivos créditos.

[46] A duração do segundo nível depende dos estudantes terem previamente realizado o primeiro nível com uma duração de 3 anos, caso em que o LLM durará 2 anos, ou de 4 anos, caso em que o LLM terá a duração de 1 ano.

III – ENSINO DO DIREITO DO AMBIENTE

Disciplina(s) própria(s): Sim

1 – Nome da disciplina: "Direito do Ambiente I" ("Environmental Law")
Duração e estatuto: Semestral e facultativa
Nível: A – Licenciatura

2 – Nome da disciplina: "Direito Penal do Ambiente" ("Environmental Criminal Law")
Duração e estatuto: Semestral e facultativa
Nível: A – Licenciatura

3 – Nome da disciplina: "Direito Internacional do Ambiente I" ("International Environmental Law I")
Duração e estatuto: Semestral e obrigatória
Nível: B – Mestrado (LLM – "International and Environmental Law")

4 – Nome da disciplina: "Direito Internacional do Ambiente II" ("International Environmental Law II")
Duração e estatuto: Semestral e de opção
Nível: B – Mestrado ("LLM International and Environmental Law")

5 – Nome da disciplina: "Direito do Mar" ("Law of the Sea")[47]
Duração e estatuto: Semestral e de opção
Nível: B – Mestrado ("LLM International and Environmental Law")

Mestrado especializado: Sim
Nome: "Mestrado em Direito Ambiental Internacional e Europeu" ("LLM in International and Environmental Law")[48]
Duração: 1 / 2 anos

---

[47] O programa desta disciplina, apesar de possuir um conteúdo mais amplo, apresenta uma importante componente jus-ambiental.

[48] Programa de Mestrado novo, iniciado(de acordo com as escolhas e as aptidões dos candidatos) no ano lectivo de 2003/2004, sendo integralmente leccionado em língua inglesa.

"Avaliação do impacto" do ensino do direito ambiental　　57

FICHA: ENSINAR VERDE A DIREITO

I – IDENTIFICAÇÃO

País: Itália
Universidade: Università di Bologna
Faculdade: Facultà di Giurisprudenza
Sítio electrónico: www.giuri.unibo.it　　　**Ano lectivo:** 2005 / 2006

II – ENSINO DO DIREITO

Graus académicos:
Nível A: Licenciaturas Trienais ("Lauree Triennali")[49] – Modalidades:
1) "Consulente del Lavoro"
2) "Operatore Giuridico d'Impresa"
3) "Operatore informatico-giuridico"
4) "Scienze Giuridiche"
Duração: 3 anos

Nível B:
Licenciaturas Especializadas ("Lauree Specialistiche)[50]. Modalidades:
– "Giurisprudenza"
– "Teoria e Tecnica della Normazione in e-Governance"
Duração: 2 anos
Pós-graduação ("Post Laurea")[51]:
– Cursos de Aperfeiçoamento e Intensivos ("Corsi di Perfeziona-
menti e Corsi Intensivi")

---

[49] A actual reforma do ensino universitário, de acordo com o esquema da Declaração de Bolonha / Paris, foi introduzida pelo "Decreto Ministeriale 509", de 3 de Novembro
de 1999, tendo entrado em vigor no ano académico de 2001 / 2002.

[50] A licenciatura especializada em Direito é condição de acesso às profissões jurídicas tradicionais (advocacia, notariado, magistratura), assim como aos cargos superiores
da Administração Pública.

[51] Os cursos de Pós-graduação ("Post Laurea"), quer se denominem Cursos de
Aperfeiçoamento, Cursos Intensivos ou Mestrados, possuem natureza profissionalizante,
sendo virados para a especialização ou a actualização de conhecimentos (podendo mesmo
ser, nomeadamente, frequentados por quem só possua a "licenciatura trienal").

– Mestrado ("Master")[52]
Duração: 1 ano (no caso dos Mestrados, pode estar prevista a elaboração de dissertação)

Nível C: Doutoramento ("Dottoratti di Ricerca)
Duração: 3 anos (o doutoramento consiste em programa lectivo+ dissertação)

Disciplinas (A e B):
Duração e estatuto normais: Semestrais e com grande variedade de opções
Sistema de créditos: Sim (ECTS)

III – ENSINO DO DIREITO DO AMBIENTE

Disciplina(s) própria(s): Sim

1 – Nome da disciplina: "Direito do Ambiente" ("Diritto dell' Ambiente")
Duração e estatuto: Semestral e facultativa
Nível: A – Licenciaturas Trienais ("Consulente del Lavoro", "Operatore Giuridico di Empresa", "Scienze Giuridiche")

2 – Nome da disciplina: "Direito Agrário" ("Diritto Agrario")[53]
Duração e estatuto: Semestral e facultativa
Nível: A – Licenciaturas Trienais ("Consulente del Lavoro", "Operatore Giuridico di Empresa", "Scienze Giuridiche")

---

[52] Os Cursos de Mestrado a funcionar no ano lectivo de 2005/ 2006 são os seguintes: "Diritto degli scambi commerciali, attività bancarie ed investimenti con i paesi arabi"; "Diritto ed economia dei trasporti"; "Diritto Sanitario"; "Diritto tributario ("A.Berliri")"; "Giuristi Internazionali"; "Giuristi, consulenti e professionisti d'impresa"; "Law and Economics"; "Master in beni culturali ecclesiastici"; "Diritto del Lavoro"; "Master in Diritto delle Nuove Tecnologie e Informatica Giuridica"; "Master in Innovation Development and Change (MiDIC)"; "Mercato, Diritti e Consumi".

[53] O programa da disciplina inclui matéria jus-ambiental.

"Avaliação do impacto" do ensino do direito ambiental　　59

3 – Nome da disciplina: "Direito da Navegação" ("Diritto della Navigazione")[54]
Duração e estatuto: Semestral e facultativa
Nível: A – Licenciaturas Trienais ("Consulente del Lavoro", "Operatore Giuridico di Empresa", "Scienze Giuridiche")

4 – Nome da disciplina: "Direito do Ambiente (C. E.)" ("Diritto dell' Ambiente – C. E.")[55]
Duração e estatuto: Semestral e facultativa
Nível: B – Licenciaturas Especializadas ("Lauree Specialistiche", tanto na modalidade de "Giurisprudenza" como na de "Teoria e Tecnica della Normazione in e-Governance")

5 – Nome da disciplina: "Direito Agrário (C. E.)" ("Diritto Agrario – C.E.")[56]
Duração e estatuto: Semestral e facultativa
Nível: B – Licenciaturas Especializadas ("Lauree Specialistiche", na modalidade de "Giurisprudenza")

6 – Nome da disciplina: "Direito da Navegação (C.E.)" ("Diritto della Navigazione – C. E.")[57]
Duração e estatuto: Semestral e facultativa
Nível: B – Licenciaturas Especializadas ("Lauree Specialistiche", na modalidade de "Giurisprudenza")

Mestrado especializado: Não
Nome: –
Duração: –

---

[54] O programa da disciplina inclui matéria jus-ambiental.
[55] Para distinguir de disciplinas com idêntico nome no currículo das licenciaturas trienais, as disciplinas da licenciatura especializada são identificadas pela expressão C. E. ("Corso Spezialistico").
[56] O programa da disciplina inclui matéria jus-ambiental.
[57] O programa da disciplina inclui matéria jus-ambiental.

FICHA: ENSINAR VERDE A DIREITO

I – IDENTIFICAÇÃO

País: Luxemburgo
Universidade: Université du Luxembourg[58]
Faculdade: Faculté de Droit d' Economie et de Finance
Sítio electrónico: www.cu.lu   **Ano lectivo:** 2005 / 2006

II – ENSINO DO DIREITO

Graus académicos:
   Nível A: Licenciatura ("Bachelor")
   Duração: 3 anos

   Nível B: Mestrado (« Master») – 2 modalidades:
   a) Mestrado em "Direito Europeu, Menção Contencioso Europeu" ("Droit Européen, Option Contentieux Européen")[59]
   b) Mestrado em "Direito Penal dos Negócios" ("Droit Pénal des Affaires")[60]
   Duração: 2 anos

---

[58] A criação da Universidade do Luxemburgo ("L'Université du Luxembourg") – composta por três Faculdades: «la Faculté des Science de la Technologie et de la Communication», «la Faculté de Droit, d'Économie et de Finance», «La Faculté des Lettres, des Sciences Humaines, des Arts et des Sciences de l' Éducation» – é muito recente, datando do ano lectivo de 2003 / 2004, embora resulte da transformação em Universidade do anterior "Centre Universitaire du Luxembourg" (1996) (o qual era composto por três "Instituts Supérieures", «de Téchnologies», «d' Études et de Recherches Pédagogiques», «d'Études Éducatives et Sociales»).

[59] O Mestrado em "Direito Europeu, Menção Contencioso Europeu" ("Droit Européen, Option Contentieux Européen") é organizado em cooperação com o "Institut Universitaire International du Luxemburg", a "Université de Nancy 2" e a "Université Robert Schuman de Strasbourg", constituindo um Mestrado bilingue (leccionado em francês e inglês), que conduz à obtenção de um diploma "duplo" (luxemburguês e francês), conferido pelas universidades parceiras.

[60] Mestrado bilingue (francês e inglês).

Nível C: Doutoramento ("Doctorat")
Duração: –

Disciplinas (A):
Duração e estatuto normais: Semestrais e com possibilidade de opção
Sistema de créditos: Sim (ECTS)

III – ENSINO DO DIREITO DO AMBIENTE

Disciplina(s) própria(s): Não[61]

1 – Nome da disciplina: –
Duração e estatuto: –
Nível: –

Mestrado especializado: Não
Nome: –
Duração: –

---

[61] Dada a "juventude" da presente licenciatura em Direito, no ano lectivo de 2005/ /2006 só estão já a funcionar (e só se conhecem ainda) os planos de estudo dos dois primeiros anos lectivos.

FICHA: ENSINAR VERDE A DIREITO

I – IDENTIFICAÇÃO

País: Noruega
Universidade: Universitet I Oslo
Faculdade: Det Juridiske Fakultet
Sítio electrónico: www.jus.uio.no   **Ano lectivo:** 2005 / 2006

II – ENSINO DO DIREITO

Graus académicos:
  Nível A: Licenciatura ("Bachelor degree")[62]
  Duração: (3 anos, embora tal grau não seja, pelo menos por enquanto, atribuído pela Faculdade de Direito)

---

[62] A Universidade de Oslo adoptou, desde o ano lectivo de 2003 /2004, uma nova estrutura de graus académicos, decorrente do Processo de Bolonha, nos termos seguintes: "Bachelor's Degree" (3 anos) + "Master's Degree" (2 anos) + "Ph.D." (3 anos)». Apesar desta orientação genérica, contudo, no que respeita ao sistema de graus conferidos pela Faculdade de Direito, houve a intenção de conciliar estas alterações decorrentes do espaço universitário europeu com a anterior reforma curricular (iniciada nos anos 80 e tendo entrado em vigor em 1996), a qual estabelecia um curso com a duração de 6 anos (incluindo a elaboração de uma dissertação e exames finais globais), conducente à atribuição do grau de "Candid. Jur.".

Nestes termos, a "adopção" do modelo de Bolonha pela Faculdade de Direito da Universidade de Oslo fez-se de acordo com as seguintes alterações: consideração do Curso de Direito como sendo de "Mestrado integrado", daí decorrendo que o acesso às profissões jurídicas depende da obtenção do grau de Mestre; redução da formação correspondente ao antigo grau de "Candid. Jur." para 5 anos (em vez dos 6 tradicionais), fazendo-a corresponder ao novo grau de Mestre; divisão da formação dos juristas em dois ciclos mediante a autonomização do último ano como Mestrado autónomo (4+1), mas prescindindo simultaneamente da atribuição autónoma (pelo menos, por enquanto) do grau de "Bachelor".

Assim, os Mestrados da Faculdade de Direito, que têm a duração de 1 ano, completam de forma integrada a formação do jurista (4+1), que fez o "percurso norueguês" (sem que lhe tenha sido atribuído qualquer outro grau anterior), ao mesmo tempo que podem ser frequentados por estudantes que tenham previamente completado a licenciatura (v.g. licenciados em Direito de outros países europeus, licenciados por outras Faculdades não jurídicas).

"Avaliação do impacto" do ensino do direito ambiental   63

Nível B: Mestrado ("Candid. Jur.", "Master's Degree"). Existência de 4 Mestrados especializados:
a) "Theory and Practice of Human Rights"
b) "LLM. in Maritime Law"
c) "LLM. in Information and Communication Technology Law"
d) "LLM. in Public International Law"
Duração: 1 ano (correspondente a 4+1 para os estudantes que completam a sua formação integrada na Faculdade de Direito da Universidade de Oslo)

Nível C: Doutoramento ("Ph.D.")
Duração: 3 anos (parte lectiva + dissertação[63])

Disciplinas (A):
Duração e estatuto normais: Semestrais com algumas possibilidades de opção[64]
Sistema de créditos: Sim (ECTS)

III – ENSINO DO DIREITO DO AMBIENTE

Disciplina(s) própria(s): Sim

1 – Nome da disciplina: "Direito Administrativo II: Direito do Ambiente" ("Administrative Law II.: Environmental Law")
Duração e estatuto: Semestral e obrigatória
Nível: A (1.º ciclo de formação)

2 – Nome da disciplina: "Direito do Petróleo" ("Petroleum Law")[65]
Duração e estatuto: Semestral e de opção
Nível: A (1.º ciclo de formação)

---

[63] A dissertação de doutoramento pode ser elaborada em norueguês, dinamarquês, sueco, inglês, francês ou alemão, sendo defendida perante o júri de doutoramento, em regra, na mesma língua em que foi apresentada.

[64] Ao nível da licenciatura tradicional ("cand. Jur.") existia uma maior predominância das disciplinas obrigatórias, cujo peso foi actualmente diminuído pelo acréscimo de disciplinas facultativas, tanto ao nível da "licenciatura" (virtual) como do Mestrado.

[65] Disciplina com uma forte componente jus-ambiental.

3 – Nome da disciplina: "Direito Marítimo" ("Maritime Law")[66]
Duração e estatuto: Semestral e de opção
Nível: A (1.º ciclo de formação)

4 – Nome da disciplina: "Direito Internacional do Ambiente" ("International Environmental Law")[67]
Duração e estatuto: Semestral e de opção
Nível: B – Mestrado ("Master of Laws in Public International Law")

5 – Nome da disciplina: "Direito Marítimo" ("Maritime Law"[68])
Duração e estatuto: Semestral e obrigatória
Nível: B – Mestrado ("Master of Laws in Maritime Law") [69]

6 – Nome da disciplina: "Direito da Energia / Direito do Petróleo" ("Energy Law / Petroleum Law[70]")[71]
Duração e estatuto: Semestral e de opção
Nível: B – Mestrado ("Master of Laws in Maritime Law")

7 – Nome da disciplina: "Direito dos Seguros" ("Insurance Law")[72]
Duração e estatuto: Semestral e de opção
Nível: B – Mestrado ("Master of Laws in Maritime Law")

Mestrado especializado: Não
Nome: –
Duração: –

---

[66] Disciplina com uma forte componente jus-ambiental.

[67] Disciplina de opção leccionada em língua inglesa, tanto para estudantes ERASMUS como nacionais.

[68] O programa desta disciplina, sendo de conteúdo mais amplo, inclui uma componente ius-ambiental.

[69] Disciplina de opção leccionada em língua inglesa tanto para estudantes ERASMUS como nacionais.

[70] O programa desta disciplina, sendo de conteúdo mais amplo e destinado ao estudo dos «problemas relacionados com a indústria do petróleo na plataforma continental norueguesa», integra uma forte componente ius-ambiental.

[71] Disciplina de opção leccionada em língua inglesa tanto para estudantes ERASMUS como nacionais.

[72] O programa desta disciplina, sendo de conteúdo mais amplo, inclui o estudo da matéria dos seguros ambientais.

"Avaliação do impacto" do ensino do direito ambiental 65

FICHA: ENSINAR VERDE A DIREITO

I – IDENTIFICAÇÃO

País: Reino Unido
Universidade: Oxford University
Faculdade: Faculty of Law
Sítio electrónico: www.law.ox.ac.uk **Ano lectivo:** 2005 / 2006

II – ENSINO DO DIREITO

Graus académicos:
Nível A: Modalidades:
– "Diploma de Estudos Jurídicos" ("Diploma in Legal Studies") [73]
– "Licenciatura em Direito" ("Bachelor in Law", "BA in Law", "the regular three-year degree in Law")[74]
– "Licenciatura em Direito com Estudos Jurídicos na Europa" ("the four-year BA in Law with Law Studies in Europe")

---

[73] O "Diploma in Legal Studies", na Universidade de Oxford, parece ser especialmente vocacionado para estudantes estrangeiros, especialmente ERASMUS, que tenham frequentado, durante um ano, as disciplinas do curso de licenciatura. Mas este diploma parece poder ser também utilizado, no sistema britânico (ainda que, no caso de Oxford, parece que só a título excepcional, dado o limitado número de vagas – pelo menos, a acreditar nas explicações "oficiais"), como via de acesso alternativa (licenciatura anterior + 1 ano de formação jurídica) ao exame realizado pelas corporações profissionais, para o exercício de profissões jurídicas ("Common Professional Examination Qualification"). Esta modalidade de "formação jurídica universitária mínima" é assumida, de forma mais explícita, por outras Universidades (v.g. University of Birmingham, School of Law – www.bham.ac.uk), como uma espécie de "compromisso histórico" (mais ou menos criticado) entre uma tradição britânica, de formação jurídica exclusivamente profissional, com o ensino universitário do direito.

[74] A denominação tradicional do grau é a seguinte: «Bachelor of Arts in the Final Honour School of Jurisprudence».

– "Licenciatura em Direito para seniores"("the BA in Law with senior status")[75]

Duração: 1 a 4 anos, respectivamente:

1) "Diploma de Estudos Jurídicos" ("Diploma in Legal Studies") – 1 ano
2) "Licenciatura em Direito" ("BA in Law") – 3 anos
3) "Licenciatura em Direito com Estudos Jurídicos na Europa" ("BA in Law with Law Studies in Europe") – 4 anos (3 anos em Oxford + 1 ano ERASMUS)
4) "Licenciatura em Direito para seniores"("BA in Law with senior status") – 2 ou 3 anos (2 anos, ou 2 anos em Oxford + 1 ano ERASMUS)

Nível B: Mestrado ("Master of Laws") – Modalidades[76]:
A – "Mestrados Lectivos" ("taught Postgraduate Programme")
– "Bachelor of Civil Law" (BCL)[77]
– "Magister Juris" (Mjur)
– "Master of Science in Criminology and Criminal Science" (Msc)
B) "Mestrados de Investigação" ("Research Degrees")
– "Master of Studies in Legal Research" (Mst)
– "Master of Philosophy in Law" (Mphil)

---

[75] Esta variante mais curta da licenciatura em direito destina-se a estudantes que já possuam uma licenciatura anterior noutro domínio.

[76] Os graus de pós-graduação podem ser lectivos ("taught degrees") ou de investigação ("research degrees"), consoante assumam uma dimensão mais prática ou mais teórica. Graus lectivos são o "BCL" ("a one-year taught Master's degree for students from a common law background"), o Mjur ("a one-year taught Master's degree for students from a non-common law background"), o "Msc" ("a specialist one year programme"). Graus de investigação são: o "Mst" ("one year research degree that can also serve as the first year of the Dphil"), o "Mphil" ("a degree obtained by adding a year's research to a BCL or a MJur), o "Mphil in Criminology" ("a one-year research degree available only to those proceeding from Oxford Msc in Criminology") e o MLitt ("an intermediate-level two-year research degree").

[77] Malgrado a denominação, o "Bachelor of Civil Law" corresponde ao grau de Mestre, consistindo (de acordo com a informação constante da internet, que a seguir se reproduz, na língua original) em «one year Master's degree for students from a common law background».

"Avaliação do impacto" do ensino do direito ambiental 67

– "Master of Philosophy in Criminology" (Mphil in Crimin.)
– "Master of Letters" ("MLitt")
Duração: 1 a 2 anos, respectivamente:
1) "BCL" – 1 ano
2) "Mjur" – 1 ano
3) "Msc" – 1 ano
4) "Mst" – 1 ano
5) "Mphil" – 1 ano (só para estudantes que fizeram previamente o "BCL" ou o "Mjur")
6) "Mphil in Crimin." – 1 ano (só para estudantes que fizeram previamente o "Msc")
7) "Mlitt" – 2 anos (grau intermédio)

Nível C: Doutoramento ("Doctor of Philosophy")
Duração: 3 a 4 anos de programa lectivo mais dissertação

Disciplinas (A e B):
Duração e estatuto normais: Anuais e semestrais, com alguma possibilidade de escolha[78]
Sistema de créditos: Sim (ECTS)

III – ENSINO DO DIREITO DO AMBIENTE

Disciplina(s) própria(s): Sim

1 – Nome da disciplina: "Direito Comunitário Social, do Ambiente e do Consumo" ("European Community Social, Environmental and Consumer Law")
Duração e estatuto: Semestral e de opção
Nível: A – Licenciatura

---

[78] Parecem predominar as disciplinas leccionadas durante um semestre, ainda que com acompanhamento tutorial durante todo o ano, ou mesmo para além deste (em relação aos níveis A e C), assim como se verifica também uma tendência para uma certa concentração curricular, privilegiando o estudo intensivo de certas disciplinas, em detrimento de um mais amplo leque de escolhas.

2 – Nome da disciplina: "Direito Internacional do Ambiente" ("International Environmental Law")
Duração e estatuto: Semestral e de opção
Nível: B – Mestrado ("Bachelor of Civil Law" – "BCL", ou "Magister Juris" Mjur)

3 – Nome da disciplina: "Direito Internacional do Mar" ("International Law of the Sea")[79]
Duração e estatuto: Semestral e de opção
Nível: B – Mestrado ("Bachelor of Civil Law" – "BCL" ou "Magister Juris" – Mjur)

Mestrado especializado: Não
Nome: –
Duração: –

---

[79] O programa da disciplina apresenta uma componente ambiental.

"Avaliação do impacto" do ensino do direito ambiental 69

FICHA: ENSINAR VERDE A DIREITO

I – IDENTIFICAÇÃO

País: Suécia
Universidade: Stockholm University
Faculdade: Law Department
Sítio electrónico: www.juridicum.su.se   **Ano lectivo:** 2003 / 2004

II – ENSINO DO DIREITO

Graus académicos:
    Nível A: Licenciatura ("Diploma in Law")
    Duração: 2 anos

    Nível B: Mestrado, 2 modalidades:
    a) generalista – "Master of Laws", "Juris kandidatexamen"[80]
    b) especializado – 4 modalidades: "Direito Europeu" ("European Law"), "Direito e Tecnologia da Informação" ("Law and Information Technology"), "Direito Comercial International das Arbitragens" ("Comercial Arbitration Law") e "Direito Europeu da Propriedade Intelectual" ("European Intellectual Property Law")[81]

---

[80] De acordo com as informações da Faculdade, constantes da página electrónica, «o programa jurídico de 4 anos e meio, que conduz ao grau sueco de Mestre ("Juris kandidatexam"), constitui o padrão do ensino do direito na Suécia, sendo tal grau exigido para o exercício de profissões como as de juiz, advogado e defensor público».

[81] Os Mestrados especializados, na prática, constituem um "grau superior" relativamente aos generalistas, pois, para os estudantes suecos, é condição de acesso a prévia obtenção do grau de Mestre («graduates with a swedish LLM Degree»), mesmo se, para os estudantes estrangeiros (mx. ERASMUS), é suficiente qualquer diploma de nível A («they are all open to foreign visiting students with a University diploma in Law»). A existência dessa "hierarquia oficiosa" entre os dois mestrados é, de resto, assumida na informação constante do sítio electrónico, quando se diz que, apesar de «formalmente idênticos», os mestrados especializados «são em todos os aspectos organizados e conduzidos como programas pós-graduados tanto no que respeita aos conteúdos como aos métodos de ensino».

Duração:
a) LLM generalista – 2 anos e meio
b) LLM especializado – 1 ano

Nível C: Doutoramento – 2 modalidades:
a) "Doctor of Laws Degree", "LLD."[82]
b) "Licenciate of Law Degree"[83]
Duração: (Programa lectivo+Dissertação)
a) LLD – 4 anos (de duração total, incluindo dissertação)
b) "Litentiate degree" – 2 anos (de duração total, incluindo dissertação)[84]

Disciplinas (A):
Duração e estatuto normais: Semestrais. Grande variedade de opções, mas só no último ano[85]
Sistema de créditos: Sim (ECTS)

III – ENSINO DO DIREITO DO AMBIENTE

Disciplina(s) própria(s): Sim

1 – Nome da disciplina: "Direito Internacional do Ambiente" ("International Environmental Law")
Duração e estatuto: Semestral e de opção
Nível: B – Mestrado

---

[82] Doutoramento mais virado para a investigação e vocacionado para académicos.

[83] Doutoramento não vocacionado para académicos, mas para «práticos do direito, que pretendam dedicar-se a trabalhos de natureza científica por um curto período de tempo, tendo em vista o aprofundamento dos respectivos conhecimentos jurídicos num domínio específico» (vide o sítio electrónico).

[84] A dissertação, no caso do LLD., consiste numa «monografia de 300 a 500 páginas», enquanto que no caso do "Litentiate Degree" basta «uma tese bastante mais pequena» («a somewhat shorter thesis»).

[85] Cerca de um quarto das disciplinas facultativas ("elective courses") são leccionadas em língua inglesa, sendo frequentadas tanto por estudantes suecos como ERASMUS.

2 – Nome da disciplina: "Direito do Ambiente da União Europeia" ("EU – Environmental Law")
Duração e estatuto: Semestral e de opção
Nível: B – Mestrado (4.º ou 5.º ano)

3 – Nome da disciplina: "Direito Internacional da Energia e Impacto Ambiental" ("International Energy Law and the Environmental Impact")
Duração e estatuto: Semestral e de opção
Nível: B – Mestrado (4.º ou 5.º ano)

Mestrado especializado: Não
Nome: –
Duração: –

FICHA: ENSINAR VERDE A DIREITO

I – IDENTIFICAÇÃO

País: Suíça
Universidade: Université de Fribourg / Universitaet Freiburg[86] – "Universitas Friburgensis"
Faculdade: Faculté de Droit / Rechtswissenschaftliche Fakultaet
Sítio electrónico: www.unifr.ch   **Ano lectivo:** 2003 / 2004

II – ENSINO DO DIREITO

Graus académicos:

Nível A: Licenciatura ("Diplôme Universitaire en Droit, Bachelor in Law")[87]
Duração: 6 a 7 semestres (3 anos a 3 anos e meio)

Nível B: Mestrado ("Licence en Droit", "Master")
Duração: 2 a 3 semestres (1 ano a 1 ano e meio)

Nível C: Doutoramento ("Docteur en Droit", "Iuris utriusque doctor")
Duração: Programa lectivo de 4 semestres mais dissertação

Disciplinas (A):
Duração e estatuto normais: Anuais e semestrais (com predomínio destas últimas) e com grande variedade de opções
Sistema de créditos: Sim (ECTS)

---

[86] Adopta-se a dupla denominação por se tratar de uma Universidade bilingue, em que os curricula dos diferentes Cursos apresentam disciplinas leccionadas tanto em língua francesa como em língua alemã, cabendo aos estudantes fazer as respectivas escolhas de acordo com critérios simultaneamente programáticos e linguísticos .

[87] De acordo com a reforma do plano de estudos, que entrou em vigor no ano lectivo de 2002 / 2003, elaborada segundo o modelo da Declaração de Bolonha (que foi também assinada pela Suíça).

III – ENSINO DO DIREITO DO AMBIENTE

Disciplina(s) própria(s): Sim

1 – Nome da disciplina: "Direito Administrativo Especial" ("Droit Administratif Spécial")[88]
Duração e estatuto: Anual e Facultativa
Nível: A (Licenciatura) ou B (Mestrado)

2 – Nome da disciplina: "Direito Público III: Direito Administrativo Especial I e II" ("Oeffentliches Recht III: Besonderes Verwaltungsrecht I und II")[89]
Duração e estatuto: Anual e facultativa
Nível: A (Licenciatura) ou B (Mestrado)

3 – Nome da disciplina: "Direito Internacional do Ambiente" ("Droit International de l' Environnement")[90]
Duração e estatuto: Semestral e facultativa
Nível: A (Licenciatura) ou B (Mestrado)

4 – Nome da disciplina: "Direito Europeu do Ambiente" ("Europaeisches Umweltrecht – Europarecht III")[91]
Duração e estatuto: Semestral e de opção
Nível: A (Licenciatura) ou B (Mestrado)

Mestrado especializado: Não
Nome: –
Duração: –

---

[88] Disciplina leccionada em língua francesa. O programa desta disciplina versa sobre matérias de Direito do Ambiente, de Direito do Urbanismo e de Direito Económico.

[89] Disciplina leccionada em língua alemã. O programa desta disciplina versa sobre matérias de Direito do Ambiente, de Direito do Urbanismo, de Direito da Polícia e de Direito Económico.

[90] Disciplina leccionada em língua francesa.

[91] Disciplina leccionada em língua alemã.

3.2 – *"Avaliação do impacto" da Declaração de Bolonha no ensino do Direito*

Apreciado o "estudo de impacto" e efectuado o levantamento prévio da situação do ensino do Direito, pode-se dar continuidade à "instrução do procedimento de avaliação do impacto ambiental" da Declaração de Bolonha no ensino jurídico e proceder à agregação dos dados obtidos. Nesta operação de agregação de dados procurou-se adoptar uma lógica objectiva e generalista, mais preocupada com a "visão de conjunto" do que com as particularidades de cada um dos sistemas; optou-se por não separar a informação relativa aos países europeus da relativa aos Estados Unidos da América; para além de se ter também aplicado o "princípio da prevenção", preferindo – em cada uma das rubricas do quadro seguinte – não agregar a informação sempre que existisse dúvida ou insuficiência de dados relativamente a qualquer das Faculdades / Universidades consideradas. O resultado a que se chegou foi, então, o seguinte:

Graus académicos

Nível A – Licenciatura

Duração da Licenciatura:
Menos de 6 semestres / menos de 3 anos – Reino Unido / Oxford; Suécia/ / Stockholm
6 semestres / 3 anos – Dinamarca / Kobenhavns; EUA / Harvard; Finlândia / Turku; França / Paris I; Holanda / Vrije Amsterdam; Irlanda / Dublin; Islândia / Haskoli Isl.; Itália / Bologna; Luxemburgo / FDEF; Noruega / /Oslo; Reino Unido / Oxford; Suíça / Fribourg
7 semestres / 3 anos e meio – Suíça / Fribourg
8 semestres / 4 anos – Alemanha / Hannover; Áustria / Wien; Bélgica / Leuven; Espanha / Compl. Madrid; Islândia / Haskoli Isl.; Reino Unido / Oxford
10 semestres / 5 anos – Espanha / Compl. Madrid; Grécia / Thessaloniki

Nível B – Mestrado:

Modelo de Mestrado:

Mestrado Uniforme – Áustria / Wien; Dinamarca / Kobenhavns; Finlândia / Turku; Grécia / Thessaloniki; Islândia / Haskoli Isl; Suíça / Fribourg
Várias Modalidades de Mestrado – Alemanha / Hannover; Bélgica / /Leuven; Espanha / Compl. Madrid; EUA / Harvard; França / Paris I; Holanda / Vrije Amsterdam; Irlanda / Dublin; Itália / Bologna; Luxemburgo / FDEF; Noruega / Oslo; Reino Unido / Oxford; Suécia / Stockholm

Duração do Mestrado:
2 semestres / 1 ano – Alemanha / Hannover; Áustria / Wien; Bélgica / / Leuven; Espanha / Compl. Madrid; EUA / Harvard; Holanda / Vrije Amsterdam; Irlanda / Dublin; Islândia / Haskoli Isl.; Noruega / Oslo; Reino Unido / Oxford; Suécia / Stockholm; Suíça / Fribourg
3 semestres / 1 ano e meio – Alemanha / Hannover; Suíça / Fribourg
4 semestres / 2 anos – Alemanha / Hannover; Dinamarca / Kobenhavns; Finlândia / Turku; França / Paris I; Islândia / Haskoli Isl.; Itália / Bologna; Luxemburgo / FDEF; Reino Unido / Oxford
5 semestres / 2 anos e meio – Suécia / Stockholm

Dissertação de Mestrado:
Sim – Alemanha / Hannover; Espanha / Compl. Madrid; EUA / Harvard; França / Paris I; Grécia / Thessaloniki; Islândia / Haskoli Isl; Itália / Bologna; Luxemburgo / FDEF; Noruega / Oslo; Reino Unido / Oxford
Não – Áustria / Wien; Espanha / Compl. Madrid; EUA / Harvard

Nível C – Doutoramentos

Duração do Doutoramento:
Menos de 6 semestres / 3 anos – Áustria / Wien; Finlândia / Turku; Suécia / Stockholm; Suíça / Fribourg
6 semestres / 3 anos – Alemanha / Hannover; Áustria / Wien; Finlândia / Turku; França / Paris I; Irlanda / Dublin; Itália / Bologna; Noruega / Oslo; Reino Unido / Oxford
8 semestres / 4 anos – EUA / Harvard; Finlândia / Turku; Holanda / Vrije Amsterdam; Irlanda / Dublin; Suécia / Stockholm

Período lectivo para Doutoramento:
Sim – Alemanha / Hannover; Áustria / Wien; Bélgica / Leuven; Dinamarca / Kobenhavns; Espanha / Compl. Madrid; EUA / Harvard; Finlân-

dia / Turku; Holanda / Vrije Amsterdam; Irlanda / Dublin; Itália / Bologna; Noruega / Oslo; Reino Unido / Oxford; Suécia / Stockholm; Suíça / Fribourg
Não –

Dissertação de Doutoramento:
Sim – Alemanha / Hannover; Áustria / Wien; Bélgica / Leuven; Dinamarca / Kobenhavns; Espanha / Compl. Madrid; EUA / Harvard; Finlândia / Turku; França / Paris I; Grécia / Thessaloniki; Holanda / Vrije Amsterdam; Irlanda / Dublin; Itália / Bologna; Noruega / Oslo; Suécia / / Stockholm; Suíça / Fribourg
Não –

Leccionação das Disciplinas:

Duração e estatuto normais:
Semestrais – Alemanha / Hannover; Áustria / Wien; Bélgica / Leuven; Dinamarca / Kobenhavns; EUA / Harvard; Finlândia / Turku; França / / Paris I; Holanda / Vrije; Irlanda / Dublin Amsterdam; Islândia / Haskoli Isl.; Itália / Bologna; Luxemburgo / FDEF; Noruega / Oslo; Reino Unido/ / Oxford; Suécia / Stockholm; Suíça / Fribourg
Anuais – Espanha / Compl. Madrid; Grécia / Thessaloniki

Sistema de créditos:
Sim – Alemanha / Hannover; Áustria / Wien; Bélgica / Leuven; Dinamarca / Kobenhavns; EUA / Harvard; Finlândia / Turku; França / Paris I; Grécia / Thessaloniki; Holanda / Vrije Amsterdam; Irlanda / Dublin; Islândia / Haskoli Isl.; Itália / Bologna; Luxemburgo / FDEF; Noruega / Oslo; Suécia / Stockholm; Suíça / Fribourg
Não – Espanha / Compl. Madrid

Terminada esta fase do procedimento, está-se agora em condições de proceder à avaliação do "impacto ambiental" da Declaração de Bolonha no ensino do Direito, hoje, assim como de comparar tal juízo com a situação existente dos Estados Unidos na América, a partir do quadro anterior (que, não é demais lembrar, poderá conter algumas lacunas ou imperfeições devido à falta ou a deficiências de informação, ou do seu tratamento, típicas de "alguma verdura" dos estudos comparatistas em matéria de didáctica jurídica). Tudo visto, julgo poderem ser retiradas as seguintes conclusões:

"Avaliação do impacto" do ensino do direito ambiental

a) relativamente à licenciatura, verifica-se que, com a excepção da Espanha e da Grécia, em que a duração do nível A é de 5 anos (embora, em Espanha, já exista uma divisão da formação da licenciatura em ciclos e, em ambos os países, estejam em preparação reformas no sentido da redução da duração deste nível), os demais países já possuem uma estrutura de primeiro ciclo, à partida, compatível com as regras do sistema de Bolonha[92], havendo algum equilíbrio no número de Faculdades que optaram por uma formação jurídica primária de 4 anos, ou de 3 anos, ainda que com ligeira vantagem para esta última alternativa. Abaixo do "limiar" de Bolonha surgiam o Reino Unido, mas este só no caso de um diploma especial e de acesso limitado (em Oxford, só é atribuído a estudantes ERASMUS), e a Suécia, onde, ao que julgo saber, estão em curso reformas no sentido da compatibilização da duração de acordo com as regras de Bolonha.

Comparando com o que se passa nos Estados Unidos, em que o nível A apresenta a duração de 3 anos, verifica-se, portanto, a existência de uma convergência, a este nível, dos sistemas de ensino europeu e norte-americano;

b) no referente ao Mestrado, a sua duração varia, em regra, de 1 a 2 anos, segundo os cânones de Bolonha (também aqui, com a excepção da Suécia, onde a maior duração do Mestrado compensa

---

[92] Peculiar é, todavia, a "questão alemã", que originou mesmo algumas "resistências" a Bolonha, nomeadamente as expressadas pelo Conselho de Directores das Faculdades de Direito, as quais não dizem respeito à duração lectiva do 1.º ciclo de estudos (que varia entre um mínimo de 6 a um máximo de 8 semestres lectivos, consoante as Universidades e as regras estaduais) – e que é, enquanto tal, compatível com o "esquema de Bolonha" –, mas têm antes que ver com a exigência do "Exame de Estado" ("Staatsexamen") para a atribuição do grau. No entanto, a "reforma do ensino do Direito de 2002" (aplicável aos estudantes que iniciaram a sua formação jurídica no ano lectivo de 2003/2004) estabelece que 30% da nota do "Exame de Estado" passa a ser da responsabilidade das Universidades, enquanto que os demais 70% continuam a ser da responsabilidade dos Estados ("Laender"), no que é considerado como uma forma de "convergência" com o "esquema de Bolonha", já que possibilita a atribuição de um "diploma" (equiparável ao do 1.º nível) pelas Universidades, no termo do período lectivo, mesmo se o acesso às "profissões jurídicas tradicionais" se mantém dependente da aprovação no referido exame. Vide MATHIAS WULFFEN / RAINER SCHLEGEL, «Der Bologna-Prozess und seine moeglichen Auswirkungen auf die Justiz», in «Neue Zeitschrift fuer Verwaltungsrecht», 2005, n.º 8, páginas 890 e seguintes.

a mais reduzida duração da licenciatura, mas novamente a informação disponível aponta no sentido da modificação de tal situação no sentido de Bolonha). Para além disso, a maioria das faculdades parece caminhar no sentido da diversificação dos Mestrados – o que vai igualmente no "sentido de Bolonha", de concentrar a formação básica para o nível A, reservando a formação jurídica mais variada e especializada para o nível B. A diversidade dos tipos de Mestrado é ainda patente no facto de não se exigir, em todos os casos, a elaboração de uma dissertação, o que indicia a existência de uma distinção entre os mestrados de aperfeiçoamento e os de investigação (o que é, ainda mais confirmado, pelo facto de se saber também, embora não conste do presente quadro, que o grau de exigência das "dissertações" é variável, em razão do tipo de Mestrado).

No que respeita aos EUA / Harvard, os Mestrados têm a duração de um ano, apresentam uma estrutura muito variada, podem ou não dar origem à elaboração de uma dissertação, sendo igualmente nítida a distinção entre o Mestrado de aperfeiçoamento e o de investigação, pelo que, mais uma vez aqui, as coisas "não andam" longe do que se passa na Europa;

c) no que respeita à obtenção do grau de Doutor, a maioria das faculdades aponta para a duração de três anos, embora com ligeiras oscilações para cima ou para baixo, verificando-se sempre (ao menos, nos casos considerados no quadro) a exigência de um período lectivo prévio e a necessidade de elaboração de uma dissertação. Outro aspecto interessante (na informação "além-quadro", embora parcialmente reflectida nas fichas) é, por um lado, uma maior generalização do grau de Doutor, em comparação com a actual situação portuguesa, mas também a vigência de "dois padrões" de exigência, que é maior nos casos de doutoramentos de "investigação", do que nos demais casos, introduzindo, também aqui, uma distinção material entre dois tipos de doutoramentos. Situação que, uma vez mais, é similar à verificada nos EUA, embora com uma duração ligeiramente superior à "média europeia" do tempo necessário para a obtenção do grau (4 anos);

d) em matéria de leccionação das disciplinas – e, de novo, com a excepção da Espanha e da Grécia, onde a regra são as disciplinas anuais –, em todas as demais faculdades a regra é a da duração semestral. Isto, sem prejuízo de serem também muito frequentes os seminários e os cursos com duração inferior a um semestre, nomeadamente sobre temas mais especializados, ou leccionados por professores estrangeiros, no quadro do intercâmbio europeu.

A semestralidade da leccionação das disciplinas, combinada com outros cursos e seminários de duração inferior, constitui igualmente a regra das faculdades norte-americanas;

e) em relação aos sistemas de créditos – com a excepção, de novo, da Espanha – quase todas as faculdades europeias os adoptam. O que permite aumentar a diversidade da oferta de disciplinas, quer nos termos antes referidos, da variabilidade de duração e de temas das disciplinas, quer possibilitando a frequência de disciplinas não jurídicas, tudo isto numa "lógica nova" (introduzida por Bolonha), segundo a qual cada estudante "constrói o seu próprio currículo" devendo frequentar necessariamente um conjunto de "cadeiras-base", mas podendo, para além delas, fazer todas as combinações possíveis (nesta linha, vide a ficha de França / Paris I, onde o legislador, na sequência de uma recente reforma, previu uma miríade de combinações possíveis de disciplinas, ao mesmo tempo que, de acordo com uma lógica "tipicamente francesa", as pretendeu "meter todas" na lei). De referir também que a adopção do sistema ECTS facilita a mobilidade estudantil, nomeadamente ao nível do Programa ERASMUS, para além de permitir a comparabilidade dos currículos entre Universidades estrangeiras.

Em síntese (provisória), são visíveis os impactos da Declaração de Bolonha em todos os países europeus, e relativamente a todos os critérios de comparação utilizados[93], havendo uma convergência crescente dos sistemas universitários nacionais, tendo em vista a construção do "Espaço Europeu do Ensino Superior do Direito". Mas, para além da dimensão europeia, tal convergência assume também foros de "globalização univer-

---

[93] Embora nem todas as faculdades e países avancem ao mesmo ritmo, sendo notória uma "segunda velocidade" (mais lenta) em países como a Espanha e a Grécia, e a que, em abono da verdade, deveríamos acrescentar Portugal, onde só agora surgem os necessários instrumentos legislativos e onde as Faculdades de Direito (com algumas excepções, como é, em especial, o caso da Faculdade de Direito da Universidade Católica Portuguesa, mas também o da Universidade Nova) têm preferido manter algum "distanciamento" em relação às mudanças em curso nos demais países europeus.

sitária", na medida em que as ideias de comparabilidade e de compatibilidade passam também a fazer sentido no quadro do relacionamento com sistemas universitários de "países terceiros", como é o caso dos Estados Unidos da América.

Convergência de sistemas que não põe em causa a diversidade nacional dos conteúdos das disciplinas, nem as tradições específicas do ensino do Direito, em cada país. Pois, a lógica da compatibilidade e da comparabilidade dos sistemas universitários de ensino do Direito não significa a uniformidade da formação jurídica, antes pressupõe a existência dessa mesma diversidade e especificidade (nacionais, ou outras), integrando-as e conferindo-lhes sentido, num "esquema formal" que procura assegurar "a diferença" curricular entre países, entre universidades, entre faculdades e mesmo entre os próprios estudantes (que podem adequar as opções curriculares aos seus próprios gostos e interesses).

3.3 – Ensinar Direito do Ambiente no contexto da Declaração de Bolonha

Tal como se fez, há pouco, relativamente ao ensino do Direito, vai-se agora, no domínio jus-ambiental, começar por elaborar um quadro, procurando sintetizar a informação recolhida na instrução do procedimento para, seguidamente, estar em condições de proceder à avaliação do "impacto" da Declaração de Bolonha no ensino do Direito do Ambiente. Tal o que se passa a fazer:

Disciplina(s) própria(s) em matéria ambiental:
Sim – Alemanha / Hannover; Áustria / Wien; Bélgica / Leuven; Dinamarca / Kobenhavns; EUA / Harvard; Finlândia / Turku; França / Paris I; Grécia / Thessaloniki, Holanda / Vrije Amsterdam; Irlanda / Dublin; Islândia / Haskoli Isl; Itália / Bologna; Noruega / Oslo; Reino Unido / Oxford; Suécia / Stockholm; Suíça / Fribourg
Não – Espanha / Compl. Madrid; Luxemburgo / FDEF

Número de disciplinas em matéria ambiental:
1 – Áustria / Wien; Holanda / Vrije Amsterdam
2 – Bélgica / Leuven; Finlândia / Turku
3 – Dinamarca / Kobenhavns; Grécia / Thessaloniki; Irlanda / Dublin; Reino Unido / Oxford; Suécia / Stockholm

4 – Alemanha / Hannover; Suíça / Fribourg
Mais do que 5 – EUA / Harvard; França / Paris I; Itália / Bologna; Noruega/ Oslo

Natureza das disciplinas ambientais:
Introdutórias – Alemanha / Hannover; Áustria / Wien; Bélgica / Leuven; Dinamarca / Kobenhavns; EUA / Harvard; Finlândia / Turku; França / Paris I; Grécia / Thessaloniki; Irlanda / Dublin; Islândia / Haskoli Isl.; Itália/ / Bologna; Noruega / Oslo; Reino Unido / Oxford; Suécia / Stockholm; Suíça / Fribourg
Especializadas – Alemanha / Hannover; Bélgica / Leuven; Dinamarca / /Kobenhavns; Espanha / Compl. Madrid; EUA / Harvard; Finlândia / / Turku; França / Paris I; Grécia / Thessaloniki; Holanda / Vrije Amsterdam; Irlanda / Dublin; Islândia / Haskoli Isl.; Itália / Bologna; Noruega / /Oslo; Reino Unido / Oxford; Suécia / Stockholm; Suíça / Fribourg

Duração das disciplinas ambientais:
Seminários de curta ou média duração – França / Paris I
Semestrais – Alemanha / Hannover; Áustria / Wien; Bélgica / Leuven; Dinamarca / Kobenhavns; EUA / Harvard; Finlândia / Turku; França / Paris I; Grécia / Thessaloniki; Holanda / Vrije Amsterdam; Irlanda / Dublin; Islândia / Haskoli Isl.; Itália / Bologna; Noruega / Oslo; Reino Unido / / Oxford; Suécia / Stockholm; Suíça / Fribourg
Anuais – Suíça / Fribourg

Momento da leccionação das disciplinas ambientais:
Nível A – Alemanha / Hannover; Bélgica / Leuven; EUA / Harvard; Finlândia / Turku; Grécia / Thessaloniki; Holanda / Vrije Amsterdam; Irlanda / Dublin; Islândia / Haskoli Isl.; Itália / Bologna; Noruega / Oslo; Reino Unido / Oxford; Suécia / Stockholm; Suíça / Fribourg
Nível B – Bélgica / Leuven; Dinamarca / Kobenhavns; Espanha / Compl. Madrid; EUA / Harvard; Finlândia / Turku; França / Paris I; Irlanda / Dublin; Islândia / Haskoli Isl; Itália / Bologna; Noruega / Oslo; Reino Unido/ / Oxford; Suécia / Stockholm; Suíça / Fribourg

Mestrado especializado em matéria ambiental:
Sim – Bélgica / Leuven; Espanha / Compl. Madrid; França / Paris I; Islândia / Haskoli Isl.

Não – Alemanha / Hannover; Áustria / Wien; Dinamarca / Kobenhavns; EUA / Harvard; Finlândia / Turku; Grécia / Thessaloniki; Holanda / Vrije Amsterdam; Irlanda / Dublin; Itália / Bologna; Luxemburgo / FDEF; Noruega / Oslo; Reino Unido / Oxford; Suécia / Stockholm; Suíça / Fribourg

As conclusões a retirar da informação recolhida apontam no seguinte sentido:

a) praticamente todas as faculdades europeias (com a excepção de Espanha / Compl. Madrid e do Luxemburgo / FDEF) apresentam disciplinas próprias de Direito do Ambiente. Idêntica situação se verifica igualmente nos Estados Unidos da América;

b) não só a maioria das faculdades europeias autonomiza, nos respectivos currículos, o domínio ambiental, como na grande maioria dos casos existem mesmo diversas cadeiras de temática ambiental, permitindo-se assim a conjugação de uma disciplina de natureza introdutória com outras disciplinas especializadas de Direito do Ambiente. Escusado será dizer que tal multiplicidade e diversidade de disciplinas ambientais se verifica tanto na Europa como nos Estados Unidos, até porque se Paris I "bate todos os recordes" em número de disciplinas ambientais – com nada menos do que 15 disciplinas –, o segundo lugar desta "corrida pelo Direito do Ambiente" cabe a Harvard – com 8 disciplinas –, o terceiro lugar a Oslo – com 7 disciplinas – e o quarto lugar a Bolonha – com 6 disciplinas;

c) igualmente muito variada é a duração de leccionação das disciplinas ambientais, que vai dos cursos e seminários de curta duração (que podem corresponder a 1 ou 2 semanas, ou seja, 10 ou 20 horas) até a disciplinas anuais, passando pelas semestrais, que estão em maioria, tanto nos currículos europeus como no americano;

d) e o mesmo se diga da posição ocupada pelas disciplinas ambientais na formação dos juristas, tanto na Europa como nos EUA, já que elas integram tanto a educação jurídica mínima, correspondente ao nível A da licenciatura, como o nível B do Mestrado (para não falar também do C do doutoramento), a mostrar bem a sua importância tanto cultural como jurídica, assim como a respectiva natureza formativa, que as torna indispensáveis em qualquer grau do ensino do Direito;

"Avaliação do impacto" do ensino do direito ambiental　　83

e) em matéria de Mestrados especializados no domínio ambiental verifica-se também uma tendência (maioritária) no sentido da sua criação (que, para não variar, corresponde também ao paradigma de ensino norte-americano), o que faz todo o sentido na lógica de Bolonha, da diversificação dos Mestrados (de tipo A, correspondentes às anteriores licenciaturas, de tipo B, correspondentes às pós-graduações de natureza profissionalizante, de tipo C, destinados à investigação científica)

Em síntese – de novo, provisória, e que bate certo com a anterior – , o impacto da Declaração de Bolonha relativamente ao Direito do Ambiente foi não só grande, como grandemente benéfico para o Direito do Ambiente. Já que a multiplicidade e a diversidade das disciplinas curriculares, possibilitando "escolhas múltiplas" a estudantes e professores, decorrente da filosofia de Bolonha, constituem uma excelente oportunidade para o desenvolvimento de domínios científicos novos, mas de grande importância e actualidade política, cultural e científica, como é o caso do Direito do Ambiente.

Desta forma, o acolhimento dos "bons ventos"(mesmo se também a prevenção relativamente aos excessos das "ventanias e dos temporais"), que "sopram de Bolonha", nomeadamente no que respeita ao aumento do número e da diversidade das disciplinas, assim como à possibilidade de múltiplas escolhas e combinações (que é a contrapartida da semestralização e da menor carga lectiva das disciplinas tradicionais) é, em minha opinião, de apoiar e de introduzir no currículo das faculdades de direito portuguesas e, em particular, da Faculdade de Direito de Lisboa.

No caso do Direito do Ambiente, isto significaria, ao nível da licenciatura, não apenas a manutenção da actual disciplina introdutória, como a possibilidade de escolha de disciplinas mais especializadas de opção (quer as correspondentes à "especialização ambiental" de outros ramos da ciência jurídica, v.g. Direito Europeu do Ambiente, Direito Privado do Ambiente; Direito Administrativo do Ambiente; quer aqueloutras correspondentes a uma verdadeira especialização das matérias ambientais, v.g. Direito dos Resíduos, Direito da Energia, Direito das Águas), assim como a criação de Mestrados especializados (na linha, de resto, do já actualmente existente), cujas disciplinas poderiam ser igualmente frequentadas por estudantes de outras menções, sem quaisquer restrições, tal como ainda ao nível do Doutoramento, em que tanto a parte lectiva como a preparação da dissertação poderiam ter uma componente mais marcadamente ambiental, sem prejuízo das escolhas disciplinares dos estudantes.

Sendo certo que este aprofundamento da componente ambiental do currículo da Faculdade de Direito de Lisboa não resultaria de um qualquer "imperialismo ambiental", antes se verificaria em simultâneo com idênticas possibilidades de desenvolvimento de quaisquer outros domínios da ciência do Direito. Pois, ele resultaria da nova lógica de Bolonha, traduzida em mais disciplinas, mais opções, mas também em menor duração e menor carga lectiva de todas as disciplinas (podendo muitas delas ser mesmo leccionadas em seminários de curta duração), turmas mais pequenas, horários mais flexíveis e dilatados ao longo do dia, funcionamento intermitente das cadeiras em razão das "leis da oferta e da procura" académicas, maior ligação e circulação da leccionação nos diferentes graus académicos (em especial, no que respeita à Licenciatura e ao Mestrado), maior e mais diversificada oferta de Mestrados lectivos (ou de "aperfeiçoamento", a acrescer aos actuais, mais virados para a investigação) na lógica da "formação ao longo da vida" ou "da carreira", diferentes regras de cômputo horário dos deveres lectivos dos docentes (valorizando mais a leccionação em Mestrados e Doutoramentos, a criação de novas disciplinas ou mestrados, a tutoria ou atendimento aos estudantes, a direcção de projectos de investigação, as relações internacionais)...

II

VERDE COR DE DIREITO. PROGRAMA E CONTEÚDOS DA DISCIPLINA DE DIREITO DO AMBIENTE

1 – Programa e indicações bibliográficas gerais da disciplina de Direito do Ambiente
2 – Conteúdos da disciplina de Direito do Ambiente. Planificação de matérias, indicações sumárias de conteúdos e sugestões bibliográficas para cada lição

II

VERDE COR DE DIREITO. PROGRAMA E CONTEÚDOS DA DISCIPLINA DE DIREITO DO AMBIENTE

1 – Programa e sugestões bibliográficas gerais da disciplina de Direito do Ambiente

O programa de Direito do Ambiente respeita ao «enunciado das matérias a leccionar, assim como à respectiva sequência de ensino»[94], respondendo às duas questões básicas de saber «quais as matérias a ensinar» e «por que ordem» devem elas ser ensinadas»? (FREITAS DO AMARAL)[95].

Programa de Direito do Ambiente que aqui se apresenta, tal como o ensino, no ano lectivo de 2005/ 2006, na Faculdade de Direito da Universidade de Lisboa, assumindo a sua dimensão «pessoal e conjuntural», que espelha «a efectiva orientação do regente num determinado momento. Não se trata, pois, de (..) um programa "ideal", "impessoal", "puro", "neutro", mas sim de um programa "real" (e mesmo "realista"), "pessoal", "contingente" e "interessado". Até porque [– creio bem –] é impossível separar o programa do professor, da mesma maneira como, em muitos outros domínios científicos, a realidade observada é influenciada pela presença

---

[94] VASCO PEREIRA DA SILVA, «Ensinar Direito (a Direito) – Contencioso Administrativo», Almedina, Coimbra, 1999, página 49.

[95] Mas já não inclui, em minha opinião, a «calendarização da matéria» (FREITAS DO AMARAL, «Relatório Sobre o Programa, os Conteúdos e os Métodos de Ensino de uma Disciplina de Direito Administrativo», in «Revista da Faculdade de Direito da Universidade de Lisboa», volume XXVI, Lisboa, 1985, páginas 281 e 282), pois «entendo que o problema da planificação da disciplina ao longo do período lectivo (...) tem subjacente uma escolha material relativamente à importância atribuída aos diferentes pontos a tratar, assim como ao grau de desenvolvimento pretendido de cada um dos temas a leccionar, pelo que diz respeito mais ao conteúdo da disciplina do que ao programa em si mesmo» (VASCO PEREIRA DA SILVA, «Ensinar D. (a D.) – C. A.», cit., p. 49).

88 *Ensinar Verde a Direito*

do observador – o que levou mesmo a moderna filosofia das ciências, ou epistemologia, a considerar que a objectividade científica resulta da conjugação de distintas "subjectividades", unidas pela utilização de métodos e de sistemas linguísticos ou comunicacionais comuns»[96].

Uma tal visão, assumidamente subjectivista (de um programa "feito por...", ou "realizado por...")[97], pressupõe que a elaboração do programa é sempre tarefa do regente, enquanto manifestação da respectiva liberdade científica e pedagógica. Pois, da mesma maneira como «a autonomia da Universidade (...) exclui a imposição exterior de programas» (JORGE MIRANDA)[98], também «a liberdade de ensinar impede a rígida determinação das matérias que devem ser leccionadas, ou a determinação da orientação dogmática a seguir feita por outrém, que não o regente». Isto, mesmo no caso de existirem várias regências simultâneas, ou de se verificar a dissociação entre as tarefas de coordenação e de regência de uma mesma disciplina, não cabendo ao coordenador mais do que o estabelecimento do "procedimento", que permita o bom funcionamento da disciplina no respeito pela autonomia científica e pedagógica de cada um dos regentes ou, quando muito, a busca, em conjunto, de um «"mínimo denominador comum" (se não mesmo do "mínimo ético"), sem se pretender substituir ou sobrepor ao nível de programação da regência»[99].

Mas, encara-se também o programa de uma perspectiva dinâmica, que obriga à sua constante revisão e actualização – o que, de resto, tem vindo a suceder desde que, há já bastantes anos atrás, assumi a regência da disciplina de Direito do Ambiente. Pois o programa de uma disciplina universitária não deve, em minha opinião, ser entendido como uma realidade «em vias de fossilização, mas como algo em permanente mutação, susceptível de ser alterado em função da evolução do pensamento do

---

[96] VASCO PEREIRA DA SILVA, «Ensinar D. (a D.) – C. A.», cit., pp. 51 e 52.

[97] Em sentido algo diferente, JORGE MIRANDA entende que o programa «é um conjunto de pontos firmes, mas é, sobretudo, uma moldura, uma linha directriz», pelo que, «não sendo meramente formal, compadece-se com uma pluralidade de interpretações e orientações científicas e pedagógicas e comporta diferentes conteúdos em anos sucessivos ou, havendo mais de uma regência, até no mesmo ano, simultaneamente» (JORGE MIRANDA, «Relatório com o Programa, os Conteúdos e os Métodos de Ensino de Direitos Fundamentais», in «Separata da Revista da Faculdade de Direito da Universidade de Lisboa», ano XXVI, página 390).

[98] JORGE MIRANDA, ««Relatório com o P., os C. e os M. de E. de D. F.», cit., in Separata da «Revista da F. de D. da U. de L.», cit., p. 472.

[99] VASCO PEREIRA DA SILVA, «Ensinar D. (a D.) – C. A.», cit., p. 52.

professor, ou das necessidades dos estudantes, ou ainda das circunstâncias concretas desse domínio jurídico, num dado país e num momento determinado»[100].

Esta perspectiva dinâmica da programação de uma disciplina é particularmente adequada à realidade do ensino superior, fazendo todo o sentido adoptar o «lema do programa "aberto" para uma Universidade "aberta", que faz dele uma realidade contingente e em permanente "construção"»[101]. O que é ainda mais importante num domínio jurídico novo, como é o do Direito do Ambiente, em que os "factos ecológicos" juridicamente relevantes são cada vez mais diversificados e numerosos, em que a confluência de uma multiplicidade de saberes científicos (incluindo os jurídicos) obriga à provisoriedade das conclusões e dos resultados, e em que as tentativas jurídicas de regular os fenómenos se sucedem (se justapõem e, frequentemente, se contradizem), a uma velocidade vertiginosa, provenientes das mais variadas fontes, da escala internacional à meramente interna, chegando mesmo a provocar algumas situações de "poluição jurídica".

Juntamente com o programa, é obrigação do professor fornecer aos seus estudantes elementos bibliográficos actualizados, que permitam tanto a aprendizagem da matéria leccionada nas aulas teóricas e práticas (com a indicação de obras científicas da autoria do professor, ou preparadas pela equipa docente, ou ainda que espelhem a respectiva posição, mas também de outras, com orientações diferentes, de modo a possibilitar aos estudantes a formação da sua própria opinião), como possibilitem também a abertura de novos "horizontes" intelectuais, como é apanágio do ensino universitário, mediante a sugestão de leituras que convidem à realização de investigações autónomas pelos estudantes (mesmo quando, à partida, se sabe que – infelizmente – só alguns trilharão esse caminho).

Assim (e independentemente de indicações bibliográficas mais detalhadas e específicas, a propósito de cada um dos temas tratados, que são fornecidas nas aulas correspondentes), tenho por hábito, na primeira aula de Direito do Ambiente (por tradição, uma aula "especial", de apresentação da equipa docente e da disciplina a leccionar, assim como de planificação das tarefas a realizar durante o ano lectivo, em aulas teóricas e práticas), distribuir e explicar o programa com as indicações bibliográficas

---

[100] Vasco Pereira da Silva, «Ensinar D. (a D.) – C. A.», cit., p. 52.
[101] Vasco Pereira da Silva, «Ensinar D. (a D.) – C. A.», cit., p. 52.

genéricas. Destas indicações bibliográficas faz parte, desde logo, aquilo a que chamo, ironicamente, um "Kit de Sobrevivência à Disciplina de Direito do Ambiente", que é composto por um livro de ensino teórico (VASCO PEREIRA DA SILVA, «Verde Cor de Direito – Lições de Direito do Ambiente», Almedina, Coimbra, 2002), um caderno de trabalhos práticos (VASCO PEREIRA DA SILVA / JOSÉ CUNHAL SENDIM / JOÃO MIRANDA, «O Meu Caderno Verde – Trabalhos Práticos de Direito do Ambiente», 2.ª edição, Associação Académica da Faculdade de Lisboa, Lisboa, 2005) e uma colectânea de legislação ambiental (VASCO PEREIRA DA SILVA / JOÃO MIRANDA, «Verde Código – Legislação de Direito do Ambiente», Almedina, Coimbra, 2004).

Mas, para além deste "kit de sobrevivência ambiental", a bibliografia procura também fornecer indicações (o mais possível) completas e detalhadas das principais obras genéricas (tratados, manuais, lições, colectâneas de índole geral) de Direito do Ambiente, quer na doutrina portuguesa, quer na de outros países (por ordem alfabética, Alemanha, Espanha, França, Itália, Reino Unido). É, pois, o "Programa da Disciplina de Direito do Ambiente", segundo a minha leccionação na Faculdade de Direito da Universidade de Lisboa, no ano lectivo de 2005/ 2006, acompanhado de "Sugestões Bibliográficas Gerais para o Estudo de Direito do Ambiente" que seguidamente se apresenta.

PROGRAMA DE DIREITO DO AMBIENTE

I – AMBIENTE E DIREITO. VERDES SÃO TAMBÉM OS DIREITOS DO HOMEM

1 – A protecção do ambiente como questão política da actualidade. Dos movimentos sociais às novas leis e políticas de protecção do ambiente

2 – A defesa do ambiente como problema jurídico

    2.1 – Verdes são também os Direitos do Homem. A protecção jurídica subjectiva do ambiente

    2.2 – O Estado Pós-social como "Estado de Ambiente". A dimensão objectiva da protecção ambiental

    2.3 – Direito fundamental ao Ambiente e protecção objectiva da Natureza. Em busca de um antropocentrismo ecológico

3 – As fontes do Direito do Ambiente. A multiplicidade de fontes e o problema da codificação

4 – O problema da autonomia do Direito do Ambiente como disciplina jurídica. As diferentes perspectivas de abordagem e a multidisciplinaridade do Direito do Ambiente

5 – O "posto de observação" jus-ambiental escolhido: o Direito Administrativo do Ambiente

II – DA CONSTITUIÇÃO VERDE PARA AS RELAÇÕES JURÍDICAS MULTILATERAIS DE AMBIENTE

1 – Os princípios constitucionais em matéria de ambiente

    1.1 – Os princípios fundamentais da prevenção, do desenvolvimento sustentável, do aproveitamento racional dos recursos naturais e do poluidor-pagador

    1.2 – Sentido e alcance dos princípios jurídicos ambientais em face da Administração

2 – O direito ao ambiente como direito fundamental

    2.1 – A dupla natureza do direito ao ambiente como direito subjectivo e como estrutura objectiva da colectividade

    2.2 – O alargamento dos direitos subjectivos públicos e as relações jurídicas de ambiente

3 – As relações jurídicas multilaterais de Direito do Ambiente

3.1 – A multilateralidade das relações administrativas de ambiente
3.2 – Os sujeitos das relações administrativas ambientais

III – AMBIENTE DE PROCEDIMENTO. PROCEDIMENTO DE AMBIENTE

1 – Procedimento e participação ambientais
2 – A participação no procedimento legislativo de ambiente
3 – A participação no procedimento administrativo para defesa do ambiente
    3.1 – Os direitos de participação nos procedimentos administrativos ambientais de massa e nos de reduzido número de afectados
    3.2 – Em especial, o direito de audiência
4 – O procedimento administrativo de avaliação do impacto ambiental

IV – VERDE AGIR: FORMAS DE ACTUAÇÃO ADMINISTRATIVA EM MATÉRIA AMBIENTAL
1 – As formas de actuação administrativa no domínio ambiental. O caso da eco-etiqueta ou rótulo ecológico
2 – Planos e outros regulamentos ambientais. O caso dos planos de ordenamento do território
3 – Actos administrativos em matéria de ambiente. O caso das licenças ambientais
4 – Contratos da Administração Pública em matéria de ambiente. O caso dos contratos de promoção e de adaptação ambiental
5 – Actuação informal e operações materiais da Administração em matéria de ambiente. O caso da eco-gestão e das eco-auditorias

V – CONFLITOS ECOLÓGICOS: O CONTENCIOSO DO AMBIENTE
1 – Problemas processuais de tutela do ambiente
    1.1 – A questão da jurisdição competente para o conhecimento dos litígios ambientais. A necessidade de repensar a questão na sequência do alargamento do âmbito da jurisdição administrativa trazido pela reforma do Contencioso Administrativo (2002/2004).
    1.2 – A questão da adequação dos meios processuais. Défice processual de tutela do ambiente?

Programa e Conteúdos da Disciplina de Direito do Ambiente 93

2 – Os denominados embargos da Lei de Bases do Ambiente e o princípio constitucional da tutela jurisdicional efectiva dos cidadãos

2.1 – Problemas de interpretação e de aplicação do "único meio processual específico" do ambiente

2.2 – Evolução jurídica dos embargos do ambiente

2.2.1 – O regime jurídico originário da Lei de Bases do Ambiente

2.2.2 – Os embargos do ambiente e a reforma do Código de Processo Civil

2.2.3 – Situação actual: os embargos do ambiente depois da reforma do Contencioso Administrativo. Meio processual "vazio" ou ainda "dotado de sentido"?

3 – A responsabilidade civil em matéria de ambiente

3.1 – Problemas e especificidades da responsabilidade ambiental

3.2 – O actual regime jurídico português de responsabilidade civil em matéria de ambiente

3.2.1 – "Avaliação ambiental" do regime nacional vigente: inadequação ao objecto, indesejável lógica dualista (tanto no que respeita à jurisdição competente como ao regime jurídico aplicável)

3.2.2 – O regime jurídico público da responsabilidade civil ambiental

3.2.2.1 – Regime da denominada responsabilidade por actos.de gestão pública

3.2.2.2 – Regime da denominada responsabilidade por actos de gestão privada

3.2.3 – O regime especial de responsabilidade estabelecido na Lei de Acção Popular

3.2.4 – O regime jurídico privado da responsabilidade civil ambiental

3.3 – O Direito Europeu da responsabilidade civil ambiental e a necessidade de reforma do direito português

4 – Breve nota sobre o Direito Sancionatório do Ambiente

4.1 – Alternatividade ou complementaridade da tutela penal e da tutela contra-ordenacional do ambiente?

4.2 – O Direito Penal do Ambiente

4.3 – O Direito Contra-ordenacional do Ambiente

SUGESTÕES BIBLIOGRÁFICAS GERAIS PARA O ESTUDO DE DIREITO DO AMBIENTE

PORTUGAL

GOMES CANOTILHO
- «Introdução ao Direito do Ambiente», Universidade Aberta, Lisboa, 1998.

FERNANDO CONDESSO
- «Direito do Ambiente», Almedina, Coimbra, 2001.

J. E. FIGUEIREDO DIAS
- «Direito Constitucional e Administrativo do Ambiente» (Cadernos CEDOUA), Almedina, Coimbra, 2001.

JOSÉ CUNHAL SENDIM
- «Guia Ambiental do Cidadão», D. Quixote / CIDAMB, Lisboa, 2002.

VASCO PEREIRA DA SILVA
- «Verde Cor de Direito – Lições de Direito do Ambiente», Almedina, Coimbra, 2002.

VÁRIOS
- «Direito do Ambiente», Instituto Nacional de Administração, Lisboa, 1994.«Textos», volumes I (1990-91) e II (1992-93), Centro de Estudos Judiciários, Lisboa.
- «Actas do I Congresso Internacional de Direito do Ambiente da Universidade Lusíada», in «Lusíada – Série de Direito, Número Especial», Porto, 1996.
- «Actas das I Jornadas Luso-Brasileiras de Direito do Ambiente» (organizadas pelo Instituto Lusíada de Direito do Ambiente), Instituto do Ambiente, Lisboa, 2002.
- «Textos (Ambiente e Consumo)», Centro de Estudos Judiciários, Lisboa, volumes I e II, 1996.
- «Estudos de Direito do Ambiente (Actas)», Publicações Universidade Católica, Porto, 2003.

Programa e Conteúdos da Disciplina de Direito do Ambiente 95

ELEMENTOS COMPLEMENTARES DE ESTUDO
(TRABALHOS PRÁTICOS)

J. E. Figueiredo Dias
- «Legislação Ambiental – Sistematizada e Comentada», 3ª edição, Coimbra Editora, Coimbra, 2002.

Vasco Pereira da Silva / José Cunhal Sendim / João Miranda
- «O Meu Caderno Verde – Trabalhos Práticos de Direito do Ambiente», 2.ª edição, Associação Académica da Faculdade de Lisboa, Lisboa, 2005.

Vasco Pereira da Silva / João Miranda
- «Verde Código – Legislação de Direito do Ambiente», Almedina, Coimbra, 2004.

ALEMANHA

Bender / Sparwasser / Engel
- «Umweltrecht – Grunzuege des oeffentlichen Umweltschutzrecht», 4ª edição, Mueller, Heidelberg, 2000.

Sparwasser / Engel / Vosskuhle
- «Umweltrecht – Grundzuege des oeffentliches Umweltschutzrechts», 5.ª edição, C. F. Mueller, Heidelberg, 2003.

Ruediger Breuer
- «Umweltschutzrecht», in Schmidt-Assmann (coorden.), «Besonderes Verwaltungsrecht», 13.ª edição, Walter de Gruyter, Berlin / /New York, 2005, páginas 435 e seguintes.

Hoppe / Beckmann / Kauch
- «Umweltrecht», 2ª edição, Beck, Muenchen, 2000.

W. Kahl / A Vosskuhle (coorden.)
- «Grundkurs Umweltrecht – Einfuehrung fuer Naturwissenschaftler und Oekonomen», 2ª edição, Spektrum Akademischer Verlag, Heidelberg / Berlin, 1998.

Michael Kloepfer
- «Umweltrecht», 2ª edição, Beck, Muenchen, 1998.
- «Umweltrecht», in Achterberg/ Puettner/ Wuertenberger (coorden.), «Besonderes Verwaltungsrecht», II volumes, 2ª edição, C. F. Mueller, 2000, páginas 338 e seguintes.

LUDWIG KRAEMER
– «EC Environmental Law», 5ª. Edição, Sweet & Maxwell, London, 2003.

PETERS / SCHLINK / SCHLABACH
– «Umweltverwaltungsrecht», Mueller, Heidelberg, 1990.

REINER SCHMIDT
– «Einfuehrung in das Umweltrecht», 5ª edição, Beck, Muenchen, 1999.

HANS SCHULTE
– «Umweltrecht», C. F. Mueller, Heidelberg, 1999.

JOACHIM WOLF
– «Umweltrecht», Beck, Muenchen, 2002.

ESPANHA

BERMEJO VERA (coordenação)
– «Derecho Administrativo – Parte Especial», Civitas, Madrid, 4ª edição, 1999 (mx. Parte IV, Capítulo IV, «La Protección del Medio Ambiente», páginas 709 e seguintes).

ANDRÉS BETANCOR RODRÍGUEZ
– «Instituciones de Derecho Ambiental», La Ley, Madrid, 2001.

JOSÉ ESTEVE PARDO (coordenação)
– «Derecho del Medio Ambiente y Administración Local», Civitas, Madrid, 1996.
– «Derecho del Medio Ambiente», Marcial Pons, Madrid, 2005.

R. HUERTA HUERTA / C. IZAR DE LA FUENTE
– «Tratado de Derecho Ambiental», tomos I e II, Bosch, Barcelona, 2000.

LASAGABASTER HERRARTE / A. GARCIA URETA / I. LAZCANO BROTONS
– «Derecho Ambiental – Parte General», Onati, Bilbao, 2004.

BLANCA LOZANO CUTANDA
– «Derecho Ambiental Administrativo», 4ª edição, Dykinson, Madrid, 2003.

RAMÓN MARTÍN MATEO
– «Tratado de Derecho Ambiental» (3 volumes), Trivium, Madrid, 1991 (volume I), 1992 (volume II), 1997 (volume III).

Programa e Conteúdos da Disciplina de Direito do Ambiente   97

– «Tratado de Derecho Ambiental», tomo IV («Actualización»), Edisofer, Madrid, 2003.
– «Manual de Derecho Ambiental», 3.ª edição, Thomson / Arazandi, Navarra, 2003.

CARLOS DE MIGUEL PERALES
– «Derecho Espanol del Medio Ambiente», 2ªedição, Madrid, 2002.

LUIS ORTEGA ÁLVAREZ
– «Lecciones de Derecho del Medio Ambiente» (coorden.), Lex Nova, Valladolid, 2002.

MARIA JOSÉ REYES LÓPEZ
– «Derecho Ambiental Español» (coorden.), Tirant lo Blanch, Valencia, 2001.

VÁRIOS
– «Actas del V Congreso Nacional de Derecho Ambiental», in «Revista Arazandi de Derecho Ambiental (Monografía)», n.º 5, Navarra, 2004.

FRANÇA

PHILIPPE GUILLOT
– «Droit de L' Environnement», Ellipses, Paris, 1998.

VÉRONIQUE INSERGUET-BRISSET
– «Droit de L' Environnement», Presses Universitaires de Rennes, Rennes, 2005.

AGATHÉ VAN LANG
– «Droit de L' Environnement», P.U.F. Paris, 2002.

JACQUELINE MORAND-DEVILLER
– «Le Droit de L' Environnement», 4ª edição, P.U.F., Paris, 2000.
– «L' Environnement et le Droit», L.G.D.J., Paris, 2001.

MICHEL PRIEUR
– «Droit de L' Environnement», 5.ª edição, Dalloz, Paris, 2004.

RAPHAEL ROMI
– «Droit et Administration de L' Environnement», 3ª edição, Montchrestien, Paris, 1999.

ITÁLIA

PAOLO DELL' ANNO
- «Manuale di Diritto Ambientale», 3ª edição, CEDAM, Padova, 2000.

FRANCESCO FONDERICO
- «La Tutela dell'Ambiente», in SABINO CASSESE (coorden.), «Trattato di Diritto Amministrativo – Diritto Amministrativo Speciale», tomo II, Giuffrè, Milano, 2000, páginas 1521 e seguintes.

FRANCESCO MARCHELLO / MARINELLA PERRINI / SUSY SERAFINI
- «Diritto dell' Ambiente», 6.ª edição, Simone, Napoli, 2004.

LUCA MEZZETTI (coorden.)
- «Manuale di Diritto Ambientale», CEDAM, Padova, 2001.

CLAUDIA PASQUALINI SALSA
- «Diritto Ambientale – Principi, Norme, Giurisprudenza», 7.ª edição, Maggioli Editore, Dogana, 2004.

REINO UNIDO

PATRICIA BIRNIE / ALAN BOYLE
- «International Law and the Environment», 2.ª edição, Oxford University Press, Oxford/ New York, 2002.

STUART BELL / DONALD MCGILLIVRAY
- «Environmental Law – The Law and Policy Relating to the Protection of Environment», 5ª edição, Blackstone Press, London, 2000.

JOHN LOWRY / ROD EDMUNDS
- «Environmental Protection and the Common Law», Hart Publishing, Oxford / Portland Oregon, 2000.

2 – Conteúdos da disciplina de Direito de Direito do Ambiente. Planificação de matérias, indicações sumárias de conteúdos e sugestões bibliográficas para cada lição

Em matéria de conteúdos da disciplina de Direito do Ambiente vão ser referidos os seguintes aspectos:

a) a planificação ou calendarização das lições, mediante os sumários, que procedem à distribuição das matérias constantes do programa pelas aulas estimadas;

b) a explicitação sumária dos conteúdos "verdes" leccionados em cada uma das aulas previstas;

c) a identificação dos conteúdos de cada lição na "trilogia (pedagógica) verde", de forma a facilitar o estudo e o aprofundamento das matérias leccionadas em obras de natureza científica e/ou didáctica, que foram preparados especialmente para o ensino da disciplina de Direito do Ambiente;

d) a indicação de sugestões bibliográficas complementares, para o estudo e aprofundamento das matérias leccionadas em cada lição.

A planificação das matérias a leccionar em cada uma das lições, de modo a permitir o tratamento sistematizado e equilibrado de todas e cada uma das matérias constantes do programa, exige atenta ponderação, dado que em qualquer disciplina universitária «um dos desafios mais difíceis de vencer é o do tempo» (MARCELO REBELO DE SOUSA)[102]. De facto, sendo os programas «para se cumprir (pois, de outra maneira não valeria a pena perder tempo a fazê-los)», «o grau de desenvolvimento das matérias deve ser pré-determinado em razão da sua importância dogmática, em vez de oscilar ao sabor das conveniências, ou em razão das exigências de calendário, (...) [pelo que] a tarefa de planificação das aulas é de extrema importância e deve ser, o mais possível, rigorosa».[103]

Assim, procedeu-se à planificação da disciplina de Direito do Ambiente, partindo de uma previsão – por defeito – de 21 aulas por semestre, dividindo todo o conteúdo material do programa por esse número de sessões. O que deverá permitir, para além da leccionação integral do pro-

---

[102] MARCELO REBELO DE SOUSA, «Ciência Política – Conteúdos e Métodos», Coimbra Editora, Coimbra, 1998, página 98.

[103] VASCO PEREIRA DA SILVA, «Ensinar D. (a D.) – C. A.», cit., pp. 69 e 70.

grama e da distribuição equilibrada das matérias leccionadas, utilizar ainda mais uma ou duas aulas, no caso de o semestre ser ligeiramente mais longo, reservando a primeira sessão para a tradicional apresentação (da equipa docente, da disciplina e do trabalho a realizar durante o ano lectivo, em aulas teóricas e práticas) e a última para fazer o "balanço final" da matéria dada (respondendo a questões e esclarecendo dúvidas colocadas pelos estudantes acerca da matéria leccionada, ou sobre métodos e critérios de avaliação final), de acordo com a celebérrima máxima – ao que parece, vinda já do "tempo dos romanos" –, segundo a qual "a primeira aula não se dá e a última não se recebe". No caso (menos provável) de ainda virem a "sobrar aulas" (para além das referidas 21 a 23), por se tratar de um semestre invulgarmente comprido – circunstância que, mediante a ajuda do calendário, deve ser detectada logo no início do ano lectivo, e não a meio, muito menos no fim daquele –, então essa(s) aula(s) restante(s) pode(m) ser utilizada(s) para complementar a "Parte Geral" do Direito do Ambiente (que corresponde, basicamente, ao programa da disciplina apresentado) com a leccionação de alguma(s) das respectivas "Partes Especiais" (v.g. Direito das Águas, dos Resíduos, do Ruído).

Voltando à estimativa das 21 aulas por semestre, estas devem dar lugar a uma repartição de matérias feita da seguinte forma:

a) Capítulo I (Ambiente e Direito. Verdes são também os Direitos do Homem): 3 aulas;
b) Capítulo II (Da Constituição Verde para as Relações Jurídicas Multilaterais de Ambiente): 4 aulas;
c) Capítulo III (Ambiente de Procedimento. Procedimento de Ambiente): 4 aulas;
d) Capítulo IV (Verde Agir. Formas de Actuação Administrativa em Matéria de Ambiente): 5 aulas;
e) Capítulo V (Conflitos Ecológicos: O Contencioso do Ambiente): 5 aulas.

Trata-se de uma distribuição que, para além de procurar sistematizar de forma lógica os conteúdos respeitantes à Parte Geral do Direito do Ambiente (começando pelo enquadramento teórico, passando pela Constituição Ambiental, como fundamento do estabelecimento de relações jurídicas ambientais, seguindo para o procedimento e para as formas de actuação administrativa, para terminar com a problemática do contencioso

Programa e Conteúdos da Disciplina de Direito do Ambiente 101

ecológico), busca o equilíbrio de tratamento dos diferentes conteúdos programáticos do Direito do Ambiente, permitindo reservar:

a) 3 aulas para as questões de enquadramento político e filosófico--jurídico das questões ambientais, assim como para a matéria das fontes e da autonomia do Direito do Ambiente, as quais, sendo de natureza introdutória, não possuem um excessivo grau de dificuldade, mas são de decisiva importância teórica, para além do seu carácter "formativo" relativamente aos "quadros mentais" dos estudantes;

b) 4 aulas para as questões de Direito Constitucional do Ambiente, na sua dupla dimensão objectiva (tarefas estaduais e princípios fundamentais) e subjectiva (direitos fundamentais), as quais constituem o fundamento das relações jurídicas (multilaterais) de ambiente (analisadas nas perspectivas do conteúdo e dos sujeitos);

c) 4 aulas para as questões de procedimento, sendo 2 delas para a análise dos procedimentos legislativo e administrativo e para o problema da participação, enquanto as outras 2 se destinam ao estudo detalhado do procedimento de avaliação de impacto ambiental;

d) 5 aulas para o estudo detalhado de dada uma das formas de actuação administrativa em matéria ambiental – nomeadamente, através dos exemplos escolhidos de 5 instrumentos de intervenção ambiental, a saber: o rótulo ecológico, o ordenamento do território e o planeamento urbanístico (na perspectiva da respectiva relevância ambiental), a licença ambiental, os contratos de promoção e de adaptação ambiental e a eco-gestão e auditoria –, cabendo uma sessão a cada uma delas;

e) 5 aulas para as questões do contencioso ecológico, sendo 2 aulas para as questões da jurisdição competente e dos meios processuais adequados, 2 aulas para a matéria (complexa e em transformação) da responsabilidade civil ambiental e a última para o estudo do direito sancionatório (penal e administrativo) do ambiente.

Objectivo do presente relatório é, seguidamente, explicitar de forma sumária os conteúdos da disciplina de Direito do Ambiente. Já que estou de acordo com a interpretação de FREITAS DO AMARAL, segundo a qual o sentido correcto da exigência legal de elaboração de um relatório sobre o conteúdo de uma disciplina, para efeito de provas de agregação, não pode chegar «ao ponto de obrigar a explicitar em pormenor, neste tipo de documento, todos os assuntos que hajam de ser abordados na regência dessa disciplina, com o respectivo tratamento pedagógico e científico: se assim fosse, a lei teria pura e simplesmente imposto a apresentação integral das lições a ministrar no conjunto do curso ou, numa palavra, teria exigido a elaboração de um manual»[104]. Devendo, antes, a referência ao conteúdo da disciplina corresponder à indicação das «grandes linhas de desenvolvimento (...) bem como [d]os temas e subdivisões em que haja de desdobrar o tratamento da matéria incluída no programa adoptado», ou seja, «aquilo que na gíria académica se convencionou chamar os sumários» (FREITAS DO AMARAL)[105]. Ou – melhor ainda, a fim de evitar sobreposições, ou o «desenvolvimento meramente formal ou repetitivo dos pontos já inseridos no programa» (JORGE MIRANDA)[106] – a explicitação do conteúdo da disciplina, para efeitos de relatório, deve corresponder a uns "sumários desenvolvidos" de Direito do Ambiente, para além de incluir «igualmente a respectiva planificação e a indicação da bibliografia adequada para o estudo específico da aula sumariada»[107].

Acresce ainda que – e independentemente de se considerar que o sentido da exigência de um relatório sobre o conteúdo de uma disciplina corresponde à elaboração de "sumários desenvolvidos" (e nunca de um manual) –, no caso de Direito do Ambiente, encontram-se publicadas lições universitárias (VASCO PEREIRA DA SILVA, «Verde Cor de Direito, Lições de Direito do Ambiente») correspondentes ao respectivo ensino. O que permite não apenas remeter o aprofundamento dos conteúdos (aqui sumariados de forma desenvolvida) para essa obra, como também procurar estabelecer um "diálogo frutuoso" entre o presente "estudo de metodologia de Direito do Ambiente" – que se assume como um trabalho de natureza pedagógica – e as referidas "lições", que pretendem contribuir para a sistematização e a construção dogmática (da Parte Geral) do Direito do

---

[104] FREITAS DO AMARAL, «Relatório Sobre o P., os C. e os M. de E. de uma D. de D. A.», cit., in «Revista da F. de D. da U. de L.», cit., p. 265.

[105] FREITAS DO AMARAL, «Relatório Sobre o P., os C. e os M. de E. de uma D. de D. A.», cit., in «Revista da F. de D. da U. de L.», cit., p. 311.

[106] JORGE MIRANDA, ««Relatório com o P., os C. e os M. de E. de D. F.», cit., in Separata da «Revista da F. de D. da U. de L.», cit., p. 390.

[107] VASCO PEREIRA DA SILVA, «Ensinar D. (a D.) – C. A.», cit., p. 71.

Programa e Conteúdos da Disciplina de Direito do Ambiente 103

Ambiente – pelo que se trata um trabalho de natureza científica (mesmo se elaborado com preocupações pedagógicas).

Daí a preocupação deste relatório em procurar a identificação dos conteúdos da cada lição programada no referido "livro de texto". E não só nele, como na referida «trilogia verde»[108] (que é composta pelas "Lições", pelo "caderno" de trabalhos práticos e pelo "código" ambiental), de modo a facilitar o estudo e o aprofundamento das matérias leccionadas em obras de natureza científica e/ou didáctica, que foram especialmente elaboradas a pensar no ensino da disciplina de Direito do Ambiente (ainda que, conforme se espera, a respectiva utilidade não se esgote neste).

Por último, a propósito de cada lição, são fornecidas aos estudantes sugestões bibliográficas actualizadas sobre as matérias leccionadas, privilegiando as obras nacionais, mas sem esquecer a doutrina estrangeira (sobretudo europeia). A indicação de tais sugestões, sem qualquer intuito de exaustividade, destina-se a "a abrir o apetite" para a realização de autónomas investigações, estimulando o trabalho científico e convidando os estudantes a "construir a sua própria opinião" sobre os "temas e problemas" de Direito do Ambiente – o que, de resto, corresponde a uma das mais nobres missões do ensino universitário.

Tudo isto constitui, em minha opinião, parte integrante dos "conteúdos da disciplina de Direito do Ambiente" (tal como a venho leccionando nos últimos anos lectivos), os quais seguidamente se expõem.

---

[108] Vide a «Introdução», in VASCO PEREIRA DA SILVA, «Verde Código – Legislação de Direito do Ambiente», Aledina, Coimbra, 2004, página 5.

1.ª LIÇÃO

SUMÁRIO:

I – AMBIENTE E DIREITO. VERDES SÃO TAMBÉM OS DIREITOS DO HOMEM

    1 – A protecção do ambiente como questão política da actualidade. Dos movimentos sociais às novas leis e políticas de protecção do ambiente

    2 – A defesa do ambiente como problema jurídico

        2.1 – Verdes são também os Direitos do Homem. A protecção jurídica subjectiva do ambiente

        2.2 – O Estado Pós-social como "Estado de Ambiente". A dimensão objectiva da protecção ambiental

EXPLICITAÇÃO SUMÁRIA DOS CONTEÚDOS "VERDES" A LECCIONAR

I – AMBIENTE E DIREITO. VERDES SÃO TAMBÉM OS DIREITOS DO HOMEM

1 – A protecção do ambiente como questão política da actualidade. Dos movimentos sociais às novas leis e políticas de protecção do ambiente

– A "ecologia dos antigos" e a "ecologia dos modernos". A dimensão política dos fenómenos ecológicos como realidade dos nossos dias

– A crise do Estado Social, do final dos anos 60 e do início dos 70, e o emergir da "questão ecológica"

– Do radicalismo dos primeiros movimentos ecológicos à generalização da consciência ecológica. Os Partidos Verdes e sua evolução

– Dimensão individual e dimensão institucional da defesa do ambiente nos nossos dias

2 – A defesa do ambiente como problema jurídico

– A dupla dimensão da tutela jurídica do ambiente. Dimensão subjectiva: o direito ao ambiente como Direito do Homem e a denomi-

Programa e Conteúdos da Disciplina de Direito do Ambiente 105

nada terceira geração dos direitos fundamentais. Dimensão objectiva: o ambiente como bem jurídico e como tarefa estadual.

2.1 – Verdes são também os Direitos do Homem. A protecção jurídica subjectiva do ambiente

– O direito ao ambiente como uma das actuais dimensões de realização da "dignidade da pessoa humana"
– As denominadas "gerações" de direitos do Homem, ou de direitos fundamentais, como manifestação da respectiva historicidade. O Estado Liberal e os direitos fundamentais da "primeira geração" (v.g. liberdade de expressão, liberdade religiosa, direito à propriedade privada, direito de voto); o Estado Social e os direitos fundamentais da "segunda geração" (v.g. o direito ao trabalho, à segurança social, à educação, à saúde), o Estado Pós-Social e os direitos fundamentais da "terceira geração" (v.g. o direito ao ambiente, de auto-determinação informativa, de preservação do património genético, os direitos de natureza procedimental e processual)
– O direito ao ambiente como direito fundamental da "terceira geração"

2.2 – O Estado Pós-social como "Estado de Ambiente". A dimensão objectiva da protecção ambiental

– O ambiente como bem jurídico, cuja protecção constitui uma "tarefa inevitável do Estado moderno" (BREUER)
– O "Estado de Direito do Ambiente"

DESENVOLVIMENTO DOS CONTEÚDOS NA "TRILOGIA (PEDAGÓGICA) VERDE"

A) VASCO PEREIRA DA SILVA, «Verde Cor de Direito, Lições de Direito do Ambiente», vide páginas 18 a 25.

B) VASCO PEREIRA DA SILVA / JOSÉ CUNHAL SENDIM / JOÃO MIRANDA, «O Meu Caderno Verde. Trabalhos Práticos de Direito do Ambiente», páginas 25 e 26 (Capítulo II – «Questões de Estudo»)

C) Vasco Pereira da Silva / João Miranda, «Verde Código. Legislação de Direito do Ambiente», páginas 12 a 17 (I – «Leis "Constitutivas" de Direito do Ambiente»: A – Constituição da República Portuguesa, B – Tratado da Comunidade Europeia)

SUGESTÕES COMPLEMENTARES DE LEITURA

Cristina Beckert / Maria José Varandas
- «Éticas e Políticas Ambientais», Centro de Filosofia da Universidade de Lisboa, Lisboa, 2004.

Ruediger Breuer
- «Umweltschutzrecht», in Schmidt-Assmann (coorden.), «Besonderes Verwaltungsrecht», 13.ª edição, Walter de Gruyter, Berlin / New York, 2005, páginas 435 e seguintes.

Chistian Caliess
- «Rechtsstaat und Umweltsstaat – Zugleich ein Beitrag zur Grundrechtsdogmatik im Rahmen mehrpoliger Verfassungsrechtsverhaeltnisse», Mohr Siebeck, Tuebingen, 2001.

Gomes Canotilho
- «Juridicização da Ecologia ou Ecologização do Direito», in «Revista Jurídica do Urbanismo e do Ambiente», n.º 4, Dezembro 1995, páginas 69 e seguintes.

James Connelly / Graham Smith
- «Politics and the Environment – From Theory to Practice», Routledge, London / New York, 1999.

T.D.J. Chappel
- «The Philosophy of the Environment», Edinburgh University Press, Edinburgh, 1997.

Maria Manuela dos Anjos Duarte
- «Opções Ideológicas e Política Ambiental», Almedina, Coimbra, 1999.

Luc Férry
- «A Nova Ordem Ecológica – A Árvore, o Animal, o Homem» (tradução), Asa, Porto, 1993.

Ricardo Garcia
- «Sobre a Terra – Um Guia para quem Lê e Escreve sobre Ambiente», Público, Lisboa, 2004.

Joaquim Cerqueira Gonçalves
- «Em Louvor da Vida e da Morte – Ambiente e Cultura Ocidental em Questão», Edições Colibri, Lisboa, 1998.

Al Gore
- «A Terra à Procura de Equilíbrio. Ecologia e Espírito ·Humano» (tradução), Presença, Lisboa, 1993.

Jean Jacob
- «Histoire de L'Écologie Politique?», Albin Michel, Paris, 1999.

Alain Lipietz,
- «Qu'est-ce que l'Ècologie Politique?», La Découverte, Paris, 1992.

Viriato Soromenho Marques
- «O Futuro Frágil – Os Desafios da Crise Global do Ambiente», Europa-América, Mem Martins, 1998.

J. Joanaz de Melo / Carlos Pimenta
- «O Que é Ecologia?», Difusão Cultural, Lisboa, 1993.

Alfredo Mela / Maria Carmen Belloni / Luca Davico
- «A Sociologia do Ambiente» (tradução), Estampa, Lisboa, 2001.

Domingos Moura / Francisco Ferreira / F. Nunes Correia / G. Ribeiro Telles / V. Soromenho Marques
- «Ecologia e Ideologia», Livros e Leituras, Lisboa, 1999.

François Ost
- «A Natureza à Margem da Lei – A Ecologia à Prova do Direito» (trad.), Instituto Piaget, Lisboa, 1997.

Jorge Paiva
- «A Crise Ambiental, Apocalipse ou Advento de uma Nova Era», Liga dos Amigos de Conimbriga, Lisboa, 1998.

Maria Teresa Pité / Teresa Avelar
- «Ecologia das Populações e das Comunidades – Uma Abordagem Evolutiva do Estudo da Biodiversidade», Fundação Gulbenkian, Lisboa, 1996.

Philippe le Preste
- «Protection de l' Environnement et Relations Internationales – Les Défis de l' Écopolitique Mondiale», Armand Colin – Dalloz, Paris, 2005.

Luísa Schmidt
- «Ambiente no Ecrã – Emissões e Demissões no Serviço Público Televisivo», Imprensa de Ciências Sociais (I.C.S. da Universidade de Lisboa), Lisboa, 2003.

TERESA TONCHIA
- «Diritti dell'Uomo e Ambiente – La Partecipazione dei Cittadini alle Decisioni sulla Tutela dell'Ambiente» (coorden.), CEDAM, Padova, 1990.

VASCO PEREIRA DA SILVA
- «Verdes são Também os Direitos do Homem; Responsabilidade Administrativa em Matéria de Ambiente», Principia, Cascais, 2000.
- «Direito Salpicado de Azul e Verde», in «Estudos de Homenagem ao Prof. Doutor Armando M. Marques Guedes», Faculdade de Direito da Universidade de Lisboa / Coimbra Editora, Coimbra, 2004, páginas 839 e seguintes.

Programa e Conteúdos da Disciplina de Direito do Ambiente 109

2.ª LIÇÃO

SUMÁRIO:

I – AMBIENTE E DIREITO. VERDES SÃO TAMBÉM OS DIREITOS DO HOMEM
2.3 – Direito fundamental ao ambiente e protecção objectiva da Natureza. Em busca de um antropocentrismo ecológico
3 – As fontes do Direito do Ambiente. A multiplicidade de fontes e o problema da codificação

EXPLICITAÇÃO SUMÁRIA DOS CONTEÚDOS "VERDES" A LECCIONAR

I – AMBIENTE E DIREITO. VERDES SÃO TAMBÉM OS DIREITOS DO HOMEM

2.3 – Direito fundamental ao ambiente e protecção objectiva da Natureza. Em busca de um antropocentrismo ecológico

– O posicionamento dos juristas perante os fenómenos ambientais: "inconsciência" ecológica, "ecofundamentalismo", "abertura crítica" à vertente ecológica do direito
– As concepções defensoras dos direitos da natureza, ou dos animais, e sua refutação com base na distinção entre direitos subjectivos e ordem jurídica (objectiva)
– A dupla dimensão da tutela jurídica ambiental: os direitos subjectivos das pessoas em relação ao ambiente e a tutela objectiva dos bens ecológicos
– Defesa de uma orientação predominantemente subjectivista da tutela ambiental, mas sem descurar, simultaneamente, a respectiva dimensão objectiva. Argumentos a favor de tal posição: de ordem teórico--filosófica, de eficácia, de equilíbrio na ponderação de interesses e valores antagónicos
– A superação dos termos tradicionais da querela antropocentrismo vs. ecocentrismo com base na conjugação das dimensões subjectiva

e objectiva da tutela ambiental. A defesa de um antropocentrismo ecológico

– A "Constituição Portuguesa do Ambiente" e a conjugação das vertentes subjectiva e objectiva da defesa jurídica do ambiente: o direito fundamental ao ambiente (artigo 66.° da Constituição) e as tarefas fundamentais do Estado em matéria ambiental [artigo 9.°, alíneas d) e e), da Constituição]

– O direito fundamental ao ambiente como "pedra angular" do Direito do Ambiente. O direito fundamental ao ambiente e as relações jurídicas multilaterais. O direito fundamental ao ambiente como "chave" para a compreensão de relações jurídicas públicas e privadas em matéria ecológica (vide os artigos 17.° e 18.° da Constituição)

3 – As fontes do Direito do Ambiente. A multiplicidade de fontes e o problema da codificação

– Abundância e diversidade de fontes de Direito do Ambiente dos mais variados níveis

– Fontes de Direito Internacional do Ambiente: de âmbito multilateral (v.g. o Protocolo de Quioto e a Convenção-quadro sobre as Alterações Climáticas, de 1997) e bilateral (v.g. a Convenção sobre Cooperação para a Protecção e o Aproveitamento Sustentável das Águas das Bacias Hidrográficas Luso-Espanholas, de 1999)

– Fontes de Direito Europeu do Ambiente: de natureza "constitucional" (v.g. o Acto Único Europeu, de 1987) ou de natureza ordinária – sob a forma de Regulamento (v.g. o Regulamento do P.E. e do C. n.° 1980/ 2000 /CE, de 17 de Julho de 2000 – Eco-etiqueta ou Rótulo Ecológico) de Directiva (v.g. a Directiva n.° 97/ 11 /CE, do Cons, de 3 de Março de 1997), de Decisão e de Recomendação (Decisão do Cons. 97 / 872, de 1997 – Apoio às O.N.G.A.)

– Fontes de Direito Constitucional do Ambiente (v.g. o artigo 66.° da Constituição)

– Fontes de Direito do Ambiente de natureza legislativa: leis (v.g. a Lei de Bases do Ambiente, D.L. n.° 11/ 87, de 7 de Abril), decretos-lei (v.g. o Decreto-Lei n.° 194 / 2000 – Licença Ambiental) e decretos legislativos regionais (v.g. o Decreto Legislativo Regional

n.° 4/ 2006 /A, que cria a «Natureza Viva – Sociedade de Planeamento, Gestão e Requalificação Ambiental, S. A.»)
– Fontes de Direito Administrativo do Ambiente de natureza normativa (v.g. o Decreto Regulamentar n.° 9 / 2000, de 22 de Agosto – Parque Natural do Tejo Internacional)
– Fontes de Direito Administrativo do Ambiente decorrentes de acto ou contrato administrativo
– Outras fontes de Direito do Ambiente, de natureza jurídico-privada, decorrentes de negócios jurídicos unilaterais ou bilaterais relativos a matérias ambientais
– As dificuldades de harmonização e de sistematização do Direito do Ambiente decorrentes da proliferação e da dispersão das respectivas fontes de direito. A codificação ("aberta" e flexível") do Direito do Ambiente como instrumento para a resolução de tais problemas
– As duas alternativas de codificação do Direito do Ambiente: codificação da parte geral, ou de partes especiais (v.g. relativas às componentes ambientais naturais: ar, luz, água, solo e subsolo, flora, fauna). A necessidade de codificação do Direito do Ambiente, em Portugal, como forma de tornar compreensíveis e acessíveis os "mapas do tesouro", a fim de permitir a todos os interessados orientar-se na "selva" da legislação ambiental nacional

IDENTIFICAÇÃO DOS CONTEÚDOS NA "TRILOGIA (PEDAGÓGICA) VERDE"

A) Vasco Pereira da Silva, «Verde Cor de Direito, Lições de Direito do Ambiente», páginas 25 a 44.

B) Vasco Pereira da Silva / José Cunhal Sendim / João Miranda, «O Meu Caderno Verde. Trabalhos Práticos de Direito do Ambiente», páginas 25 e 27 (Capítulo II – «Questões de Estudo»)

C) Vasco Pereira da Silva / João Miranda, «Verde Código. Legislação de Direito do Ambiente», páginas 11 e seguintes (mx., I – «Leis "Constitutivas" de Direito do Ambiente»: A – Constituição da República Portuguesa, B – Tratado da Comunidade Europeia, C – Lei de Bases do Ambiente)

SUGESTÕES COMPLEMENTARES DE LEITURA

FREITAS DO AMARAL
- «Apresentação», in «Direito do Ambiente», Instituto Nacional de Administração, Lisboa, 1994, páginas 13 e seguintes.

FERNANDO ARAÚJO
- «A Hora dos Direitos dos Animais», Almedina, Coimbra, 2003.

DIETER BIRNBACHER
- «Juridische Rechte fuer Naturwesen – Eine Philosophische Kritik», in NIDA-RUEMELIN / PFORDTEN (coorden.), «Oekologische Ethik und Rechtstheorie», Nomos, Baden-Baden, 1995, páginas 245 e seguintes.

GOMES CANOTILHO
- «Direito do Ambiente e Crítica da Razão Cínica das Normas Jurídicas», in «Revista de Direito do Ambiente e Ordenamento do Território», n.º 1, Setembro de 1995, páginas 97 e seguintes.
- «Juridicização da Ecologia ou Ecologização do Direito», in «Revista Jurídica do Urbanismo e do Ambiente», n.º 4, Dezembro 1995, páginas 69 e seguintes.

FRANCESCO FONDERICO / PIERPAOLO MASCIOCCHI
- «Più Ambiente con Meno Burocrazia – Verso la Procedura Unica di Autorizzazione Ambientale», Ipaservizi Editore, Milano 1999.

BERND-CHRISTIAN FUNCK
- «Die Oekologisierung des Rechtsstaates», in WEBER / RATH KATHREIN, «Neue Wege der der Allgemeinen Staatslehre Symposium zur 6. Geburtstag von Peter Perrthalter», Willem Braumueller, 1996 páginas 73 e seguintes.

CARLA AMADO GOMES
- «O Ambiente como Objecto e os Objectos do Direito do Ambiente», in «Revista Jurídica do Urbanismo e do Ambiente», n.º 11 / 12, Junho / Dezembro, 1999, páginas 43 e seguintes.

KRISTIAN KUEHL
- «Anthropozentrische oder nichtanthropozentrische Rechtsgueter im Umweltstrafrecht?», in NIDA-RUEMELIN / PFORDTEN (coorden.), «Oekologische Ethik und Rechtstheorie», Nomos, Baden-Baden, 1995, páginas 245 e seguintes.

GRETRUDE LUEBBE-WOLFF
- «Modernisierung des Umweltordnungsrechts, Vollziehbarkeit – Deregulierung – Effizienz», Economica Verlag, Bonn, 1996.

Franz-Joseph Peine
- «Kodifikation des Landesumweltrechts – Zur "Moeglichkeit" und zum "Aussehen" eines Landesumweltgesetzes», Duncker & Humblot, Berlin, 1996.

Michael Radford
- «Can Rights Extend to Animais?», in Connor Gearty / Adam Tomkins «Understanding Human Rights», Pinter, London and New York, 1996 (1ª reimp. 1999), páginas 403 e seguintes.

Manuel Lopes Rocha
- «Direito do Ambiente e Direitos do Homem», in «Revista de Direito do Ambiente e Ordenamento do Território», n.º 1, Setembro de 1995, páginas 9 e seguintes.

Alexander Schmidt
- «Die Vorbereitung des Umweltgesetzbuchs – Zum Stand der Dinge hei der Kodifikation des Umweltrechts», in «Zeitschrift fuer Umweltrecht», n.º 6, Novembro de 1998, páginas 277 e seguintes.

Alexander Schink
- «Kodifikation des Umweltrechts – Zum Entwurf der Sachverstaendigenkommission Umweltgesetzbuch (UGB-KomE)», in «Die Oeffentliche Verwaltung», Janeiro 1999, páginas 1 e seguintes.

José Cunhal Sendim
- «Responsabilidade Civil por Danos Ecológicos – Da Reparação do Dano Através de Restauração Natural», Coimbra Editora, Coimbra, 1998 (vide páginas 85 e seguintes).

Vasco Pereira da Silva
- «Verdes são Também os Direitos do Homem; Responsabilidade Administrativa em Matéria de Ambiente», Principia, Cascais, 2000.
- «Direito Salpicado de Azul e Verde», in «Estudos de Homenagem ao Prof. Doutor Armando M. Marques Guedes», Faculdade de Direito da Universidade de Lisboa / Coimbra Editora, Coimbra, 2004, páginas 839 e seguintes.

3.ª LIÇÃO

SUMÁRIO:

I – AMBIENTE E DIREITO. VERDES SÃO TAMBÉM OS DIREITOS DO HOMEM

4 – O problema da autonomia do Direito do Ambiente como disciplina jurídica. As diferentes perspectivas de abordagem e a multidisciplinaridade do Direito do Ambiente

5 – O "posto de observação" jus-ambiental escolhido: o Direito Administrativo do Ambiente

EXPLICITAÇÃO SUMÁRIA DOS CONTEÚDOS "VERDES" A LECCIONAR

I – AMBIENTE E DIREITO. VERDES SÃO TAMBÉM OS DIREITOS DO HOMEM

4 – O problema da autonomia do Direito do Ambiente como disciplina jurídica. As diferentes perspectivas de abordagem e a multidisciplinaridade do Direito do Ambiente

– As diferentes perspectivas de compreensão e de elaboração dogmática do domínio jus-ambiental, designadamente de Direito Internacional Público do Ambiente; de Direito Europeu do Ambiente; de Direito Constitucional do Ambiente; de Direito Administrativo do Ambiente; de Direito Penal e de Direito Contra-ordenacional do Ambiente; de Direito Processual do Ambiente; de Direito Económico, de Direito Financeiro e de Direito Fiscal do Ambiente; de Direito Civil do Ambiente

– O problema da autonomia do Direito do Ambiente. A situação actual: os elementos aglutinadores (mx. de natureza teleológica) e a dependência em relação às diversas disciplinas jurídicas. O Direito do Ambiente como uma disciplina "horizontal" e "pluridisciplinar", à semelhança de um "jardim de condomínio", em que a existência de "canteiros próprios" das diferentes disciplinas jurídicas contribui directamente para a "beleza do conjunto"

Programa e Conteúdos da Disciplina de Direito do Ambiente 115

– A necessidade de autonomia pedagógica do Direito do Ambiente e a desejável combinação entre disciplinas "introdutórias" e de "teoria geral" (como esta) com disciplinas mais especializadas (em razão da matéria – v.g. Direito da Água, Direito da Energia –, ou em razão da "especialização" ambiental ocorrida noutras disciplinas jurídicas – v.g. Direito Sancionatório do Ambiente, Direito Europeu do Ambiente)
– O Direito do Ambiente como disciplina científica "em construção"

5 – O "posto de observação" jus-ambiental escolhido: o Direito Administrativo do Ambiente

– A adopção de uma perspectiva pluridisciplinar e de teoria geral não impede que o programa da disciplina privilegie a vertente de Direito Público do Ambiente (mx. de Direito Constitucional, Europeu e Administrativo)
– A escolha de um "posto de observação" jurídico-público para o Direito do Ambiente não significa, contudo, partir de uma concepção reducionista, confundindo a parte com o todo, mas sim uma tentativa de cuidar do "meu próprio canteiro", assim contribuindo para a melhoria do "jardim comum"
– Afastamento de concepções maximalistas relativamente ao objecto do Direito do Ambiente, abarcando tanto realidades naturais como culturais. Restrição do âmbito do Direito do Ambiente às realidades da Natureza, ou aos componentes ambientais naturais, como são o ar, a luz, a água, o solo e o subsolo, a flora e a fauna (artigo 6.º da Lei de Bases do Ambiente)

IDENTIFICAÇÃO DOS CONTEÚDOS NA "TRILOGIA (PEDAGÓGICA) VERDE"

A) Vasco Pereira da Silva, «Verde Cor de Direito, Lições de Direito do Ambiente»,páginas 44 a 59.
B) Vasco Pereira da Silva / José Cunhal Sendim / João Miranda, «O Meu Caderno Verde. Trabalhos Práticos de Direito do Ambiente», páginas 27 e 28 (Capítulo II – «Questões de Estudo»)
C) Vasco Pereira da Silva / João Miranda, «Verde Código. Legis-

lação de Direito do Ambiente», páginas 19 e seguintes (I – «Leis "Constitutivas" de Direito do Ambiente»: C – Lei de Bases do Ambiente)

SUGESTÕES COMPLEMENTARES DE LEITURA

Freitas do Amaral
- «Ordenamento do Território, Urbanismo e Ambiente: Objecto, Autonomia e Distinções», in «Revista Jurídica do Urbanismo e do Ambiente», n.º 1, Junho 1994, páginas 11 e seguintes.

Bermejo Vera
- «Derecho Administrativo – Parte Especial» (coorden.), Civitas, Madrid, 4ª edição, 1999 (maxime Parte IV, Cap. IV, «La Protección del Medio Ambiente», páginas 709 e seguintes).

Ruediger Breuer
- «Umweltschutzrecht», in Schmidt-Assmann (coorden.), «Besonderes Verwaltungsrecht», 13.ª edição, Walter de Gruyter, Berlin / /New York, 2005, páginas 435 e seguintes.

Gomes Canotilho
- «Introdução ao Direito do Ambiente» (coorden.), Universidade Aberta, 1998 (vide páginas 17 e seguintes).

Paulo Canelas de Castro
- «Mutações e Constâncias do Direito Internacional do Ambiente», in «Revista Jurídica do Urbanismo e do Ambiente», n.º 2, Dezembro 1994, páginas 145 e seguintes.

Menezes Cordeiro
- «Tutela do Ambiente e Direito Civil», in «Direito do Ambiente», Instituto Nacional de Administração, Lisboa, 1994, páginas 377 e seguintes.

Wanda Cortese
- «I Beni Culturali e Ambientali – Profili Normativi», CEDAM, Padova, 1999.

Eduardo Paz Ferreira
- «Fiscalidade Ecológica – Uma Ideia em Busca de Afirmação», in «Revista de Direito do Ambiente e Ordenamento do Território», números 6 e 7, 2001, páginas 9 e seguintes.

Francesco Fonderico
- «La Tutela dell'Ambiente», in Sabino Cassese, «Trattato di Diritto

Amministrativo – Diritto Amministrativo Speciale», tomo II, Giuffrè, Milano, 2000, páginas 1521 e seguintes.

Sousa Franco
– «Ambiente e Desenvolvimento – Enquadramento e Fundamento do Direito do Ambiente», in «Direito do Ambiente», Instituto Nacional de Administração, Lisboa, 1994, páginas 35 e seguintes.

Carla Amado Gomes
– «O Ambiente como Objecto e os Objectos do Direito do Ambiente», in «Revista Jurídica do Urbanismo e do Ambiente», n.º 11/12, Junho/Dezembro 1999, páginas 43 e seguintes.
– «Ambiente (Direito do)», in «Dicionário Jurídico da Administração Pública», 2.º Suplemento, Lisboa, 2001, páginas 9 e seguintes (também publicado in Carla Amado Gomes, «Textos Dispersos de Direito do Ambiente», AAFDL, Lisboa, 2005, páginas 9 e seguintes).

Hoppe / Beckmann / Kauch
– «Umweltrecht», 2ª edição, Beck, Muenchen, 2000.

Jan H. Jans
– «European Environmental Law», 2ª edição, Europa Law Publishing, Groningen, 2000.

Alexandre Kiss
– «Direito Internacional do Ambiente», in «Direito do Ambiente», Instituto Nacional de Administração, Lisboa, 1994, páginas 148 e seguintes.

Michael Kloepfer
– «Umweltrecht», in Achterberg / Puettner / Wuerttenberger (coord.), «Besonderes Verwaltungsrecht», II vols., 2ª edição, C. F. Mueller, 2000 (vide páginas 338 e seguintes).

Ludwig Kraemer
– «Derecho Ambiental y Tratado de la Comunidad Europea» (trad.), Marcial Pons, Madrid / Barcelona, 1999.
– «Trente Ans de Droit Communautaire de l' Environnement: Ébauche d' un bilan», in «Lusíada – Revista de Ciência e Cultura» (Série Direito – Porto), números 1 e 2, 2002, páginas 481 e seguintes.
– «EC Environmental Law», 5.ª edição, Sweet & Maxwell, London, 2003.

Luís de Menezes Leitão
– «A Tutela Civil do Ambiente», in «Revista de Direito do Ambiente

e Ordenamento do Território», números 4 e 5, 1999, páginas 9 e seguintes.

BLANCA LOZANO CUTANDA
 – «Derecho Ambiental Administrativo», 4ª edição, Dykinson, Madrid, 2003.

RAMÓN MARTIN MATEO
 – «Manual de Derecho Ambiental», 3.ª edição, Thomson / Arazandi, Navarra, 2003.

JÚLIO PINA MARTINS
 – «A Aplicabilidade das Normas Comunitárias no Direito Interno», in «Direito do Ambiente», Instituto Nacional de Administração, Lisboa, 1994, páginas 185 e seguintes.

ANGEL MENÉNDEZ REXACH
 – «Protagonismo del Derecho Administrativo en la Prevención y Tutela del Medio Ambiente», in «A Tutela Jurídica do Meio Ambiente: Presente e Futuro», Boletim da Faculdade de Direito da Universidade de Coimbra, Coimbra Editora, Coimbra, 2005, páginas 61 e seguintes.

VIRIATO SOROMENHO MARQUES
 – «A Segurança Ambiental e a Construção de Regimes Internacionais», in «Revista de Direito do Ambiente e Ordenamento do Território», números 4 e 5, 1999, páginas 83 e seguintes.

JORGE MIRANDA
 – «A Constituição e o Direito do Ambiente», in «Direito do Ambiente», Instituto Nacional de Administração, Lisboa, 1994, páginas 353 e seguintes.

MARIA FERNANDA PALMA
 – «Direito Penal do Ambiente – Uma Primeira Abordagem», in «Direito do Ambiente», Instituto Nacional de Administração, Lisboa, 1994, páginas 431 e seguintes.

PEDRO SILVA PEREIRA
 – «Direito Internacional Público do Ambiente: as Convenções Internacionais e suas Implicações para Portugal», in «Direito do Ambiente», Instituto Nacional de Administração, Lisboa, 1994, páginas 165 e seguintes.

PETERS / SCHENK / SCLABACH
 – «Umweltverwaltungsrecht», Mueller, Heidelberg, 1990.

MICHEL PRIEUR
 – «Droit de l'Environnement», 5ª edição, Dalloz, Paris, 2004.

Programa e Conteúdos da Disciplina de Direito do Ambiente   119

RAPHAEL ROMI
- «Droit et Administration de l'Environnement», 3.ª edição, Mont-chrestien, Paris, 1999.
- «L' Europe et la Protection de L´Environnement», 3.ª edição, Victoires Édtions, Paris, 2004.

CLÁUDIA DIAS SOARES
- «O Imposto Ecológico – Contributo para o Estudo dos Instrumentos Económicos de Defesa do Ambiente», Boletim da Faculdade de Direito da Universidade de Coimbra, Coimbra Editora, Coimbra, 2001.
- «O Imposto Ambiental. Direito Fiscal do Ambiente», Cadernos CEDOUA – Almedina, Coimbra, 2002.
- «O Direito Fiscal do Ambiente. O Enquadramento Comunitário dos Auxílios de Estado a favor do Ambiente», Cadernos CEDOUA – Almedina, Coimbra, 2002.
- «A Inevitabilidade da Tributação Ambiental», in «Estudos de Direito do Ambiente», Publicações Universidade Católica, Porto, 2003, páginas 23 e seguintes.

MIGUEL TEIXEIRA DE SOUSA
- «Legitimidade Processual e Acção Popular no Direito do Ambiente», in «Direito do Ambiente», Instituto Nacional de Administração, Lisboa, 1994, páginas 409 e seguintes.

SPARWASSER / ENGEL / VOSSKUHLE
- «Umweltrecht – Grundzuege des oeffentlichen Umweltschutzrechts», 5.ª edição, Mueller, Heidelberg, 2003 (vide páginas 3 e seguintes).

120   *Ensinar Verde a Direito*

4.ª *LIÇÃO*

SUMÁRIO:

II – DA CONSTITUIÇÃO VERDE PARA AS RELAÇÕES JURÍDICAS MUL-
TILATERAIS DE AMBIENTE
   1 – Os princípios constitucionais em matéria de ambiente
     1.1 – Os princípios fundamentais da prevenção, do desenvolvimento
     sustentável, do aproveitamento racional dos recursos naturais e do
     poluidor-pagador

EXPLICITAÇÃO SUMÁRIA DOS CONTEÚDOS "VERDES" A LECCIONAR

II – DA CONSTITUIÇÃO VERDE PARA AS RELAÇÕES JURÍDICAS
MULTILATERAIS DE AMBIENTE

1 – Os princípios constitucionais em matéria de ambiente

– A Constituição Portuguesa de Ambiente e sua dupla dimensão:
subjectiva e objectiva
– A dimensão objectiva da Constituição Portuguesa de Ambiente:
consagração de bens e princípios jurídicos ambientais, assim como
de tarefas estaduais (artigo 9.º da Constituição), que originam
deveres de actuação dos poderes públicos, a cargo do Legislador,
da Administração e dos Tribunais

1.1 – Os princípios fundamentais da prevenção, do desenvolvimento sustentável, do aproveitamento racional dos recursos naturais e do poluidor-pagador

– Os princípios fundamentais da Constituição Portuguesa de Ambiente: princípios da prevenção, do desenvolvimento sustentável,
do aproveitamento racional dos recursos naturais, do poluidor-
pagador

Programa e Conteúdos da Disciplina de Direito do Ambiente 121

– O princípio da prevenção destina-se evitar a ocorrência (ou, pelo menos, minimizar os efeitos) de lesões ambientais, actuais ou futuras, mediante a antecipação de situações potencialmente perigosas, de origem natural ou humana
– Adopção de uma noção ampla do princípio da prevenção, que visa a antecipação tanto de perigos imediatos e concretos como de eventuais riscos futuros (pois, uns e outros devem ser acautelados nas decisões públicas), quer sejam provenientes de causas naturais como de condutas humanas (pois, não só os fenómenos ambientais são determinados por uma multiplicidade de causas, tanto naturais como humanas, como se verifica uma interacção entre natureza e técnica, que não permite mais distinguir causas humanas de naturais)
– Desnecessidade de autonomização do princípio da precaução, pelo menos na nossa ordem jurídica, por razões de natureza linguística – identidade de sentido, nas línguas latinas, dos vocábulos prevenção e precaução, diferentemente do que se passa na língua inglesa –, por razões de conteúdo material – critérios de distinção ou não são adequados, ou conduzem a resultados excessivos –, por razões de ordem técnica – já que, por um lado, o princípio da prevenção goza, na nossa ordem jurídica, da natureza de princípio constitucional, por outro lado, a noção ampla de prevenção abarca o âmbito de possíveis "conteúdos razoáveis" de um eventual (mas inútil) princípio da precaução
– Tendo em conta as referidas razões linguísticas, contudo, no domínio do Direito Internacional, ou do Direito Europeu (em que as fontes de direito dão origem a versões em língua inglesa), é aconselhável falar dos referidos princípios no plural, associando sempre a prevenção à precaução (que devem andar sempre juntos, como o "Roque e a amiga"), de modo a salvaguardar um resultado equivalente ao do princípio da prevenção entendido em sentido amplo
– O princípio da prevenção e suas múltiplas aplicações (em especial, o caso das "vacas loucas" e o da "gripe das aves")

IDENTIFICAÇÃO DOS CONTEÚDOS NA "TRILOGIA (PEDAGÓGICA) VERDE"

A) Vasco Pereira da Silva, «Verde Cor de Direito, Lições de Direito do Ambiente», páginas 63 a 73.

B) Vasco Pereira da Silva / José Cunhal Sendim / João Miranda, «O Meu Caderno Verde. Trabalhos Práticos de Direito do Ambiente», pagina 29 (Capítulo II – «Questões de Estudo»).

C) Vasco Pereira da Silva / João Miranda, «Verde Código. Legislação de Direito do Ambiente», páginas 11 e seguintes (I – «Leis "Constitutivas" de Direito do Ambiente»: A – Constituição da República Portuguesa, B – Tratado da Comunidade Europeia, C – Lei de Bases do Ambiente).

SUGESTÕES COMPLEMENTARES DE LEITURA

Luís Filipe Colaço Antunes
- «O Princípio da Precaução: um Novo Critério Jurisprudencial do Juiz Administrativo», in «Para um Direito Administrativo de Garantia do Cidadão e da Administração – Tradição e Reforma», Almedina, Coimbra, 2000, páginas 99 e seguintes.

Tiago Antunes
- «O Ambiente entre o Direito e a Técnica», Associação Académica da Faculdade de Direito de Lisboa, Lisboa, 2003.

Maria Alexandra Aragão
- «Direito Comunitário do Ambiente», Cadernos CEDOUA – Almedina, Coimbra, 2002 (vide páginas 18 e seguintes).

Chris Backes / Jonathan Verschuuren
- «The Precautionary Principle in International, European and Dutch Wildlife Law», in «Colorado Journal of International Environmental Law and Policy», 1998, páginas 43 e seguintes.

Laurence Baghestani-Perrey
- «Le Principe de Précaution en Droit Positif», in A. Laceneux / M. Boutelet, «Le Principe de Précaution. Débats et Enjeux», Editions Universitaires de Dijon, Dijon, 2005, páginas 91 e seguintes.

Philippe Blancher
- «Incertitude, Information et Principe de Précaution», in A. Laceneux / M. Boutelet, «Le Principe de Précaution. Débats et Enjeux»,

Editions Universitaires de Dijon, Dijon, 2005, páginas 21 e seguintes.

Nadia Belaidi
– «Les Enjeux de la Formulation du Principe de Précaution pour une Politique Globale de L' Environnement», in A. Laceneux / M. Boutelet, «Le Principe de Précaution. Débats et Enjeux», Editions Universitaires de Dijon, Dijon, 2005, páginas 77 e seguintes.

Jean-Pierre Besancenot
– «Le Principe de Précaution devant les Risques Sanitaires», in A. Laceneux / M. Boutelet, «Le Principe de Précaution. Débats et Enjeux», Editions Universitaires de Dijon, Dijon, 2005, páginas 47 e seguintes.

Joaquim Gomes Canotilho
– «Introdução ao Direito do Ambiente» (coorden.), Universidade Aberta, 1998 (vide páginas 41 e seguintes).

José Eduardo Figueiredo Dias
– «Direito Constitucional e Administrativo do Ambiente», Cadernos CEDOUA – Almedina, Coimbra, 2001 (vide páginas 15 e seguintes).

Ludwig Kraemer
– «E.C. Environmental Law», 5.ª edição, Thomson / Sweet & Maxwell, London, 2003.

José Esteve Pardo
– «Técnica, Riesgo y Derecho – Tratamento del Riesgo Tecnológico en Derecho Ambiental», Ariel Derecho, Barcelona, 1999.

Carla Amado Gomes
– «A Prevenção à Prova no Direito do Ambiente», Coimbra Editora, Coimbra, 2000.
– Dar o Duvidoso pelo (In)certo? Reflexões sobre o "Princípio da Precaução"», in «Revista Jurídica do Urbanismo e do Ambiente», nos 15/16, 2001, páginas 9 e seguintes (também publicado in Carla Amado Gomes, «Textos Dispersos de Direito do Ambiente», AAFDL, Lisboa, 2005, páginas 141 e seguintes).

Philippe Icard
– «Le Principe de Précaution Façonné par le Juge Communautaire», in A. Laceneux / M. Boutelet, «Le Principe de Précaution. Débats et Enjeux», Editions Universitaires de Dijon, Dijon, 2005, páginas 103 e seguintes.

José Juste Ruiz
  – «Derecho Internacional del Medio Ambiente», Mc Graw Hill, Madrid, 1999 (vide páginas 72 e seguintes).
Andrè Larceneux / Marguerite Boutelet
  – «Le Principe de Précaution. Débats et Enjeux», in A. Laceneux / M. Boutelet, «Le Principe de Précaution. Débats et Enjeux», Editions Universitaires de Dijon, Dijon, 2005, páginas 5 e seguintes.
Demetrio Leperena Rota
  – «Los Principios del Derecho Ambiental», Editorial Civitas, Madrid, 1998.
Thierry Martin
  – «Le Principe de Précaution et l'aversion au Probable», in A. Laceneux / M. Boutelet, «Le Principe de Précaution. Débats et Enjeux», Editions Universitaires de Dijon, Dijon, 2005, páginas 11 e seguintes.
Ana Gouveia e Freitas Martins
  – «O Princípio da Precaução no Direito do Ambiente», Associação Académica da Faculdade de Direito de Lisboa, Lisboa, 2002.
Rui Medeiros
  – «O Ambiente na Constituição», in «Revista de Direito e de Estudos Sociais», Janeiro-Dezembro, 1993, n.ºs 1, 2, 3 e 4, páginas 377 e seguintes.
Jorge Miranda
  – «A Constituição e o Direito do Ambiente», in «Direito do Ambiente», Instituto Nacional de Administração, Lisboa, 1994, páginas 353 e seguintes.
  – «Manual de Direito Constitucional – Direitos Fundamentais», tomo IV, 3ª edição, Coimbra Editora, 2000 (vide páginas 532 e seguintes).
Patricia J. de Parga y Maseda
  – «El Principio de Prevención en el Derecho Internacional del Medio Ambiente», Ecoiuris, Madrid, 2001.
Eckard Rehbinder
  – «Das Vorsorgeprinzip im internationalen Vergleich», Werner-Verlag, Duesseldorf, 1991.

Programa e Conteúdos da Disciplina de Direito do Ambiente 125

5.ª LIÇÃO

SUMÁRIO:

II – DA CONSTITUIÇÃO VERDE PARA AS RELAÇÕES JURÍDICAS MUL-
TILATERAIS DE AMBIENTE
1.1 – Os princípios fundamentais da prevenção, do desenvolvimento sustentável, do aproveitamento racional dos recursos naturais e do poluidor-
-pagador (continuação)
1.2 – Sentido e alcance dos princípios jurídicos ambientais em face da
Administração

EXPLICITAÇÃO SUMÁRIA DOS CONTEÚDOS "VERDES" A LECCIONAR

II – DA CONSTITUIÇÃO VERDE PARA AS RELAÇÕES JURÍDICAS
MULTILATERAIS DE AMBIENTE

1.1 – Os princípios fundamentais da prevenção, do desenvolvimento sustentável, do aproveitamento racional dos recursos naturais e do poluidor-pagador (continuação)

– O princípio do desenvolvimento sustentável como exigência de
ponderação das consequências para o meio-ambiente de qualquer
decisão jurídica de natureza económica tomada pelos poderes
públicos
– A exigência de "fundamentação ecológica" das decisões públicas
implica, portanto, a necessidade de considerar inválidas tais medidas, sempre que os custos ambientais inerentes à sua efectivação
sejam incomportavelmente superiores aos respectivos benefícios
económicos
– O princípio do aproveitamento racional dos recursos disponíveis
vem chamar a atenção para a escassez dos bens ambientais, proi-
bindo a tomada de decisões públicas que conduzam à delapidação
ou ao esbanjamento dos recursos naturais
– O princípio do poluidor-pagador obriga todos aqueles que bene-
ficiam de uma actividade económica lesiva do ambiente a compen-

sar, pela via fiscal, os prejuízos que resultam para toda a comunidade do exercício dessa actividade

– O conteúdo de tal princípio tem vindo a ser actualmente ampliado, quer para abranger também os custos da reconstituição natural das lesões ambientais, quer para ser realizado, não apenas pela via fiscal, mas também por outros instrumentos financeiros (v.g. políticas de preços, benefícios financeiros)

1.3 – Sentido e alcance dos princípios jurídicos ambientais em face da Administração

– Os princípios ambientais fundamentais enquanto princípios jurídicos directamente vinculativos da actuação do Legislador, da Administração e dos Tribunais

– Significado e alcance dos princípios ambientais fundamentais em face da Administração, tanto na sua vertente positiva, enquanto fundamento e critério, como na sua vertente negativa, enquanto limite da actuação administrativa

– Relevância especial dos princípios ambientais fundamentais no domínio da discricionaridade. A sua consagração significa a adopção pela ordem jurídica de critérios materiais de decisão, que obrigam a Administração pública mesmo nos domínios (de sua responsabilidade) da respectiva "margem de apreciação" e "de decisão", os quais, se preteridos, permitem a fiscalização jurisdicional das decisões administrativas, criando assim uma "via de acesso" para o controlo da discricionaridade

– A autonomia dos princípios ambientais fundamentais (princípios da prevenção, do desenvolvimento sustentável, do aproveitamento racional dos recursos disponíveis, do poluidor-pagador) relativamente aos demais princípios gerais da actuação administrativa (princípios da igualdade, da proporcionalidade, da justiça, da imparcialidade, da boa-fé)

IDENTIFICAÇÃO DOS CONTEÚDOS NA "TRILOGIA (PEDAGÓGICA) VERDE"

A) Vasco Pereira da Silva, «Verde Cor de Direito, Lições de Direito do Ambiente», páginas 73 a 83.

B) Vasco Pereira da Silva / José Cunhal Sendim / João Miranda, «O Meu Caderno Verde. Trabalhos Práticos de Direito do Ambiente», página 29 (Capítulo II – «Questões de Estudo»).

C) Vasco Pereira da Silva / João Miranda, «Verde Código. Legislação de Direito do Ambiente», páginas 11 e seguintes (I – «Leis "Constitutivas" de Direito do Ambiente»: A – Constituição da República Portuguesa, B – Tratado da Comunidade Europeia, C – Lei de Bases do Ambiente)

SUGESTÕES COMPLEMENTARES DE LEITURA

Diogo Freitas do Amaral
– «Curso de Direito Administrativo», volume II, Almedina, Coimbra, 2001 (vide páginas 31 a 146).

José Carlos Vieira de Andrade
– «O Dever da Fundamentação Expressa dos Actos Administrativos», Almedina, Coimbra, 1991 (vide páginas 361 e seguintes).

Maria Alexandra Aragão
– «O Princípio do Poluidor-pagador», in «Studia Iuridica – Boletim da Faculdade de Direito da Universidade de Coimbra», Coimbra Editora, Coimbra, 1997.
– «Direito Comunitário do Ambiente», Cadernos CEDOUA – Almedina, Coimbra, 2002 (vide páginas 18 e seguintes).

Patrícia Birnie / Alan Boyle
– «International Law and the Environment», 2.ª edição, Oxford University Press, Oxford/ New York, 2002 (vide páginas 79 e seguintes).

Sérvulo Correia
– «Legalidade e Autonomia Contratual nos Contratos Administrativos», Almedina, Coimbra, 1987 (vide páginas 17 e seguintes: Parte I – «O Princípio da Legalidade Administrativa»).

Demetrio Leperena Rota

- «Los Principios del Derecho Ambiental», Editorial Civitas, Madrid, 1998.
- «Desarrolo Sostenible y Biodiversidad», in «Actas del V Congreso Nacional de Derecho Ambiental», in «Revista Arazandi de Derecho Ambiental (Monografía)», n.º 5, Navarra, 2004, páginas 241 e seguintes.

MARCELO REBELO DE SOUSA / ANDRÉ SALGADO DE MATOS
- «Direito Administrativo Geral – Introdução e Princípios Fundamentais», tomo I, D. Quixote, Lisboa, 2004 (vide páginas 176 e seguintes).

ISABEL MARQUES DA SILVA
- «O Princípio do Poluidor-pagador», in «Estudos de Direito do Ambiente», Publicações Universidade Católica, Porto, 2003, páginas 97 e seguintes.

VASCO PEREIRA DA SILVA
- «Em Busca do Acto Administrativo Perdido», Almedina, Coimbra, 1996 (vide páginas 81 a 90).

Programa e Conteúdos da Disciplina de Direito do Ambiente 129

6.ª LIÇÃO

SUMÁRIO:

II – DA CONSTITUIÇÃO VERDE PARA AS RELAÇÕES JURÍDICAS MUL-
TILATERAIS DE AMBIENTE
   2 – O direito ao ambiente como direito fundamental
     2.1 – A dupla natureza do direito ao ambiente como direito subjectivo e
     como estrutura objectiva da colectividade
     2.2 – O alargamento dos direitos subjectivos públicos e as relações
     jurídicas de ambiente

EXPLICITAÇÃO SUMÁRIA DOS CONTEÚDOS "VERDES" A LECCIONAR

II – DA CONSTITUIÇÃO VERDE PARA AS RELAÇÕES JURÍDICAS MULTILATERAIS DE AMBIENTE

2 – O direito ao ambiente como direito fundamental

2.1 – A dupla natureza do direito ao ambiente como direito subjectivo e como estrutura objectiva da colectividade

– A consagração do direito fundamental ao ambiente e a "preferência" da Constituição portuguesa pela subjectivização da tutela
jurídica das questões ambientais
– O problema da natureza jurídica do direito fundamental ao ambiente. A enunciação das três questões principais a colocar: Saber
se o direito ao ambiente é mesmo um direito fundamental ou uma
tarefa estadual "disfarçada"? Saber se o direito ao ambiente deve
ou não ser considerado como um direito subjectivo? Saber quais as
consequências em termos de regime decorrentes da natureza
jurídica do direito ao ambiente?
– O direito ao ambiente como direito fundamental, não só em razão
da opção constitucional pela consagração de uma noção ampla (e
"aberta") de direitos fundamentais, como também em virtude de
um fundamento axiológico, enquanto manifestação da dignidade da

pessoa humana, e de um fundamento dogmático, já que apresenta uma estrutura – comum a todos os demais direitos fundamentais, sejam eles da primeira, da segunda ou da terceira geração – que combina uma vertente negativa, correspondente a uma esfera protegida de agressões estaduais, com uma vertente positiva, que obriga à intervenção dos poderes públicos de modo a permitir a realização plena e efectiva de tais posições de vantagem

– A "dupla natureza" dos direitos fundamentais: enquanto direitos subjectivos, na medida da respectiva dimensão negativa, de protecção contra agressões ilegais, e como estruturas objectivas da comunidade, enquanto conjunto de valores e princípios conformadores de toda a ordem jurídica, que estabelecem deveres de actuação e tarefas de concretização a cargo dos poderes públicos. O direito ao ambiente e respectiva "dupla natureza"

– A "prova dos noves" da qualificação do direito ao ambiente como direito fundamental. Refutação das principais objecções que têm sido levantadas quanto à natureza de direito subjectivo do direito ao ambiente

– A pretensa dualidade de regimes jurídicos dos direitos fundamentais na nossa ordem jurídica (direitos, liberdades e garantias *vs*. direitos económicos, sociais e culturais) e a "falsa questão" da analogia como expediente prático destinado a resolver as "aporias" classificatórias e alargar o âmbito de aplicação do regime dos direitos, liberdades e garantias

– O direito ao ambiente como direito fundamental, gozando simultaneamente da natureza de direito subjectivo e de estrutura objectiva da comunidade, ao qual é de aplicar o regime jurídico dos direitos, liberdades e garantias, na medida da sua dimensão negativa, e o regime dos direitos económicos, sociais e culturais, na medida da sua dimensão positiva

2.2 – O alargamento dos direitos subjectivos públicos e as relações jurídicas de ambiente

– A consagração do direito fundamental ao ambiente como fundamento para a existência de relações jurídicas administrativas de ambiente

Programa e Conteúdos da Disciplina de Direito do Ambiente

– A noção ampla de direito subjectivo público no domínio ambiental e a multilateralidade das relações jurídicas ambientais

IDENTIFICAÇÃO DOS CONTEÚDOS NA "TRILOGIA (PEDAGÓGICA) VERDE"

A) Vasco Pereira da Silva, «Verde Cor de Direito, Lições de Direito do Ambiente», páginas 108 e seguintes.

B) Vasco Pereira da Silva / José Cunhal Sendim / João Miranda, «O Meu Caderno Verde. Trabalhos Práticos de Direito do Ambiente», páginas 29 e 30 (Capítulo II – «Questões de Estudo»)

C) Vasco Pereira da Silva / João Miranda, «Verde Código. Legislação de Direito do Ambiente», páginas 11 e seguintes (I – «Leis "Constitutivas" de Direito do Ambiente»: A – Constituição da República Portuguesa)

SUGESTÕES COMPLEMENTARES DE LEITURA

Vieira de Andrade
– «Os Direitos Fundamentais na Constituição Portuguesa de 1976», 2ª edição, Almedina, Coimbra. 2001.
Rémi Cabrillac / M.-A. Frison-Roche / Thierry Revet
– «Libertés et Droits Fondamentaux», 8.ª edição, Dalloz, Paris, 2002.
Gomes Canotilho
– «Relações Jurídicas Poligonais, Ponderação Ecológica de Bens e Controlo Judicial Preventivo», in Revista Jurídica do Urbanismo e do Ambiente, n.º 1, páginas 55 e seguintes.
– «Direito Constitucional e Teoria da Constituição», 6.ª edição, Almedina, Coimbra, 2002 (vide páginas 377 a 521 e 1239 a 1284).
– «Estudos sobre Direitos Fundamentais», Coimbra Editora, Coimbra, 2004.
– «O Direito ao Ambiente como Direito Subjectivo», in «A Tutela Jurídica do Meio Ambiente: Presente e Futuro», Boletim da Faculdade de Direito da Universidade de Coimbra, Coimbra Editora, Coimbra, 2005, páginas 47 e seguintes.
Volker Epping
– «Grundrechte», 2.ª edição, Springer, Berlin / Heidelberg, 2004.

HELMUT GOERLICH
- «Grundrechte als Verfahrensgarantien», 1ª edição, Nomos, 1981.

KONRAD HESSE
- «Grundzuege des Verfassungsrechts der Bundesrepublik Deutschland», 20.ª edição, C. F. Mueller, Heidelberg, 1995 (páginas 125 e seguintes).

EVA JORDÁ CAPITÁN
- «El Derecho a un Medio Ambiente Adecuado», Arazandi, Navarra, 2001.

HARTMUT MAURER
- «Staatsrecht I – Grundlagen – Verfassungsorgane –Staatsfunktion», 4.ª edição, Beck, Muenchen, 2005 (vide páginas 261 e seguintes).

JORGE MIRANDA
- «A Constituição e o Direito do Ambiente», in «Direito do Ambiente», Instituto Nacional de Administração, Lisboa, 1994, páginas 353 e seguintes.
- «Manual de Direito Constitucional – Direitos Fundamentais», tomo IV, 3ª edição, Coimbra Editora, Coimbra, 2000.
- «Anotação (ao artigo 66.° da Constituição)», in JORGE MIRANDA / / RUI MEDEIROS, «Constituição da República Portuguesa Anotada», tomo I (Introdução Geral – Preâmbulo – Artigos 1.° a 79.°), Coimbra Editora, Coimbra, páginas 680 e seguintes.

GERARDO RUIZ-RICO RUIZ
- «El Derecho Constitucional al Medio Ambiente», Tirant lo Blanch, Valencia, 2000.

VASCO PEREIRA DA SILVA
- «Em Busca do Acto Administrativo Perdido», Almedina, Coimbra, 1996 (vide páginas 212 a 273).

JUAN JOSÉ SOLAZABÁL ECHAVARRÍA
- «El Derecho al Medio Ambiente como Derecho Publico Subjectivo», in «A Tutela Jurídica do Meio Ambiente: Presente e Futuro», Boletim da Faculdade de Direito da Universidade de Coimbra, Coimbra Editora, Coimbra, 2005, páginas 31 e seguintes.

Programa e Conteúdos da Disciplina de Direito do Ambiente 133

7.ª LIÇÃO

SUMÁRIO:

II – DA CONSTITUIÇÃO VERDE PARA AS RELAÇÕES JURÍDICAS MUL-
TILATERAIS DE AMBIENTE
   3 – As relações jurídicas multilaterais de Direito do Ambiente
      3.1 – A multilateralidade das relações administrativas de ambiente
      3.2 – Os sujeitos das relações administrativas ambientais

EXPLICITAÇÃO SUMÁRIA DOS CONTEÚDOS "VERDES" A LECCIONAR

II – DA CONSTITUIÇÃO VERDE PARA AS RELAÇÕES JURÍDICAS
MULTILATERAIS DE AMBIENTE

3 – As relações jurídicas multilaterais de Direito do Ambiente

3.1 – A multilateralidade das relações administrativas de ambiente

– Caracterização da maior parte das relações administrativas de
ambiente como possuindo natureza multilateral, por apresentarem
várias partes e por a Administração e os particulares se envolverem
numa rede de ligações jurídicas, de que resultam direitos e deveres
recíprocos
– O problema da denominação: relação jurídica poligonal, multipolar
ou multilateral? Preferência pela denominação de relação jurídica
multilateral, por ser mais adequada à "rede" de vínculos jurídicos
que se estabelecem entre os sujeitos das relações ambientais
– A relação jurídica multilateral como categoria de "Teoria Geral do
Direito", susceptível de ser aplicada tanto no domínio das relações
públicas como privadas de ambiente

3.2 – Os sujeitos das relações administrativas ambientais

– A tripla dimensão da qualidade de sujeito das relações jurídicas
ambientais: substantiva, procedimental e processual

– Os sujeitos privados: a) titulares de direitos subjectivos (ou de direitos subjectivos, de interesses legítimos e de interesses difusos, de acordo com a concepção tradicional, entre nós); b) as pessoas colectivas privadas (em especial, as Organizações não Governamentais de Defesa do Ambiente – ONGA's – Lei n.º 35 / 98, de 18 de Julho); c) os cidadãos e as associações e fundações destinadas à defesa do ambiente no exercício do direito de participação e acção popular (artigo 52.º, n.º 3, da Constituição, Lei n.º 83/ 95, de 31 de Agosto, artigo 9.º do Código de Processo nos Tribunais Administrativos)
– Os sujeitos públicos: pessoas colectivas e órgãos administrativos (artigo 2.º do Código de Procedimento Administrativo, artigo 10.º do Código de Processo nos Tribunais Administrativos)
– A consideração dos órgãos como "sujeitos funcionais" de relações jurídicas como especificidade do Direito Público, decorrente das modernas exigências do princípio da legalidade (que obrigam ao abandono da ideia de "impermeabilidade da pessoa colectiva", admitindo relações inter – e intra-orgânicas, ao mesmo tempo que afastam a admissibilidade de "relações especiais de poder")
– A organização administrativa do ambiente em Portugal. Modalidades de Administração Pública de Ambiente: Administração Estadual, Administração Indirecta, Administração Autónoma, Administração "Pública sob Forma Privada"

IDENTIFICAÇÃO DOS CONTEÚDOS NA "TRILOGIA (PEDAGÓGICA) VERDE"

A) Vasco Pereira da Silva, «Verde Cor de Direito, Lições de Direito do Ambiente», páginas 106 a 120.

B) Vasco Pereira da Silva / José Cunhal Sendim / João Miranda, «O Meu Caderno Verde. Trabalhos Práticos de Direito do Ambiente», páginas 29 e 30 (Capítulo II – «Questões de Estudo»).

C) Vasco Pereira da Silva / João Miranda, «Verde Código. Legislação de Direito do Ambiente», páginas 11 e seguintes (I – «Leis "Constitutivas" de Direito do Ambiente»: A – Constituição da República Portuguesa), páginas 287 a 373 (II – «Relações Jurídicas Multilaterais de Ambiente», B) Sujeitos, 2. «Lei Orgânica do Ministério das Cidades,

Ordenamento do Território e Ambiente», 3. «Lei Orgânica do Instituto do Ambiente», 4. «Lei das Organizações não Governamentais de Ambiente», 5. «Lei de Participação Procedimental e de Acção Popular»).

COMPLEMENTOS LEGISLATIVOS (a utilizar pelos estudantes e a incluir em futuras edições de actualização do "Verde Código"):
– «Lei Orgânica do XVII Governo Constitucional» (Decreto-Lei n.º 79/ 2005, de 15 de Abril)
– «Código de Procedimento Administrativo» (D.L. n.º 442 / 91, de 15 de Novembro[109]), vide os artigos 2.º e 53.º.
– «Código de Processo nos Tribunais Administrativos», Lei n.º 15/ /2002, de 22 de Fevereiro (vide artigos 1.º a 11.º)

SUGESTÕES COMPLEMENTARES DE LEITURA

FREITAS DO AMARAL
– «Curso de Direito Administrativo», volume I, 2.ª edição, Almedina, Coimbra, 1994.
FREITAS DO AMARAL / JOÃO CAUPERS / JOÃO MARTINS CLARO / MARIA DA GLÓRIA GARCIA / JOÃO RAPOSO / PEDRO SIZA VIEIRA / VASCO PEREIRA DA SILVA
– «Código do Procedimento Administrativo – Anotado», 5ª edição, Almedina, Coimbra, 2005 (vide anotação ao artigo 53.º, páginas 111 e seguintes).
GOMES CANOTILHO
– «Relações Jurídicas Poligonais, Ponderação Ecológica de Bens e Controlo Judicial Preventivo», in Revista Jurídica do Urbanismo e do Ambiente, n.º 1, páginas 55 e seguintes.
JOÃO CAUPERS
– «Introdução ao Direito Administrativo», 8.ª edição, Âncora, Lisboa, 2005 (vide páginas 89 a 145).
MARIA JOÃO ESTORNINHO
– «A Fuga para o Direito Privado – Contributo para o Estudo da Actividade de Direito Privado da Administração Pública», Almedina, Coimbra, 1999.

---

[109] Com as alterações introduzidas pelo D.L. n.º 6/ 96, de 31 de Janeiro.

JOSÉ LEBRE DE FREITAS
- «A Acção Popular ao Serviço do Ambiente», in «Lusíada – Revista de Ciência e Cultura», Número especial (Actas do I Congresso Internacional de Direito do Ambiente da Universidade Lusíada – Porto), 1996, páginas 231 e seguintes.

ADA PELLEGRINI GRINOVER
- «A Acção Popular Portuguesa: uma Análise Comparativa», in «Lusíada – Revista de Ciência e Cultura», Número especial (Actas do I Congresso Internacional de Direito do Ambiente da Universidade Lusíada – Porto), 1996, páginas 245 e seguintes.

RUI MACHETE
- «Acção Procedimental e Acção Popular – Alguns dos Problemas Suscitados pela Lei n.° 83/95, de 31 de Agosto», páginas 263 e seguintes.

VASCO PEREIRA DA SILVA
- «Em Busca do Acto Administrativo Perdido», Almedina, Coimbra, 1996 (sobre os sujeitos públicos, vide páginas 90 a 96; sobre a relação jurídica administrativa, vide páginas 149 e seguintes, *mx.* 255 a 297).
- «Responsabilidade Administrativa em Matéria de Ambiente», Principia, Lisboa, 1997 (vide páginas 38 e seguintes).
- «O Contencioso Administrativo no Divã da Psicanálise. Ensaio sobre as Acções no Novo Processo Administrativo», Almedina, Coimbra, 2005 (vide páginas 233 a 265).

MIGUEL TEIXEIRA DE SOUSA
- «Legitimidade Processual e Acção Popular no Direito do Ambiente», in «Direito do Ambiente», edição do Instituto Nacional de Administração, Lisboa, 1994, páginas 409 e seguintes.
- «A Legitimidade Popular na Defesa de Interesses Difusos», Lex, Lisboa, 2003.

Programa e Conteúdos da Disciplina de Direito do Ambiente 137

8.ª LIÇÃO

SUMÁRIO:

III – AMBIENTE DE PROCEDIMENTO. PROCEDIMENTO DE AMBIENTE
1 – Procedimento e participação ambientais
2 – A participação no procedimento legislativo de ambiente

EXPLICITAÇÃO SUMÁRIA DOS CONTEÚDOS "VERDES" A LECCIONAR

III – AMBIENTE DE PROCEDIMENTO. PROCEDIMENTO DE AMBIENTE

1 – Procedimento e participação ambientais

- O procedimento como fonte de "legitimação" (LUHMANN) autónoma das decisões públicas, nos modernos Estados de Direito, ao lado da legitimação democrática, resultante dos fenómenos eleitorais, e da legitimação material, decorrente da legalidade e do mérito das decisões
- O procedimento como instrumento de participação dos cidadãos na vida pública, que complementa a representação política
- O procedimento como fenómeno inerente à "organização" dos poderes públicos numa democracia e num Estado de Direito
- Procedimento e funções estaduais. O procedimento como "forma da função" (GIANNINI)
- Os procedimentos legislativos, administrativos e judiciais (ou processos). Multiplicidade e diversidade dos procedimentos públicos, não apenas em razão da diferenciação de funções estaduais, mas também no interior de cada uma delas
- O procedimento público como realidade multifuncional, que apresenta simultaneamente uma dimensão objectiva – com as suas funções legitimadoras, organizatórias, participativas – e uma vertente subjectiva, enquanto instrumento de tutela antecipada e preventiva dos direitos dos particulares

– A ligação necessária entre Ambiente e Procedimento: "ambiente de procedimento" e "procedimento(s) de ambiente" [artigos 9.º, n.º 1, alíneas c) e e), e 66.º, n.º 2 da Constituição]

2 – A participação no procedimento legislativo de ambiente

– A diferenciação dos procedimentos legislativos em razão da competência dos órgãos e da forma dos actos
– Procedimentos legislativos da Assembleia da República, do Governo e das Assembleias Legislativas Regionais, e respectivas (distintas) modalidades de participação
– A menor importância relativa da participação nos procedimentos legislativos do que nos administrativos ou nos judiciais, em razão da legitimidade democrática dos órgãos legislativos e da natureza da função em causa. A participação no procedimento como legitimação complementar – e não sucedânea – da legitimação democrática (representativa)
– A participação institucional no procedimento legislativo. As Organizações Não Governamentais de Defesa do Ambiente (ONGA's) de âmbito nacional, regional e local
– A iniciativa legislativa de grupos de cidadãos eleitores em matéria de ambiente (artigo 167.º da Constituição, Lei n.º 17/ 2003, de 4 de Junho). As dificuldades de exercício do direito de iniciativa legislativa, em virtude do número manifestamente desproporcionado de subscritores legalmente exigido para apresentação de um projecto de lei à Assembleia da República (35 000 cidadãos eleitores, segundo o artigo 6.º, n.º 1, da Lei n.º 17/ 2003, de 4 de Junho) e o problema da sua compatibilidade com a previsão constitucional
– O direito de petição, de representação, de reclamação, de queixa, para a tutela objectiva ou para a protecção subjectiva do ambiente (artigo 52.º da Constituição, Lei n.º 15/ 2003, de 4 de Junho)

IDENTIFICAÇÃO DOS CONTEÚDOS NA "TRILOGIA (PEDAGÓGICA) VERDE"

A) Vasco Pereira da Silva, «Verde Cor de Direito, Lições de Direito do Ambiente», páginas 123 a 130.

B) Vasco Pereira da Silva / José Cunhal Sendim / João Miranda, «O Meu Caderno Verde. Trabalhos Práticos de Direito do Ambiente», páginas 30 e 31 (Capítulo II – «Questões de Estudo»).

C) Vasco Pereira da Silva / João Miranda, «Verde Código. Legislação de Direito do Ambiente», páginas 11 e seguintes (I – «Leis "Constitutivas" de Direito do Ambiente»: A – Constituição da República Portuguesa), páginas 351 e seguintes (II – «Relações Jurídicas Multilaterais de Ambiente», B – «Sujeitos»: 4. Lei das Organizações Não Governamentais de Ambiente), páginas 425 e seguintes (III – «Ambiente de Procedimento. Procedimento de Ambiente»: 3. Regime Jurídico do Exercício do Direito de Petição, 4. Lei da Iniciativa legislativa dos Cidadãos)

SUGESTÕES COMPLEMENTARES DE LEITURA

Robert Aléxy
  – «Teoria da Argumentação Jurídica – A Teoria do Discurso Racional como Teoria da Justificação Jurídica» (tradução), Landy, São Paulo, 2001 (vide páginas 301 e seguintes).

Gomes Canotilho
  – «Direito Constitucional e Teoria da Constituição», 6.ª edição, Almedina, Coimbra, 2002 (vide páginas 709 e seguintes).

Massimo Severo Giannini
  – «Diritto Amministrativo», volume II, 3" edição, Giuffrè, Milano, 1993 (vide páginas 91 e seguintes).

Peter Haebberle
  – «Verfassung als Oeffentlicher Prozess – Materialen zu einer Verfassungstheorie der offenen Gesellschaft», Duncker & Humblot, Berlin, 1978.

Niklas Luhmann
  – «Legitimação pelo Procedimento» (tradução), editora Universidade de Brasília, Brasília, 1980.

Jorge Miranda
  – «Manual de Direito Constitucional – Actividade Constitucional do Estado», tomo V, 3ª edição, Coimbra Editora, Coimbra, 2004 (vide páginas 123 e seguintes).
  – «Anotação (ao artigo 66.º da Constituição)», in Jorge Miranda / / Rui Medeiros, «Constituição da República Portuguesa Anotada»,

tomo I (Introdução Geral – Preâmbulo – Artigos 1.º a 79.º), Coimbra Editora, Coimbra, páginas 493 e seguintes.

ALDO SANDULLI

– «Il Procedimento», in SABINO CASSESE, «Trattato di Diritto Amministrativo – Diritto Amministrativo Generale», tomo II, Giuffrè, Milano, 2000, páginas 927 e seguintes.

VASCO PEREIRA DA SILVA

– «Em Busca do Acto Administrativo Perdido», Almedina, Coimbra, 1996 (páginas 301 e seguintes).

MARCELO REBELO DE SOUSA

– «Discussão Pública, Concertação com os Agentes Políticos e Audição dos Agentes Económicos e Sociais», in «A Feitura das Leis», volume II, Instituto Nacional de Administração, 1986, páginas 241 e seguintes.

9.ª LIÇÃO

SUMÁRIO:

III – AMBIENTE DE PROCEDIMENTO. PROCEDIMENTO DE AMBIENTE
3 – A participação no procedimento administrativo para defesa do ambiente
   3.1 – Os direitos de participação nos procedimentos administrativos ambientais de massa e nos de reduzido número de afectados
   3.2 – Em especial, o direito de audiência

EXPLICITAÇÃO SUMÁRIA DOS CONTEÚDOS "VERDES" A LECCIONAR

III – AMBIENTE DE PROCEDIMENTO. PROCEDIMENTO DE AMBIENTE

3 – A participação no procedimento administrativo para defesa do ambiente

– A Constituição portuguesa e a consagração de um modelo procedimental de "organização" e de actuação administrativa, assim como de direitos fundamentais em matéria de procedimento (artigos 266.º e seguintes da Constituição)
– A natureza multifuncional dos procedimentos administrativos. Funções de natureza objectiva do procedimento: a) legitimação da actividade administrativa, decorrente da participação dos interessados e da manifestação e da ponderação de interesses contrapostos; b) criação de racionalidade, tanto ao nível do procedimento decisório, como das próprias escolhas que decorrem do uso desses meios procedimentais; c) manifestação e composição de interesses diferenciados (e, frequentemente, mesmo contrapostos) tanto públicos como privados
– Funções de natureza subjectiva do procedimento: protecção jurídica antecipatória e preventiva dos direitos subjectivos (em sentido amplo) dos particulares
– Os direitos fundamentais em matéria de procedimento (v.g. de participação e de audiência, de informação, de acesso aos arquivos

e registos administrativos, de notificação, de fundamentação das decisões lesivas – vide os artigos 267.º e 268.º da Constituição) e a dimensão procedimental de todos os direitos fundamentais
– Os direitos fundamentais como garantias de procedimento (GOERLICH)
– A dupla dimensão (objectiva e subjectiva) dos procedimentos administrativos em matéria de ambiente

3.1 – Os direitos de participação nos procedimentos administrativos ambientais de massa e nos de reduzido número de afectados

– A moderna Administração Infra-estrutural e a multilateralidade da maior parte das actuações administrativas ambientais dos nossos dias, com o consequente esbatimento das fronteiras entre formas de actuação genéricas e individuais
– A distinção dos procedimentos não em razão das formas de actuação, mas em função dos sujeitos intervenientes: os procedimentos de massa e os que apenas dizem respeito a um reduzido número de privados. As diferenças entre ambos, nomeadamente do ponto de vista das respectivas organização e função, assim como de regime jurídico
– Os procedimentos de massa e sua função predominantemente objectiva
– A abertura à participação nos procedimentos de massa de privados que não actuam para a defesa de interesses próprios. A acção popular
– Os procedimentos envolvendo um reduzido número de intervenientes e sua função predominantemente subjectiva
– A participação nos procedimentos envolvendo um reduzido número de intervenientes limitada aos titulares de direitos subjectivos (em sentido amplo ou, de acordo com a orientação tradicional, aos titulares de direitos subjectivos, de interesses legítimos ou de interesses difusos)
– A regulação internacional do direito de participação procedimental em matéria de ambiente: a Convenção de Aahrus (Convenção sobre Acesso à Informação, Participação do Público no Processo de Tomada de Decisão e Acesso à Justiça em Matéria de Ambiente)

Programa e Conteúdos da Disciplina de Direito do Ambiente   143

– O regime jurídico dos procedimentos de massa em matéria ambiental constante da Lei da Acção Popular (Lei n.º 83/ 95, de 31 de Agosto)
– O regime jurídico dos procedimentos envolvendo um reduzido número de intervenientes constante do Código de Procedimento Administrativo
– A compatibilidade dos regimes jurídicos, internacional e nacional, relativos à participação ambiental. O problema da efectividade das normas

3.2 – Em especial, o direito de audiência

– Os direitos de participação e de audiência como exigências de organização e de funcionamento de uma Administração de um Estado de Direito e como direitos fundamentais (artigo 267.º, n.º 5, da Constituição)
– A consagração do direito de audiência prévia dos interessados no procedimento como uma «pequena grande revolução» da Administração pública portuguesa (FREITAS DO AMARAL). O novo modelo de "procedimento quadrifásico" (FREITAS DO AMARAL) e sua aplicação no domínio do ambiente
– O vício de procedimento decorrente da falta de audiência dos interessados e a ilegalidade das actuações administrativas que dele enfermam. A discussão acerca da forma de invalidade (nulidade ou anulabilidade) resultante da preterição do dever de audiência dos interessados no procedimento e respectivos argumentos. Adopção da posição da nulidade, em virtude de violação do conteúdo essencial do direito fundamental de audiência dos interessados (artigo 133.º, n.º 2, alínea d), do Código de Procedimento Administrativo)
– A necessidade de passar do plano da simples exigência formal de realização da audiência dos interessados – tal como já existe hoje – para admitir também a dimensão material da necessidade de consideração e de ponderação de todos os interesses relevantes trazidos ao procedimento
– A ilegalidade material das formas de actuação administrativa em que não tenha havido a consideração e a ponderação de todos os interesses relevantes trazidos a procedimento, por violação do

144   *Ensinar Verde a Direito*

princípio constitucional do «respeito pelos direitos e interesses legalmente protegidos dos particulares» (artigo 266.°, n.° 1 da Constituição)

IDENTIFICAÇÃO DOS CONTEÚDOS NA "TRILOGIA (PEDAGÓGICA) VERDE"

A) Vasco Pereira da Silva, «Verde Cor de Direito, Lições de Direito do Ambiente», páginas 131 a 152.

B) Vasco Pereira da Silva / José Cunhal Sendim / João Miranda, «O Meu Caderno Verde. Trabalhos Práticos de Direito do Ambiente», páginas 30 e 31 (Capítulo II – "Questões de Estudo").

C) Vasco Pereira da Silva / João Miranda, «Verde Código. Legislação de Direito do Ambiente», páginas 363 a 373 (II – «Relações Jurídicas Multilaterais de Ambiente», B – «Sujeitos»: 5. Lei de Participação Procedimental e de Acção Popular), 377 a 407 e 455 a 458 (III – «Ambiente de Procedimento. Procedimento de Ambiente», A – «Procedimento e Participação Ambiental»: 1. Convenção de Aahrus, 6. Código do Procedimento Administrativo).

SUGESTÕES COMPLEMENTARES DE LEITURA

Freitas do Amaral
- «O Novo Código de Procedimento Administrativo», in «O Código de Procedimento Administrativo» (Seminário realizado na Fundação Calouste Gulbenkian, de 18 a 19 de Março de 1992), Centro de Estudos – Instituto Nacional de Administração, 1992, páginas 21 e seguintes.
- «Fases do Procedimento Decisório do 1.° Grau», in «Direito e Justiça», volume VI, 1992, páginas 25 e seguintes.
- «Curso de Direito Administrativo», volume II, Almedina, Coimbra, 2001 (vide páginas 288 e seguintes).

Monika Boehm
- «Moeglichkeiten und Grenzen einer Prozeduralisierung des Umweltrechts», in Rossnagel / Neuser (coord.), «Reformperspektiven im Umweltrecht», Nomos, Baden – Baden, 1996, páginas 193 e seguintes.

Programa e Conteúdos da Disciplina de Direito do Ambiente 145

RAQUEL CARVALHO
- «O Direito à Informação Administrativa Procedimental», Publicações Universidade Católica, Porto, 1999.

JOÃO CAUPERS
- «Introdução ao Direito Administrativo», 8.ª edição, Âncora, Lisboa, 2005 (vide páginas 149 e seguintes).

GOMES CANOTILHO
- «Constituição e Défice Procedimental», in «Estado e Direito», volume I, n.º 2, 2.º Semestre, 1988, páginas 33 e seguintes.

SÉRVULO CORREIA
- «O Direito à Informação e os Direitos de Participação dos Particulares no Procedimento e, em Especial, na Formação da Decisão Administrativa» (Intervenção proferida no «Colóquio Luso-Espanhol Sobre a Codificação do Procedimento Administrativo», que teve lugar em Madrid, nos dias 3, 4 e 5 de Maio de 1994), texto policopiado, páginas 34 e seguintes.

JOSÉ EDUARDO FIGUEIREDO DIAS
- «Direito Constitucional e Administrativo do Ambiente», Cadernos CEDOUA – Almedina, Coimbra, 2001 (vide páginas 45 e seguintes).

HELMUT GOERLICH
- «Grundrechte als Verfahrensgarantien», 1ª edição, Nomos, 1981.

EVELYN HAGENAH
- «Prozeduraler Umweltschutz – Zur Leistungsfaehigkeit eines rechtlichen Regelungsinstruments», Nomos, Baden-Baden, 1995.

PEDRO MACHETE
- «A Audiência dos Interessados no Procedimento Administrativo», Universidade Católica Editora, Lisboa, 1995.
- «O Procedimento Administrativo e a Tutela de Interesses Ambientais», in «Anuário de Direito do Ambiente», Ambiforum, Lisboa, 1995, páginas 9 e seguintes.

ALDO SANDULLI
- «Il Procedimento», in SABINO CASSESE, «Trattato di Diritto Amministrativo – Diritto Amministrativo Generale», tomo II, Giuffrè, Milano, 2000, páginas 927 e seguintes.

VASCO PEREIRA DA SILVA
- «Em Busca do Acto Administrativo Perdido», Almedina, Coimbra, 1996 (páginas 301 e seguintes, *mx*. páginas 400 e seguintes).

- «The Aahrus Convention: A "Bridge" to a Better Environment», in «Site da Comissão Europeia» (http: / europa.eu.int / comm / environment / greenweek / docs / presentations / session6.pdf), também publicado in «Revista Jurídica do Urbanismo e do Ambiente», nos. 18 / 19, Dezembro 2002 / Junho 2003, páginas 133 e seguintes.

STEPHEN STEC
- «Handbook on Access to Justice under the Aarhus Convention» (coorden.), edição do «The Regional Environmental Center for Central and Eastern Europe» Szentendre (Hungary), 2003.

THOMAS WILRICH
- «Verbandsbeteiligung im Umweltrecht – Wahrnehmung von Umweltinteressen durch Verbaende in Rechtssetzungs-, Planungs-, und Verwaltungsverfahren», Nomos, Baden-Baden, 2002.

RAINER WOLF
- «Der oekologische Rechtsstaat als prozedurales Problem», in ROSSNAGEL / NEUSER (coord.), «Reformperspektiven im Umweltrecht», Nomos, Baden-Baden, 1996, páginas 57 e seguintes.

Programa e Conteúdos da Disciplina de Direito do Ambiente 147

10.ª LIÇÃO

SUMÁRIO:

III – AMBIENTE DE PROCEDIMENTO. PROCEDIMENTO DE AMBIENTE
4 – O procedimento administrativo de avaliação do impacto ambiental

EXPLICITAÇÃO SUMÁRIA DOS CONTEÚDOS "VERDES" A LECCIONAR

III – AMBIENTE DE PROCEDIMENTO. PROCEDIMENTO DE AMBIENTE

4 – O procedimento administrativo de avaliação do impacto ambiental

– A avaliação de impacto ambiental como procedimento administrativo específico de Direito do Ambiente
– A dupla dimensão da avaliação de impacto ambiental:

a) como procedimento administrativo autónomo destinado a verificar as consequências ecológicas de um determinado projecto, procedendo à ponderação das respectivas vantagens e inconvenientes, e podendo mesmo conduzir ao seu imediato afastamento;

b) como "momento" autónomo, "enxertado" num procedimento administrativo mais complexo, de modo a fazer com que as autoridades administrativas tomem em consideração a avaliação ecológica efectuada, em posteriores procedimentos (v.g. licenciamento da actividade em questão)

– A avaliação de impacto ambiental como instrumento privilegiado de realização dos princípios fundamentais de ambiente (desde logo, do princípio da prevenção, mas também dos princípios do desenvolvimento sustentável e do aproveitamento racional dos recursos disponíveis)
– O problema do âmbito de aplicação da avaliação de impacto ambiental. As insuficiências da legislação vigente (D.L. n.º 69/ 2000, de

3 de Maio[110]) e a necessidade de interpretar as disposições legislativas à luz da Constituição – nomeadamente do princípio fundamental da prevenção (e demais princípios fundamentais ambientais) –, assim como à luz do Direito Europeu
– O resultado da interpretação ("contextual" e "globalizada") das regras relativas ao âmbito de aplicação da avaliação de impacto ambiental (AIA):

  a) a "cláusula geral" de submissão a AIA de todos os projectos, públicos e privados que, em razão das suas características, da sua natureza ou da sua dimensão, sejam susceptíveis de produzir efeitos negativos significativos no ambiente;
  b) a enumeração exemplificativa de projectos submetidos a AIA constante dos anexos I e II;
  c) a possibilidade de alargamento casuístico da aplicabilidade da AIA mediante decisão conjunta dos ministros X e Y;
  d) o regime especial dos procedimentos de avaliação de impacto ambiental de projectos destinados à Defesa Nacional

– A dispensa, total ou parcial, do procedimento de AIA (artigo 3.º do D.L. n.º 69/ 2000, de 3 de Maio). Os problemas do sentido da expressão "dispensas parciais" e da grande amplitude das "margens de apreciação" e "de decisão" da Administração em matéria de dispensas. Apreciação crítica do actual regime nesta matéria
– Os sujeitos intervenientes no procedimento de AIA: entidade licenciadora, Ministro do Ambiente, "autoridade de AIA", Instituto do Ambiente, comissão de avaliação, serviços de coordenação e de apoio técnico (do Instituto do Ambiente)

---

[110] De acordo com as alterações introduzidas pelos D.L. n.º 74/2001, de 26 de Fevereiro; D.L. n.º 69/2003, de 10 de Abril; Lei n.º 12/2004, de 30 de Março; D.L. 12/2004, de 30 de Março; e o D.L. n.º 197/2005, de 8 de Novembro.

IDENTIFICAÇÃO DOS CONTEÚDOS NA "TRILOGIA (PEDAGÓGICA) VERDE"

A) VASCO PEREIRA DA SILVA, «Verde Cor de Direito, Lições de Direito do Ambiente», páginas 153 a 159.

B) VASCO PEREIRA DA SILVA / JOSÉ CUNHAL SENDIM / JOÃO MIRANDA, «O Meu Caderno Verde. Trabalhos Práticos de Direito do Ambiente», páginas 31 e 32 (Capítulo II – "Questões de Estudo"), pp. 125 a 223 (Capítulo VI – «Exemplos de Formas de Actuação Jurídica Ambiental», A – «Avaliação de Impacto Ambiental»), pp. 363 a 508 e 543 a 563 (Capítulo VII – «Jurisprudência Ambiental»).

C) VASCO PEREIRA DA SILVA / JOÃO MIRANDA, «Verde Código. Legislação de Direito do Ambiente», páginas 477 e seguintes (III – «Ambiente de Procedimento. Procedimento de Ambiente», B – «O Procedimento Administrativo de Avaliação de Impacto Ambiental», 2. «Lei de Avaliação de Impacto Ambiental»). Vide também o novo regime jurídico (a incluir em futuras edições de actualização do "Verde Código"), constante do D.L. n.° 197/2005, de 8 de Novembro, que altera o D.L. n.° 69/2000, de 3 de Maio

SUGESTÕES COMPLEMENTARES DE LEITURA

COLAÇO ANTUNES
- «O Procedimento Administrativo de Avaliação de Impacto Ambiental», Almedina, Coimbra, 1998.

LUDWIG KRAEMER
- «EC Envronmental Law», 5.ª edição, Thomson / Maxwell & Smith, London, 2003 (vide páginas 151 a 172).

MICHEL PRIEUR
- «Droit de L' Environnement», 5.ª edição, Dalloz, Paris, 2004 (vide páginas 71 a 101).

TOMÁS QUINTANA LÓPEZ
- «Comentario a la Legislación de Evaluación de Impacto Ambiental» (coorden.), Civitas, Madrid, 2002.

JOSÉ ANTONIO RAZQUIN LIZARRAGA
- «La Evaluación de Impacto Ambiental», Arazandi, Navarra, 2000.

– «La Evaluación de Impacto Ambiental: Estrategias y Perspectivas de Futuro», in «Actas del V Congreso Nacional de Derecho Ambiental», in «Revista Arazandi de Derecho Ambiental (Monografía)», n.º 5, Navarra, 2004, páginas 101 e seguintes.

LUÍS FERNANDO REY HUIDOBRO

– «La Evaluación de Impacto Ambiental: Aspectos Penales», in «Actas del V Congreso Nacional de Derecho Ambiental», in «Revista Arazandi de Derecho Ambiental (Monografía)», n.º 5, Navarra, 2004.

MÁRIO DE MELO ROCHA

– «A Avaliação de Impacto Ambiental como Princípio do Direito do Ambiente nos Quadros Internacional e Europeu», Publicações Universidade Católica, Porto, 2000.

– «O Princípio da Avaliação de Impacto Ambiental», in «Estudos de Direito do Ambiente», Publicações Universidade Católica, Porto, 2003, páginas 135 e seguintes.

SPARWASSER / ENGEL / VOSSKUHLE

– «Umweltrecht – Grundzuege des oeffentlichen Umweltschutzrechts», Mueller, Heidelberg, 2003 (vide páginas 162 a 171).

Programa e Conteúdos da Disciplina de Direito do Ambiente 151

11.ª LIÇÃO

SUMÁRIO:

III – AMBIENTE DE PROCEDIMENTO. PROCEDIMENTO DE AMBIENTE
4 – O procedimento administrativo de avaliação do impacto ambiental (continuação)

EXPLICITAÇÃO SUMÁRIA DOS CONTEÚDOS "VERDES" A LECCIONAR

III – AMBIENTE DE PROCEDIMENTO. PROCEDIMENTO DE AMBIENTE

4 – O procedimento administrativo de avaliação do impacto ambiental (continuação)

– A marcha do procedimento de avaliação do impacto ambiental:

a) iniciativa do proponente, que implica, nomeadamente, a apresentação de um estudo de impacto ambiental (art. 12.º do D.L. n.º 69/ 2000, de 3 de Maio);

b) parecer preliminar da Comissão de Avaliação (art. 13.º do D.L. n.º 69/ 2000, de 3 de Maio);

c) discussão pública e participação dos interessados (art. 14.º e 15.º do D.L. n.º 69/ 2000, de 3 de Maio);

d) parecer final da Comissão de Avaliação (art. 16.º do D.L. n.º 69/ 2000, de 3 de Maio);

e) proposta de decisão de impacto ambiental da competência da "autoridade da AIA" (art. 16.º do D.L. n.º 69/ 2000, de 3 de Maio);

f) decisão de impacto ambiental da competência do Ministro do Ambiente (art. 17.º do D.L. n.º 69/ 2000, de 3 de Maio)

– As principais "disfunções" do procedimento de avaliação de impacto ambiental:

a) a excessiva complexidade, resultante da intervenção descoordenada de múltiplos órgãos administrativos, muitas vezes apenas para realizar tarefas meramente "burocráticas" sem qualquer relevância em termos ambientais;

b) a complexidade da "cadeia" decisória, repartida em três níveis: o da Comissão de Avaliação, o da Autoridade de AIA e o do Ministro do Ambiente. A consequente morosidade e "diluição da responsabilidade" dos órgãos competentes;

c) a tendência para a concentração administrativa, ao atribuir-se ao Ministro do Ambiente "a última palavra" em matéria de decisão de AIA, mas mantendo-se – simultânea e contraditoriamente – uma "autoridade (exígua) de AIA"

d) a demasiado ampla "margem de decisão" ou de discricionariedade, decorrente da ausência de estabelecimento pelo legislador de parâmetros decisórios, densificadores dos critérios de escolha das autoridades administrativas, não obstante a aplicabilidade das regras gerais da Constituição ou do Código do Procedimento Administrativo

– O problema de qualificação jurídica da decisão de impacto ambiental. A discussão em face do regime anterior: parecer obrigatório ou facultativo

– A situação actual: a decisão de impacto ambiental como acto administrativo (artigo 120.° CPA), que é pressuposto de um futuro acto licenciador, sendo estas duas formas de actuação condição uma da outra, no quadro de um procedimento administrativo complexo e faseado, onde vão sendo produzidos sucessivos actos administrativos autonomamente relevantes

– Os conteúdos da decisão de avaliação de impacto ambiental: favorável, condicionalmente favorável e desfavorável (art. 17.° do D.L. n.° 69/ 2000, de 3 de Maio). A nulidade das formas de actuação administrativa posteriores, desrespeitadoras de decisões de avaliação ambiental condicionalmente favoráveis ou desfavoráveis (art. 20.°, n.° 3, do D.L. n.° 69/ 2000, de 3 de Maio)

– O deferimento tácito da avaliação de impacto ambiental. Crítica da admissibilidade da figura do deferimento tácito quer enquanto figura geral, quer em relação à avaliação de impacto ambiental

– A ilogicidade da admissibilidade de deferimento tácito da avaliação de impacto ambiental, pois ela equivale a considerar, por um lado, que a apreciação da dimensão das consequências ambientais de uma qualquer decisão pública é tão importante que deve mesmo dar origem a um procedimento especial, mas, por outro lado – e simultaneamente – entender que, na prática, é absolutamente indiferente que essa avaliação tenha ou não lugar, pois, quando esta não vier a ocorrer, deve-se "fingir" que o seu conteúdo é favorável ao proponente

– A "ficção" do deferimento tácito não pode, contudo, significar a aprovação do pedido de licenciamento do projecto. Pelo que, não tendo havido uma decisão de avaliação do impacto ambiental da actividade proposta, tal juízo deve ser obrigatoriamente realizado em outro momento, seja através da licença ambiental, se esta vier a ter lugar, seja através do licenciamento ou autorização do projecto, sob pena de nulidade da decisão final, por violação dos princípios ambientais fundamentais

– Admissibilidade da acção administrativa geral, na modalidade de condenação na prática de acto administrativo devido, relativamente aos deferimentos tácitos de avaliação de impacto ambiental, pois configuram situações em que se verifica a omissão ilegal do dever de actuar da Administração no âmbito de uma relação jurídica multilateral. Pois, se o deferimento tácito corresponde à satisfação da pretensão do requerente (v.g. o dono de uma instalação fabril), ele constitui um acto desfavorável relativamente a outros sujeitos da relação jurídica multilateral (v.g. os vizinhos da instalação), pelo que o meio processual mais adequado para a protecção de tais interesses lesados é o pedido de condenação em acção especial

– A consagração de um regime de pós-procedimento de avaliação de impacto ambiental (arts. 27.º e seguintes do D.L. n.º 69/ 2000, de 3 de Maio)

– Natureza jurídica da avaliação de impacto ambiental como procedimento especial, destinado à consideração autónoma das consequências ambientais de um projecto, que se integra num procedimento faseado, mais vasto e complexo de licenciamento de uma determinada actividade

– Natureza jurídica da decisão de avaliação de impacto ambiental como acto administrativo, quer se adopte uma noção restritiva, pois se trata de um acto regulador, ou de definição do direito aplicável ao caso concreto, na sequência de um juízo de avaliação e de ponderação de interesses contrapostos, quer se adopte uma noção ampla (como entendo mais adequado), pois se trata de um acto produtor de feitos jurídicos numa situação individual e concreta (artigo 120.º do Código de Procedimento Administrativo). Acto administrativo de avaliação do impacto ambiental, que pode ainda ser qualificado como "decisão prévia", na medida em que condiciona decisões posteriores no âmbito de um procedimento faseado de decisão administrativa

IDENTIFICAÇÃO DOS CONTEÚDOS NA "TRILOGIA (PEDAGÓGICA) VERDE"

A) VASCO PEREIRA DA SILVA, «Verde Cor de Direito, Lições de Direito do Ambiente», páginas 159 a 169.

B) VASCO PEREIRA DA SILVA / JOSÉ CUNHAL SENDIM / JOÃO MIRANDA, «O Meu Caderno Verde. Trabalhos Práticos de Direito do Ambiente», páginas 31 e 32 (Capítulo II – "Questões de Estudo"), páginas 125 a 223 (Capítulo VI – «Exemplos de Formas de Actuação Jurídica Ambiental», A – «Avaliação de Impacto Ambiental»), páginas 363 a 508 e 543 a 563 (Capítulo VII – «Jurisprudência Ambiental»), páginas 639 e seguintes (Capítulo VIII – «Pareceres e Recomendações em Matéria de Ambiente», B – «Recomendações do Provedor de Justiça»).

C) VASCO PEREIRA DA SILVA / JOÃO MIRANDA, «Verde Código. Legislação de Direito do Ambiente», páginas 477 e seguintes (III – «Ambiente de Procedimento. Procedimento de Ambiente», B – «O Procedimento Administrativo de Avaliação de Impacto Ambiental», 2. «Lei de Avaliação de Impacto Ambiental»). Vide também o novo regime jurídico (a incluir em futuras edições de actualização do "Verde Código"), constante do D.L. n.º 197/2005, de 8 de Novembro, que altera o D.L. n.º 69/2000, de 3 de Maio.

SUGESTÕES COMPLEMENTARES DE LEITURA

COLAÇO ANTUNES
 – «O Procedimento Administrativo de Avaliação de Impacto Ambiental», Almedina, Coimbra, 1998.

MARIA ALEXANDRA ARAGÃO / J. E. FIGUEIREDO DIAS / M. ANA BARRADAS
 – «Presente e Futuro da AIA em Portugal: notas sobre uma "reforma

anunciada», in «CEDOUA – Revista do Centro de Estudos do Ordenamento, do Urbanismo e do Ambiente», n.° 2, 1998, páginas 89 e seguintes.

– «O Novo Regime da AIA: Avaliação de Possíveis Impactes Legislativos», in «CEDOUA – Revista do Centro de Estudos do Ordenamento, do Urbanismo e do Ambiente», n.° 1, 2000, páginas 71 e seguintes.

José Eduardo Figueiredo Dias
– «Direito Constitucional e Administrativo do Ambiente», Cadernos CEDOUA – Almedina, Coimbra, 2001, páginas 65 e seguintes.

Maria da Glória Ferreira Pinto Dias Garcia
– «Arguição da Dissertação de Doutoramento em Ciências Jurídico-Políticas do Mestre Luís Filipe Colaço Antunes», in «Revista da Faculdade de Direito da Universidade de Lisboa», volume XXXIX, n.° 2, páginas 839 e seguintes.

Pedro Portugal Gaspar
– «A Avaliação de Impacto Ambiental», in «Revista Jurídica do Urbanismo e do Ambiente», n.° 14, Dezembro 2000, páginas 83 e seguintes.

Carla Amado Gomes
– «Subsídios para um Quadro Principiológico dos Procedimentos de Avaliação e de Gestão Ambiental», Revista Jurídica do Urbanismo e do Ambiente», n.° 17, 2002, páginas 35 e seguintes (também publicado in Carla Amado Gomes, «Textos Dispersos de Direito do Ambiente», AAFDL, Lisboa, 2005, páginas 223 e seguintes).

Maria do Rosário Partidário / Júlio de Jesus
– «Fundamentos de Avaliação de Impacte Ambiental», Universidade Aberta, Lisboa, 2003.

Alfred Scheidler
– «Rechtsschutzdritter bei fehlerhafter oder Unterbliebener Umweltvertraeglichkeitspruefung», in «Neue Zeitschrift fuer Verwaltungsrecht», n.° 8, 2005, páginas 863 e seguintes.

Vasco Pereira da Silva
– «O Contencioso Administrativo no Divã da Psicanálise. Ensaio sobre as Acções no Novo Processo Administrativo», Almedina, Coimbra, 2005 (vide páginas 346 e seguintes, mx. 365 a 369).

156   *Ensinar Verde a Direito*

12.ª LIÇÃO

SUMÁRIO:

IV – VERDE AGIR: FORMAS DE ACTUAÇÃO ADMINISTRATIVA EM MATÉRIA AMBIENTAL
   1 – As formas de actuação administrativa no domínio ambiental. O caso da eco-etiqueta ou rótulo ecológico

EXPLICITAÇÃO SUMÁRIA DOS CONTEÚDOS "VERDES" A LECCIONAR

IV – VERDE AGIR: FORMAS DE ACTUAÇÃO ADMINISTRATIVA EM MATÉRIA AMBIENTAL

1 – As formas de actuação administrativa no domínio ambiental. O caso da eco-etiqueta ou rótulo ecológico

– Transformações do agir administrativo e suas consequências no domínio ambiental: a passagem da "farda única" do acto administrativo, para o moderno "pronto-a-vestir" das formas de actuação administrativa

– Diversidade, complexidade, alternatividade, combinatoriedade e orientação (não em razão do poder, mas da função administrativa) para a satisfação das necessidades colectivas, das formas de actuação administrativa em matéria de ambiente

– A eco-etiqueta ou rótulo ecológico como instrumento europeu de tutela do ambiente, através da promoção de «produtos susceptíveis de contribuir para a redução de impactos ambientais negativos, por comparação com outros produtos do mesmo grupo, contribuindo deste modo para a utilização eficiente dos recursos e para um elevado nível de protecção do meio-ambiente» (artigo 1.º, n.º 1, do Regulamento do Parlamento Europeu e do Conselho n.º 198 / 2000, de 17/ 7/ 2000)

– A eco-etiqueta ou rótulo ecológico como realidade jurídica combinatória de diferentes formas de actuação administrativa, dando origem a uma nova forma de agir ambiental: acto administrativo (v.g.

de atribuição da eco-etiqueta, da sua revogação em caso de incumprimento), contrato administrativo (que estipula cláusulas da relação duradoura criada entre os privados e as autoridades administrativas, nacionais e europeias), actuações administrativas informais e operações materiais (v.g. de promoção do rótulo ecológico, de sensibilização de consumidores, produtores, retalhistas, comerciantes)

– A eco-etiqueta ou rótulo ecológico como instrumento de mercado ao serviço da protecção do ambiente, que integra os denominados "instrumentos de política ambiental baseados no produto", destinados a fomentar a produção e o consumo de "produtos verdes" mediante mecanismos de mercado

IDENTIFICAÇÃO DOS CONTEÚDOS NA "TRILOGIA (PEDAGÓGICA) VERDE"

A) VASCO PEREIRA DA SILVA, «Verde Cor de Direito, Lições de Direito do Ambiente», páginas 173 a 178.

B) VASCO PEREIRA DA SILVA / JOSÉ CUNHAL SENDIM / JOÃO MIRANDA, «O Meu Caderno Verde. Trabalhos Práticos de Direito do Ambiente», páginas 32 e 33 (Capítulo II – «Questões de Estudo»), páginas 223 e seguintes (Capítulo VI – «Exemplos de Formas de Actuação Jurídica Ambiental», B – «Rótulo Ecológico»).

C) VASCO PEREIRA DA SILVA / JOÃO MIRANDA, «Verde Código. Legislação de Direito do Ambiente», páginas 519 a 539 (IV – «Verde Agir: Formas de Actuação Administrativa em Matéria Ambiental», A – «A eco-etiqueta ou rótulo ecológico», 1. «Regulamento Europeu relativo à Atribuição de Rótulo Ecológico»).

SUGESTÕES COMPLEMENTARES DE LEITURA

FREITAS DO AMARAL
– «Curso de Direito Administrativo», volume II, Almedina, Coimbra, 2001 (vide páginas 147 e seguintes).
JOSÉ EDUARDO FIGUEIREDO DIAS
– «Que Estratégia para o Direito Ambiental do Século XXI: o "Cacete" ou a "Cenoura"?», in «Boletim da Faculdade de Direito da

Universidade de Coimbra», vol. LXXVII (Separata), Coimbra, 2001, páginas 291 e seguintes.

RUY MOURA GUEDES
- «O Rótulo Ecológico», in «Revista de Direito do Ambiente e Ordenamento do Território», números 6 e 7, 2001, páginas 121 e seguintes.

R. HUERTA HUERTA / C. IZAR DE LA FUENTE
- «Tratado de Derecho Ambiental», tomo I, Bosch, Barcelona, 2000 (vide páginas 501 e seguintes)

LUDWIG KRAEMER
- «EC Envronmental Law», 5.ª edição, Thomson / Maxwell & Smith, London, 2003 (vide páginas 230 e seguintes).

BLANCA LOZANO CUTANDA
- «Derecho Ambiental Administrativo», 4ª edição, Dykinson, 2003 (vide páginas 355 e seguintes).

GERTRUDE LUEBBE-WOLFF
- «Instrumente des Umweltrechts – Leistungsfaehigkeiten und Leistungsgrenzen», in «Neue Zeitschrift fuer Verwaltungsrecht», n.º 5, 2001, páginas 481 e seguintes.

RAMÓN MARTÍN MATEO
- «Nuevos Instrumentos para la Tutela Ambiental», Trivium, Madrid, 1994.
- «Manual de Derecho Ambiental», 3.ª edição, Thomson / Arazandi, Navarra, 2003 (vide páginas 120 a 134)

JOSÉ ESTEVE PARDO
- «Técnica, Riesgo y Derecho – Tratamento del Riesgo Tecnológico en Derecho Ambiental», Ariel Derecho, Barcelona, 1999, páginas 131 e seguintes

IÑIGO SAINZ RUBIALES
- «Sobre la Naturaleza Juridica de la Etiqueta Ecológica», in SOSA WAGNER (coord.), «El Derecho A. en el O. del S. XXI -H. al P. D. D. R. M. M.», cit, tomo III, pp. 3501 e ss..

VASCO PEREIRA DA SILVA
- «Em Busca do Acto Administrativo Perdido», Almedina, Coimbra, 1998 (maxime páginas 43 a 71, 99 a 122, 135 a 145).

Programa e Conteúdos da Disciplina de Direito do Ambiente 159

13.ª LIÇÃO

SUMÁRIO:

IV – VERDE AGIR: FORMAS DE ACTUAÇÃO ADMINISTRATIVA EM MATÉRIA AMBIENTAL
2 – Planos e outros regulamentos ambientais. O caso dos planos de ordenamento do território

EXPLICITAÇÃO SUMÁRIA DOS CONTEÚDOS "VERDES" A LECCIONAR

IV – VERDE AGIR: FORMAS DE ACTUAÇÃO ADMINISTRATIVA EM MATÉRIA AMBIENTAL

2 – Planos e outros regulamentos ambientais. O caso dos planos de ordenamento do território

- A multilateralidade como fenómeno típico da moderna Administração infra-estrutural, que se manifesta: na proliferação das clássicas formas de actuação regulamentar, na generalização da actividade planificadora, assim como na multiplicação dos actos administrativos de eficácia múltipla
- Os planos e sua relevância ambiental. Os planos como normas "flexíveis", «finalisticamente programadas» (SCHMITT GLAESER), que permitem às autoridades administrativas uma ampla margem de escolha dos meios necessários para atingir os fins pré-determinados (no caso, de natureza ambiental)
- O problema da natureza jurídica dos planos. A ordem jurídica portuguesa e a noção ampla de regulamentos administrativos, determinados por exclusão de partes (artigos 120.º e 114.º do Código de Procedimento Administrativo)
- A qualificação jurídica dos planos como regulamentos administrativos no nosso ordenamento, uma vez que as suas disposições gozam quer de generalidade, quer de abstracção, quer de ambas as características

160　　*Ensinar Verde a Direito*

– Os planos urbanísticos e de ordenamento do território como modalidades de planificação ambiental. Impossibilidade e indesejabilidade da separação rigorosa entre os domínios do ambiente, do urbanismo e do ordenamento do território (vide a Lei de Bases do Ambiente e a Lei de Bases da Política de Ordenamento do Território e do Urbanismo)
– O Direito Europeu e a "integração conjugada" das políticas de ordenamento do território, de urbanismo e de ambiente. O mecanismo da avaliação de impacto ambiental estratégica
– O regime jurídico da Directiva sobre a Avaliação de Impacto Ambiental de Planos e de Programas (Directiva 2001 / 42 / CE do Parlamento Europeu e do Conselho, de 27 de Junho de 2001)
– Os três níveis da planificação na nossa ordem jurídica: central, regional e local. O "condomínio" de atribuições e de competências (ALVES CORREIA) entre entidades e órgãos do Estado, das regiões autónomas e dos municípios
– A "hierarquia em razão do território" implícita na tripartição de atribuições e de competências em matéria de urbanismo
– O problema da hierarquia das fontes de direito em matéria de planificação urbanística. A flexibilidade no relacionamento entre planos de diferentes níveis como consequência da estrutura das normas planificadoras (que utilizam o esquema "fim / meio", em vez do clássico "previsão / estatuição") e não como manifestação da ausência de hierarquia
– A necessária existência de uma relação de compatibilidade (ainda que não de conformidade) entre as diferentes fontes planificadoras sob pena de violação das normas constitucionais (vide o artigo 112.º, n.º 6 da Constituição)
– Os instrumentos de desenvolvimento territorial: o programa nacional de ordenamento do território (PNOT), os planos regionais de ordenamento do território (PROT), os planos intermunicipais de ordenamento do território (PIOT)
– Os instrumentos de planeamento territorial: o plano director municipal (PDM), o plano de urbanização (PU), o plano de pormenor (PP)
– Os instrumentos de política sectorial (v.g. nos domínios dos transportes, das comunicações, da energia, dos recursos geológicos)
– Os instrumentos de natureza especial: planos de ordenamento das áreas protegidas, planos de ordenamento das albufeiras de águas públicas, planos de ordenamento da área costeira

Programa e Conteúdos da Disciplina de Direito do Ambiente   161

– Problemas "crónicos" do planeamento urbanístico entre nós: insuficiência e inadequação da planificação, falta de estabilidade na vigência dos planos, peso excessivo da dimensão local (autárquica), défice de execução das disposições planificadoras
– A participação dos particulares na elaboração dos planos: regimes jurídicos europeu e nacional

IDENTIFICAÇÃO DOS CONTEÚDOS NA "TRILOGIA (PEDAGÓGICA) VERDE"

A) Vasco Pereira da Silva, «Verde Cor de Direito, Lições de Direito do Ambiente», páginas 178 a 191.

B) Vasco Pereira da Silva / José Cunhal Sendim / João Miranda, «O Meu Caderno Verde. Trabalhos Práticos de Direito do Ambiente», páginas 33 e 34 («Questões de Estudo»).

C) Vasco Pereira da Silva / João Miranda, «Verde Código. Legislação de Direito do Ambiente», páginas 541 e seguintes (IV – «Verde Agir: Formas de Actuação Administrativa em Matéria Ambiental», B – «Planificação Territorial», 1.«Lei de Bases da Política de Ordenamento do Território e do Urbanismo», 2. «Regime Jurídico dos Instrumentos de Gestão Territorial», 3. «Regime Jurídico dos Planos de Ordenamento da Orla Costeira»), pp. 409 a 424 (III – «Ambiente de Procedimento. Procedimento de Ambiente», A – «Procedimento e Participação Procedimental», 2. «Directiva Comunitária sobre Participação na Elaboração de Planos e Programas relativos ao Ambiente»), pp. 461 a 476 (III – «Ambiente de Procedimento. Procedimento de Ambiente», B – «O Procedimento Administrativo de Avaliação de Impacto Ambiental», 1. «Directiva sobre a Avaliação de Impacto Ambiental de Planos e Programas»).

SUGESTÕES COMPLEMENTARES DE LEITURA

Diogo Freitas do Amaral
– «Direito do Urbanismo (Sumários)», lições policopiadas, Lisboa, 1993.
– «Ordenamento do Território, Urbanismo e Ambiente: Objecto, Autonomia e Distinções», in «Revista Jurídica do Urbanismo e do Ambiente», n.º 1, Junho 1994, páginas 11 e seguintes.

LE CORBUSIER
- «Urbanismo» (tradução), Martins Fontes, São Paulo, 2000.

CEDOUA / FACULDADE DE DIREITO DE COIMBRA / IGAT
- «Direito do Urbanismo e Autarquias Locais – Realidade Actual e Perspectivas de Evolução», Almedina, Coimbra, 2005.

FERNANDO ALVES CORREIA
- «O Plano Urbanístico e o Princípio da Igualdade», Almedina, Coimbra, 1989.
- «Estudos de Direito do Urbanismo», Almedina, Coimbra. 1997.
- «Problemas Actuais do Direito do Urbanismo em Portugal», in «CEDOUA – Revista do Centro de Estudos de Direito do Ordenamento do Urbanismo e do Ambiente», n.º 2, 1998, páginas 9 e seguintes.
- «Urbanismo (Direito do)», in Separata do II Suplemento do «Dicionário Jurídico da Administração Pública», páginas 675 e seguintes.
- «Evolução do Direito do Urbanismo em Portugal em 1999-2000», in «CEDOUA – Revista do Centro de Estudos do Urbanismo e do Ordenamento do Território», ano IV, n.º 1, 2001, páginas 11 e seguintes.
- «Manual de Direito do Urbanismo», volume I, Almedina, Coimbra, 2001.
- «O Sistema Financeiro e Fiscal do Urbanismo – Ciclo de Colóquios: O Direito do Urbanismo no Século XXI» (coorden.), Almedina, Coimbra, 2002.
- «Um Código de Urbanismo para Portugal – Ciclo de Colóquios: O Direito do Urbanismo no Século XXI» (coorden.), Almedina, Coimbra, 2003.
- «Principais Instrumentos de Tutela do Ambiente Urbano em Portugal», in «A Tutela Jurídica do Meio Ambiente: Presente e Futuro», Boletim da Faculdade de Direito da Universidade de Coimbra, Coimbra Editora, Coimbra, 2005, páginas 87 e seguintes.

SOFIA GALVÃO
- «Direito do Ambiente e Direito do Urbanismo», in «Estudos de Direito do Ambiente», Publicações Universidade Católica, Porto, 2003, páginas 63 e seguintes.

MARIA DA GLÓRIA F. PINTO DIAS GARCIA
- «Direito do Urbanismo (Relatório)», Lex, Lisboa, 1999.

– «O Direito do Urbanismo entre a Liberdade Individual e a Política Urbana», in «Revista Jurídica do Urbanismo e do Ambiente», n.º 13, Junho 2000, páginas 97 e seguintes.

PATRICK GÉRARD
– «Le Régime Juridique des Plans d' Urbanisme en France», in «CEDOUA – Revista do Centro de Estudos de Direito do Ordenamento do Urbanismo e do Ambiente», n.º 1, 1999, páginas 79 e seguintes.

KOCH / HENDLER
– «Baurecht, Raumordnungs – uns Landesplanungsrecht», 3ª ed., Boorberg, Stuttgart, 2000.

REINHARD HENDLER
– «Das Gesetz zur Einfuehrung einer Strategischen Umweltpruefung», in «Neue Zeitschrift fuer Verwaltungsrecht», n.º 2, 2005, páginas 977 e seguintes.

ANTÓNIO PEDRO BARBAS HOMEM
– «Urbanismo, Ambiente e Litoral», in «Revista de Direito do Ambiente e Ordenamento do Território», n.º 3, Outubro, 1998, páginas 51 e seguintes.

LUIS MARTÍN REBOLLO
– «Situación Actual del Derecho Urbanístico Espanol: De la Ley del Suelo de 1956 a la Ley de 13 Abril de 1998», in «Revista Jurídica do Urbanismo e do Ambiente», n.º 10, Dezembro 1998, páginas 59 e seguintes.

JOÃO MIRANDA
– «A Dinâmica Jurídica do Planeamento Territorial (A Alteração, a Revisão e a Suspensão dos Planos)», Coimbra Editora, Coimbra, 2002.

RICHARD REGISTER
– «Ecocities – Building Cities in Balance with Nature», Berkeley Hills Books, Berkley (California), 2002.

FERNANDA PAULA OLIVEIRA
– «Os Princípios da Nova Lei do Ordenamento do Território: da Hierarquia à Coordenação», in «CEDOUA – Revista do Centro de Estudos do Urbanismo e do Ordenamento do Território», ano III, n.º 1, 2000, páginas 21 e seguintes.
– «Sistemas e Instrumentos de Execução dos Planos», Cadernos CEDOUA – Almedina, 2001.

JEAN PELLETIER / CHARLES DELFANTE
- «Cidades e Urbanismo no Mundo» (tradução), Instituto Piaget, Lisboa, 2000.

ALFONSO PÉREZ MORENO
- «El Derecho Ambiental y la Ordenación del Territorio. Desarrollo Sostenible y Medio Ambiente», in «Reparto Competencial en Materia de Medio Ambiente. Control Medioambiental de la Administración Pública», «Estudios de Derecho Judicial, n.º 56, 2004, páginas 73 e seguintes.

Programa e Conteúdos da Disciplina de Direito do Ambiente 165

14.ª LIÇÃO

SUMÁRIO:

IV – VERDE AGIR: FORMAS DE ACTUAÇÃO ADMINISTRATIVA EM MATÉRIA AMBIENTAL
3 – Actos administrativos em matéria de ambiente. O caso das licenças ambientais

EXPLICITAÇÃO SUMÁRIA DOS CONTEÚDOS "VERDES" A LECCIONAR

IV – VERDE AGIR: FORMAS DE ACTUAÇÃO ADMINISTRATIVA EM MATÉRIA AMBIENTAL

3 – Actos administrativos em matéria de ambiente. O caso das licenças ambientais

– As "crises" do acto administrativo e as transformações da respectiva noção dogmática
– Os três momentos principais da evolução histórica dos modelos de Estado, das concepções de Administração Pública e da noção paradigmática de acto administrativo: Estado Liberal / Administração Agressiva / acto de polícia; Estado Social / Administração Prestadora / acto favorável ou constitutivo de direitos; Estado Pós-Social/ / Administração Infra-estrutural / acto com eficácia múltipla
– Situação actual: multiplicidade e diversidade de actos administrativos. O "novo fôlego" da teoria do acto administrativo, tanto do ponto de vista substantivo, como procedimental e contencioso
– A adopção de uma noção ampla de acto administrativo na nossa ordem jurídica (artigo 120.º do Código de Procedimento Administrativo). As actuações agressivas como as prestadoras ou as infra-estruturais, as decisões de carácter regulador como as de conteúdo mais marcadamente material, os actos de procedimento como as decisões finais, as actuações dos subalternos como as dos superiores hierárquicos, as actuações ditas externas como as ditas internas,

todas elas são, nomeadamente, de considerar como actos administrativos

– O licenciamento ambiental como exemplo típico de acto administrativo da Administração infra-estrutural (D.L. n.º 194/ 2000, de 21 de Agosto)

– Fontes da licença ambiental: o Direito Europeu (Directiva n.º 96/ / 61/ CE, do Conselho, de 24 de Setembro), a Lei de Bases do Ambiente (art. 33.º, n.º 1, da Lei n.º 11/ 87, de 7 de Abril)

– A licença ambiental como instrumento destinado a alcançar a prevenção e o controlo integrado da poluição, mediante decisões administrativas que visam evitar ou, pelo menos, minimizar os efeitos das emissões de actividades poluentes para o ar, a água, e o solo, incluindo a emissão de ruídos ou a produção de resíduos (art. 1.º, n.º 1, do D.L. n.º 194/ 2000, de 21 de Agosto)

– A delimitação do âmbito de aplicação da licença ambiental. As dificuldades de determinação do âmbito de aplicação das licenças ambientais em resultado das deficiências de técnica legislativa, já que as remissões sucessivas do corpo do diploma para os anexos, das cláusulas genéricas para os exemplos, e vice-versa, suscitam numerosos problemas interpretativos, até mesmo no que respeita aos próprios critérios genéricos (positivos ou negativos) adoptados

– A marcha do procedimento de licenciamento ambiental. Crítica ao carácter meramente "burocrático" de numerosos "momentos" procedimentais, sem qualquer utilidade para a tutela ambiental, que tornam (desnecessariamente) moroso o licenciamento ambiental

– O problema legislativo da "falta de enquadramento sistemático" da licença ambiental. A regulação da licença ambiental como se se tratasse de um mecanismo isolado, não dando a devida relevância ao facto desta se integrar num procedimento faseado e complexo que, em regra, implicou já a prévia existência de avaliação de impacto ambiental, e que culminará no licenciamento da actividade económica

– Necessidade de o legislador adoptar – "*de iure condendo*" – não apenas técnicas de simplificação administrativa em cada um dos procedimentos ambientais, como também de proceder a uma regulação "integrada" e "harmonizada" de todos eles, nomeadamente levando em conta a globalidade das relações administrativas duradouras estabelecidas entre particulares e Administração, de modo a

Programa e Conteúdos da Disciplina de Direito do Ambiente 167

lograr procedimentos mais céleres e eficazes e assegurar a efectividade da tutela do ambiente pela via procedimental

– Os critérios formais e materiais de atribuição da licença ambiental.

– Em especial o critério (preventivo da poluição) da «utilização das melhores tecnologias disponíveis» (artigo 8.º, n.º 1, alínea a), do D.L. n.º 194/ 2000, de 21 de Agosto). A margem de apreciação e de decisão da Administração e as "linhas condutoras do poder discricionário" ("Ermessenrichtslinien") no licenciamento ambiental. O papel da Comissão Consultiva para a Prevenção e Controlo Integrado da Poluição (artigo 8.º, n.º 1, alínea a), do D.L. n.º 194/ / 2000, de 21 de Agosto)

– O conteúdo temporário e precário da licença ambiental. Significado teórico das referidas características da licença ambiental por porem em causa as noções tradicionais de acto administrativo (como "definitivo e executório" ou como possuindo carácter "regulador"). A noção ampla de acto administrativo no ordenamento jurídico português (artigo 120.º do Código de Procedimento Administrativo)

– Os problemas jurídicos de compatibilização da precariedade da licença ambiental com os princípios fundamentais da boa-fé e da estabilidade das situações jurídicas adquiridas. A necessidade de interpretação da regra à luz do princípio constitucional da prossecução do interesse público no respeito pelos direitos dos particulares (artigo 266.º, n.º 1, da Constituição)

– A licença ambiental como acto administrativo temporário, sujeito a termo final, ainda que susceptível de renovação mediante novo licenciamento, e de carácter relativamente precário, já que é passível de afastamento, em caso de alteração das circunstâncias de facto e de direito que estiveram na base da sua emissão, ainda que podendo dar lugar à devida indemnização

– A natureza jurídica da licença ambiental como acto administrativo criador de direitos, mas também de deveres e de encargos para o respectivo titular no quadro de uma relação jurídica administrativa duradoura. Necessidade de consideração não apenas do acto, mas da integralidade da relação jurídica administrativa

– O acto administrativo de licenciamento ambiental como decisão prévia condicionadora da existência e do conteúdo de posteriores actos administrativos, no âmbito de um procedimento complexo e faseado

IDENTIFICAÇÃO DOS CONTEÚDOS NA "TRILOGIA (PEDAGÓGICA) VERDE"

A) Vasco Pereira da Silva, «Verde Cor de Direito, Lições de Direito do Ambiente», páginas 192 a 209.

B) Vasco Pereira da Silva / José Cunhal Sendim / João Miranda, «O Meu Caderno Verde. Trabalhos Práticos de Direito do Ambiente», páginas 34, 35 e 36 («Questões de Estudo»), páginas 231 a 259 (Capítulo VI – «Exemplos de Formas de Actuação Jurídica Ambiental», C – «Licenciamento de Actividades com Relevância Ambiental»).

C) Vasco Pereira da Silva / João Miranda, «Verde Código. Legislação de Direito do Ambiente», páginas 577 a 644 (IV – «Verde Agir: Formas de Actuação Administrativa em Matéria Ambiental», C – «Licenciamentos Ambientais», 1.«Regime Jurídico da Licença Ambiental», 2. «Regime Jurídico do Licenciamento Industrial»). Vide também as recentes alterações (a incluir em futuras edições de actualização do "Verde Código") de regime jurídico da licença ambiental introduzidas pelo D.L. n.º 130/2005, de 16 de Agosto de 2005.

SUGESTÕES COMPLEMENTARES DE LEITURA

Tiago Antunes
- «O Ambiente entre o Direito e a Técnica», Associação Académica da Faculdade de Direito de Lisboa, Lisboa, 2003 (vide páginas 71 e seguintes).

Stuart / Donald Mcgillivray
- «Environmental Law – The Law and Policy Relating to the Protection of Environment», 5ª edição, Blackstone Press. London, 2000 (maxime páginas 194 e seguintes).

Filipa Urbano Calvão
- «Os Actos Precários e os Actos Provisórios no Direito Administrativo», Universidade Católica Portuguesa, Porto, 1998.
- «As Actuações Administrativas no Direito do Ambiente», in «Direito e Justiça», volume XIV, tomo 3, 2000, páginas 121 e seguintes.

Raquel de Carvalho
- «Licença Ambiental como Procedimento Autorizativo», in «Estudos de Direito do Ambiente», Publicações Universidade Católica, Porto, 2003, páginas 235 e seguintes.

Programa e Conteúdos da Disciplina de Direito do Ambiente 169

José Eduardo Figueiredo Dias
- «A Licença Ambiental no Novo Regime da PCIP», in «CEDOUA
  – Revista do Centro de Estudos do Urbanismo e do Ordenamento
  do Território», ano IV, n.º 1, 2001, páginas 65 e seguintes.
- «Direito Constitucional e Administrativo do Ambiente», Cadernos
  CEDOUA – Almedina, Coimbra, 2001 (vide páginas 72 e
  seguintes).

Barbara Ebinger
- «Der Unbestimmte Rechtsbegriff im Recht der Technik – Eine
  Untersuchung anhand des Beispiels der "Gefahren erhebliche Na-
  chteile oder Belaestigungen" im Anlagengenehmigungsverfahren»,
  Duncker & Humblot, Berlin, 1993.

Francesco Fonderico / Pierpaolo Maschiocchi
- «Più Ambiente con Meno Burocrazia –Verso la Procedura Unica di
  Autorizazzione Ambientale», Ipaservizi Editore, Milano, 1999.

Hoppe / Beckmann / Kauch
- «Umweltrecht», 2ª edição, Beck, Muenchen, 2000 (vide páginas
  139 a 170).

Hans Jarass
- «Die Anwendung neuen Umweltrechts auf bestehende Anlagen –
  Die altanlagenproblematik im Deutschen Recht, im Recht anderer
  europaeischer Staaten und im EG-Recht», Nomos, Baden-Baden,
  1987.

John Lowry / Rod Edmunds
- «Environmental Protection and the Common Law» (coorden.),
  Hart Publishing. Oxford Portland Oregon, 2000 (maxime páginas
  55 e seguintes).

Blanca Lozano Cutanda
- «Derecho Ambiental Administrativo», 4ª edição, Dykinson, 2003
  (vide páginas 287 a 312).

Dinamene de Freitas
- «Breve Reflexão para um Olhar Jus-ambiental sobre o Regime do
  Licenciamento Industrial», in «Revista da Faculdade de Direito da
  Universidade de Lisboa», volume X LI, n.º 2, 2000, páginas 783 e
  seguintes.

Marta Portocarrero
- «Modelos de Simplificação Administrativa – A Conferência Procedimental e a Concentração de Competências e Procedimentos no

Direito Administrativo», Publicações Universidade Católica, Porto, 2002.

Vasco Pereira da Silva

- «Em Busca do Acto Administrativo Perdido», Almedina, Coimbra, 1996.
- «O Contencioso Administrativo no Divã da Psicanálise. Ensaio sobre as Acções no Novo Processo Administrativo», Almedina, Coimbra, 2005 (vide páginas 346 e seguintes, *mx*. 365 a 369).

Programa e Conteúdos da Disciplina de Direito do Ambiente 171

15.ª LIÇÃO

SUMÁRIO:

IV – VERDE AGIR: FORMAS DE ACTUAÇÃO ADMINISTRATIVA EM MATÉRIA AMBIENTAL
 4 – Contratos da Administração Pública em matéria de ambiente. O caso dos contratos de promoção e de adaptação ambiental

EXPLICITAÇÃO SUMÁRIA DOS CONTEÚDOS "VERDES" A LECCIONAR

IV – VERDE AGIR: FORMAS DE ACTUAÇÃO ADMINISTRATIVA EM MATÉRIA AMBIENTAL

4 – Contratos da Administração Pública em matéria de ambiente. O caso dos contratos de promoção e de adaptação ambiental

– Os traumas profundos da "infância difícil" do Direito Administrativo e suas consequências na concepção "esquizofrénica" da contratação pública, assente na clássica dicotomia: "contrato administrativo" *vs.* "contrato de direito privado" da Administração
– A moderna tendência para a unificação do contencioso contratual da função administrativa em resultado tanto da evolução doutrinária como da influência do Direito Europeu. Os procedimentos pré-contratuais e a unificação contenciosa da contratação administrativa
– A importância decisiva da concertação e da contratualização para a realização dos fins e das tarefas ambientais. Os contratos ambientais no âmbito da função administrativa
– Os contratos de promoção ambiental como acordos de vontades destinados à realização de parâmetros de excelência ambiental, mediante a fixação contratual de regras mais exigentes do que as estabelecidas na lei geral
– Os contratos de adaptação ambiental como acordos de vontades destinados a assegurar o cumprimento gradual e faseado de determinados parâmetros ambientais legalmente fixados

– Os contratos de promoção e de adaptação ambiental enquanto figuras gerais e enquanto tipos contratuais especiais (regulados na Lei da Qualidade da Água, D.L. n.º 236/ 98, de 1 de Agosto). Problemas de enquadramento e de regime jurídico

– A dissociação entre os sujeitos de negociação e de celebração do acordo-tipo, por um lado, e os sujeitos das relações contratuais constituídas a partir dele, por outro lado. Os contratos de promoção e de adaptação ambiental como acordos de adesão

– Os problemas da legalidade dos contratos de adaptação ambiental e da constitucionalidade da sua regulação na Lei da Qualidade da Água. Alcance, condições e limites de uma interpretação "conforme à Constituição" das regras relativas ao contrato de adaptação ambiental na Lei da Qualidade da Água

IDENTIFICAÇÃO DOS CONTEÚDOS NA "TRILOGIA (PEDAGÓGICA) VERDE"

A) VASCO PEREIRA DA SILVA, «Verde Cor de Direito, Lições de Direito do Ambiente», páginas 209 a 219.

B) VASCO PEREIRA DA SILVA / JOSÉ CUNHAL SENDIM / JOÃO MIRANDA, «O Meu Caderno Verde. Trabalhos Práticos de Direito do Ambiente» página 36 («Questões de Estudo»), páginas 259 a 267 (Capítulo VI – «Exemplos de Formas de Actuação Jurídica Ambiental», D – «Contratos Ambientais»).

C) VASCO PEREIRA DA SILVA / JOÃO MIRANDA, «Verde Código. Legislação de Direito do Ambiente», página 645 (IV – «Verde Agir: Formas de Actuação Administrativa em Matéria Ambiental», D – «Contratos Ambientais»), páginas 109 a 160 (II – «Relações Jurídicas Multilaterais de Ambiente», A – «Algumas Modalidades de Relações Jurídicas Ambientais», 2 – «Água»).

SUGESTÕES COMPLEMENTARES DE LEITURA

TIAGO ANTUNES

– «O Ambiente entre o Direito e a Técnica», Associação Académica da Faculdade de Direito de Lisboa, Lisboa, 2003 (vide páginas 91 e seguintes).

Programa e Conteúdos da Disciplina de Direito do Ambiente 173

ANDRÉS BETANCOR RODRÍGUEZ
- «Institutiones de Derecho Ambiental», La Ley, Madrid, 2001 (vide páginas 1197 a 1237).

SÉRVULO CORREIA
- «Legalidade e Autonomia Contratual nos Contratos Administrativos", Almedina, Coimbra, 1987.

MARIA JOÃO ESTORNINHO
- «Requiem pelo Contrato Administrativo", Almedina, Coimbra, 1990.
- «Contratos da Administração Pública (Esboço de Autonomização Curricular)», Almedina, Coimbra, 1999.
- «Contrato Público: Conceito e Limites», in «La Contratación Pública en el Horizonte de la Integración Europea – V Congreso Luso-Hispano de Derecho Administrativo», Instituto Nacional de Administración Pública», Madrid, 2004, páginas 41 e seguintes.

MARK BOBELA-MOTA KIRKBY
- «Os Contratos de Adaptação Ambiental – A Concertação entre a Administração Pública e os Particulares na Aplicação de Normas de Polícia Administrativa», AAFDL, Lisboa, 2001.

MARIA FERNANDA MAÇÃS
- «Os Acordos Sectoriais como um Instrumento da Política Ambiental", in «CEDOUA – Revista do Centro de Estudos do Urbanismo e do Ordenamento do Território", n" I, 2000, páginas 37 e seguintes.

MARTÍN MATEO
- «Nuevos Instrumentos para Ia Tutela Ambiental", Trivium. Madrid. 1994.

FRANÇOIS OST
- «A Natureza à Margem da Lei – A Ecologia à Prova do Direito» (tradução), Instituto Piaget, Lisboa, 1997 (vide páginas 133 a 166).

MICHEL PRIEUR
- «Droit de L' Environnement», 5.ª edição, Dalloz, Paris, 2004 (vide páginas 137 e seguintes).

PAULO CASTRO RANGEL
- «Concertação, Programação e Direito do Ambiente», Coimbra Editora, Coimbra, 1994.

GEISA DE ASSIS RODRIGUES
- «Princípios da Celebração do Compromisso de Ajustamento de Conduta em Matéria Ambiental», in «Revista do CEDOUA», n.º 13, Janeiro de 2004, páginas 67 e seguintes.

Antonio José Sanchéz Sáez

– «Los Convenios Administrativos para la Protección Ambiental», Instituto Andaluz de Administración Pública, Sevilla, 2004.

Vasco Pereira da Silva

– «Em Busca do Acto Administrativo Perdido», Almedina, Coimbra, 1996 (vide páginas 105 e seguintes).

– «O Contencioso Administrativo no Divã da Psicanálise. Ensaio sobre as Acções no Novo Processo Administrativo», Almedina, Coimbra, 2005 (vide páginas 437 a 472).

Sparwasser / Engel / Vosskuhle

– «Umweltrecht – Grundzuege des oeffentliches Umweltschutzrechts», 5.ª edição, C. F. Mueller, Heidelberg, 2003 (vide páginas 133 e seguintes).

Programa e Conteúdos da Disciplina de Direito do Ambiente   175

16.ª LIÇÃO

SUMÁRIO:

IV – VERDE AGIR: FORMAS DE ACTUAÇÃO ADMINISTRATIVA EM MATÉRIA AMBIENTAL
5 – Actuação informal e operações materiais da Administração em matéria de ambiente. O caso da eco-gestão e das eco-auditorias

EXPLICITAÇÃO SUMÁRIA DOS CONTEÚDOS "VERDES" A LECCIONAR

IV – VERDE AGIR: FORMAS DE ACTUAÇÃO ADMINISTRATIVA EM MATÉRIA AMBIENTAL

5 – Actuação informal e operações materiais da Administração em matéria de ambiente. O caso da eco-gestão e das eco-auditorias

- A privatização, a contratualização e a tecnicização como modernos fenómenos do Direito Administrativo que implicam a valorização das actuações informais e das operações materiais da Administração
- O problema da delimitação entre actos administrativos e actuações informais ou operações materiais da Administração. A não produção de efeitos jurídicos como critério qualificador de actuações informais, técnicas, ou operações materiais na ordem jurídica portuguesa (artigo 120.º do Código de Procedimento Administrativo)
- Multiplicidade e diversidade das actuações informais, técnicas e operações materiais no Direito do Ambiente. Tipologia exemplificativa
- O Direito Europeu do Ambiente e o desenvolvimento da eco-gestão e da eco-auditoria
- A evolução do sistema europeu de eco-gestão e auditoria (EMAS-I e EMAS II). Os regimes jurídicos europeu e nacional de eco-gestão e auditoria
- A eco-gestão e auditoria como conjunto de actuações administrativas complexas e compósitas que, para além de alguns actos admi-

nistrativos (v.g. a recusa, a suspensão ou o cancelamento do registo, a imposição de sanções), consistem sobretudo em actuações informais, técnicas e operações materiais da Administração Pública (v.g. de criação do sistema e respectiva manutenção, de promoção, de informação) destinadas à criação de um sistema europeu neste domínio

IDENTIFICAÇÃO DOS CONTEÚDOS NA "TRILOGIA (PEDAGÓGICA) VERDE"

A) Vasco Pereira da Silva, «Verde Cor de Direito, Lições de Direito do Ambiente», páginas 220 a 227.

B) Vasco Pereira da Silva / José Cunhal Sendim / João Miranda, «O Meu Caderno Verde. Trabalhos Práticos de Direito do Ambiente», páginas 36 e 37 («Questões de Estudo»).

C) Vasco Pereira da Silva / João Miranda, «Verde Código. Legislação de Direito do Ambiente», páginas 647 a 665 (IV – «Verde Agir: Formas de Actuação Administrativa em Matéria Ambiental», E – «Ecogestão e Eco-auditorias»).

SUGESTÕES COMPLEMENTARES DE LEITURA

Andrés Betancor Rodríguez
   – «Instituciones de Derecho Ambiental», La Ley, Madrid, 2001 (vide páginas 812 a 854).
José Eduardo Figueiredo Dias
   – «Que Estratégia para o Direito Ambiental do Século XXI: o "Cacete" ou a "Cenoura"?», in «Boletim da Faculdade de Direito da Universidade de Coimbra», vol. LXXVII (Separata), Coimbra, 2001, páginas 291 e seguintes.
Carla Amado Gomes
   – «As Operações Materiais Administrativas e o Direito do Ambiente», A.A.F.D.L., Lisboa, 1999.
Hoppe / Beckmann / Kauch
   – «Umweltrecht», 2ª edição, Beck, Muenchen, 2000 (vide páginas 212 e seguintes).

MICHAEL LANGERFELD
- «Das novellierte Environmental Management and Audit Scheme (EMAS-II), in «Neue Zeitschrift fuer Verwaltungsrecht», n.º 5, 2001, páginas 538 e seguintes.

PEDRO LOMBA
- «Problemas da Actividade Administrativa Informal», in «Revista da Faculdade de Direito da Universidade de Lisboa», volume XLI, n.º 2, 2000, páginas 817 e seguintes.

RAMÓN MARTÍN MATEO
- «Nuevos Instrumentos para la Tutela Ambiental», Trivium, Madrid, 1994.
- «Manual de Derecho Ambiental», 3.ª edição, Thomson / Arazandi, Navarra, 2003 (vide páginas 137 a 154).

FRANK MOELLER
- «Oeko-Audit und Substitution – Dargestellt anhand des Umweltpaktes Bayern», Mensch und Buch Verlag, Berlin, 2001.

TOMÁS QUINTANA LÓPEZ
- «El Sistema Comunitario de Ecoauditoria. Aproximación a su Puesta en Funcionamiento», in SOSA WAGNER (coord.), «El Derecho Administrativo en el Umbral del Siglo XXI – Homenaje al Profesor Dr. D. Ramón Martín Mateo», cit., tomo III, pp. 3501 e seguintes.

SUSANA TAVARES DA SILVA
- «Actuações Urbanísticas Informais e "Medidas de Diversão", em Matéria de Urbanismo», in «CEDOUA – Revista do Centro de Estudos, do Urbanismo e do Ordenamento do Território», ano III, n.º 1, 2000, páginas 55 e seguintes.

STEPHAN TOMERIUS
- «Informelle Projektsabsprachen im Umweltrecht – Moeglichkeiten und Grenzen im kooperativen Normenvollzug aus verfassungsrechtlicher Sicht», Nomos, Baden-Baden, 1995.

SPARWASSER / ENGEL / VOSSKUHLE
- «Umweltrecht – Grundzuege des oeffentliches Umweltschutzrechts», 5.ª edição, C. F. Mueller, Heidelberg, 2003 (vide páginas 179 e seguintes).

17.ª LIÇÃO

SUMÁRIO:

V – CONFLITOS ECOLÓGICOS: O CONTENCIOSO DO AMBIENTE
1 – Problemas processuais de tutela do ambiente
1.1 – A questão da jurisdição competente para o conhecimento dos litígios ambientais. A necessidade de repensar a questão na sequência do alargamento do âmbito da jurisdição administrativa trazido pela reforma do Contencioso Administrativo (2002/2004).
1.2 – A questão da adequação dos meios processuais. Défice processual de tutela do ambiente?

EXPLICITAÇÃO SUMÁRIA DOS CONTEÚDOS "VERDES" A LECCIONAR

V – CONFLITOS ECOLÓGICOS: O CONTENCIOSO DO AMBIENTE

1 – Problemas processuais de tutela do ambiente

1.1 – A questão da jurisdição competente para o conhecimento dos litígios ambientais. A necessidade de repensar a questão na sequência do alargamento do âmbito da jurisdição administrativa trazido pela reforma do Contencioso Administrativo (2002/2004)

– O problema da tutela jurisdicional do ambiente nos planos internacional, europeu e nacional. Relevância e limites de cada uma dessas modalidades de tutela
– A tutela judicial do ambiente a nível europeu e nacional. A dupla natureza dos Tribunais portugueses: como Órgãos de Soberania e como Tribunais da União Europeia para o efeito da aplicação do Direito Europeu do Ambiente. O papel do Tribunal de Justiça da União Europeia e do Tribunal Europeu dos Direitos do Homem na tutela ambiental
– A questão de saber se "vale a pena" uma jurisdição especial para os conflitos ambientais. Vantagens e inconvenientes de uma jurisdição

autónoma em matéria de ambiente: especialização *vs.* conflitos de jurisdições
– Preferência pela solução (alternativa) de criação de tribunais especializados em razão da matéria no âmbito de uma jurisdição "comum", ou de cada uma das jurisdições pré-existentes
– A situação portuguesa de dualidade de jurisdições em matéria de ambiente
– A reforma do Contencioso Administrativo e o alargamento do âmbito da jurisdição administrativa no domínio ambiental (artigo 4.°, n.° 1, alínea l), do ETAF – D.-L. n.° 13 / 2002, de 19 de Fevereiro)
– O actual critério de repartição jurisdicional no domínio do ambiente: competência dos tribunais judiciais para os litígios emergentes de relações jurídicas privadas, competência dos tribunais administrativos para os litígios emergentes das relações jurídicas públicas

1.2 – A questão da adequação dos meios processuais. Défice processual de tutela do ambiente?

– A questão da (quase) ausência de meios processuais específicos de tutela do ambiente e a necessidade de tornar mais "verdes" os meios processuais "comuns"
– Os problemas da morosidade e da ineficácia da "justiça ambiental" no nosso sistema jurídico

IDENTIFICAÇÃO DOS CONTEÚDOS NA "TRILOGIA (PEDAGÓGICA) VERDE"

A) Vasco Pereira da Silva, «Verde Cor de Direito, Lições de Direito do Ambiente», páginas 231 a 233.

B) Vasco Pereira da Silva / José Cunhal Sendim / João Miranda, «O Meu Caderno Verde. Trabalhos Práticos de Direito do Ambiente», página 37 («Questões de Estudo»), páginas 283 e seguintes (Capítulo VII – «Jurisprudência Ambiental»).

C) Vasco Pereira da Silva / João Miranda, «Verde Código. Legislação de Direito do Ambiente», páginas 675 e seguintes (V – «Conflitos Ecológicos: o Contencioso do Ambiente»).

SUGESTÕES COMPLEMENTARES DE LEITURA

MÁRIO AROSO DE ALMEIDA
- «Tutela Jurisdicional em Matéria Ambiental», in «Estudos de Direito do Ambiente», Publicações Universidade Católica, Porto, 2003, páginas 77 e seguintes.
- «O Novo Contencioso Administrativo em Matéria de Ambiente», in «Revista Jurídica do Urbanismo e do Ambiente», n.ºs 18 / 19, Dezembro 2002 / Junho 2003, páginas 113 e seguintes.

LUÍS FILIPE COLAÇO ANTUNES
- «O Princípio da Precaução: um Novo Critério Jurisprudencial do Juiz Administrativo», in «Para um Direito Administrativo de Garantia do Cidadão e da Administração – Tradição e Reforma», Almedina, Coimbra, 2000, páginas 99 e seguintes, maxime páginas 113 e seguintes.

PATRICIA BIRNIE / ALAN BOYLE
- «International Law and the Environment», 2.ª edição, Oxford University Press, Oxford/ New York, 2002 (vide páginas 178 e seguintes).

FILIPA URBANO CALVÃO
- «Direito ao Ambiente e Tutela Processual das Relações de Vizinhança», in «Estudos de Direito do Ambiente», Publicações Universidade Católica, Porto, 2003, páginas 193 e seguintes.

JOSÉ EDUARDO FIGUEIREDO DIAS
- «Tutela Ambiental e Contencioso Administrativo – Da Legitimidade Processual e das Suas Consequências», Boletim da Faculdade de Direito da Universidade de Coimbra, Coimbra, 1997.
- «Os Efeitos da Sentença na Lei de Acção Popular», in «CEDOUA – Revista do Centro de Estudos de Direito do Ordenamento, do Urbanismo e do Ambiente», n.º 1, 1999, páginas 47 e seguintes.
- «Direito Constitucional e Administrativo do Ambiente», Cadernos CEDOUA – Almedina, Coimbra, 2001 (vide páginas 15 e seguintes).

MARIA JOÃO ESTORNINHO
- «A Reforma de 2002 e o Âmbito da Jurisdição Administrativa», in «Cadernos de Justiça Administrativa», n.º 35, Setembro / Outubro de 2002, páginas 3 e seguintes.

CARLA AMADO GOMES
- «A Ecologização da Justiça Administrativa: Brevíssima Nota sobre

a Alínea l), do n.º 1, do Artigo 4.º do ETAF», in «Revista Jurídica do Urbanismo e do Ambiente», n.º 20, 2003, páginas 25 e seguintes (também publicado in CARLA AMADO GOMES, «Textos Dispersos de Direito do Ambiente», AAFDL, Lisboa, 2005, páginas 249 e seguintes).

– «A Impugnação Jurisdicional de Actos Comunitários Lesivos do Ambiente, nos Termos do Artigo 230.º do Tratado de Roma: Uma Acção nada Popular», in CARLA AMADO GOMES, «Textos Dispersos de Direito do Ambiente», AAFDL, Lisboa, 2005, páginas 293 e seguintes (também publicado in «Revista do CEDOUA», n.º 13, Janeiro de 2004, páginas 89 e seguintes).

JOSÉ JUSTE RUIZ
– «Derecho Internacional del Medio Ambiente», Mc Graw Hill, Madrid, 1999 (vide páginas 91 e seguintes).

PASQUALE LANDI
– «La Tutela Processuale dell' Ambiente», CEDAM, Padova, 1991.

JOSÉ LUIS MEILÁN GIL
– «Problemas Jurídico-Administrativos Planteados por el Prestige» (coorden.), Thomson / Arazandi, Navarra, 2005.

LORENZO PÉREZ CONEJO
– «La Defensa Judicial de los Intereses Ambientales (Estudio Especifico de la Legitimación "Difusa" en el Proceso Contencioso--Administrativo)», Lex Nova, Valladolid, 2002.

JOSÉ MANUEL PUREZA
– «Tribunais, Natureza e Sociedade: O Direito do Ambiente em Portugal», Centro de Estudos Judiciários, Lisboa, 1997.

FE SANCHÍS MORENO / CARLOS MARTINEZ CAMARERO
– «El Control de la Legislación Ambiental y el Aceso a la Justicia», in in «Actas del V Congreso Nacional de Derecho Ambiental», in «Revista Arazandi de Derecho Ambiental (Monografía)», n.º 5, Navarra, 2004, páginas 241 e seguintes.

VASCO PEREIRA DA SILVA
– «Ventos de Mudança no Contencioso Administrativo», Almedina, Coimbra, 2000.

– «O Contencioso Administrativo no Divã da Psicanálise. Ensaio sobre as Acções no Novo Processo Administrativo», Almedina, Coimbra, 2005.

MIGUEL TEIXEIRA DE SOUSA

182 Ensinar Verde a Direito

– «Legitimidade Processual e Acção Popular no Direito do Ambiente», in «Direito do Ambiente», Instituto Nacional de Administração, 1994, páginas 409 e seguintes.

VÁRIOS

– «Guia de Acesso à Justiça Administrativa», Euronatura, Lisboa, 2005.

TERESA VICENTE GIMÉNEZ

– «Justicia Ecológica y Protección del Medio Ambiente» (coorden.), Editorial Trotta, Madrid, 2002.

Programa e Conteúdos da Disciplina de Direito do Ambiente 183

18.ª LIÇÃO

SUMÁRIO:

V – CONFLITOS ECOLÓGICOS: O CONTENCIOSO DO AMBIENTE
   2 – Os denominados embargos da Lei de Bases do Ambiente e o princípio constitucional da tutela jurisdicional efectiva dos cidadãos
      2.1 – Problemas de interpretação e de aplicação do único meio processual específico do ambiente
      2.2 – Evolução jurídica dos embargos do ambiente
         2.2.1 – O surgimento dos embargos com a lei de Bases do Ambiente
         2.2.2 – Os embargos do ambiente e a reforma do Código de Processo Civil
         2.2.3 – Situação actual: os embargos do ambiente depois da reforma do Contencioso Administrativo. Meio processual "vazio" ou ainda "dotado de sentido"?

EXPLICITAÇÃO SUMÁRIA DOS CONTEÚDOS "VERDES" A LECCIONAR

V – CONFLITOS ECOLÓGICOS: O CONTENCIOSO DO AMBIENTE

2 – Os denominados embargos da Lei de Bases do Ambiente e o princípio constitucional da tutela jurisdicional efectiva dos cidadãos

2.1 – Problemas de interpretação e de aplicação do "único meio processual específico" do ambiente

– O problema de saber se a Lei de Bases do Ambiente consagra, ou não, uma garantia jurisdicional de tutela ambiental?
– A "interpretação conforme" ao direito fundamental a uma tutela jurisdicional efectiva (artigo 20.º e 268.º, n.º 4, da Constituição) dos preceitos da Lei de Bases do Ambiente
– Os "embargos do ambiente" como "construção de jus-ambientalistas", dada a natureza incompleta e contraditória da regulação legal

2.2 – Evolução jurídica dos embargos do ambiente

2.2.1 – O regime jurídico originário da Lei de Bases do Ambiente

– Os embargos do ambiente como providência cautelar da jurisdição dos tribunais comuns. A recondução do embargo do ambiente ao embargo de obra nova (artigos 412.° e seguintes do Código de Processo Civil)
– Insuficiências e limites de tal solução tanto do ponto de vista legislativo como constitucional

2.2.2 – Os embargos do ambiente e a reforma do Código de Processo Civil

– A reforma do Código de Processo Civil e a possibilidade de interpretar a nova formulação do embargo de obra nova no sentido de se considerar – *a contrario sensu* – que o embargo poderia ser dirigido também contra entidades públicas sempre que não existisse um meio específico do Contencioso Administrativo (artigo 414.° do Código de Processo Civil)
– Os problemas de delimitação do âmbito de jurisdições decorrente das referidas alterações legislativas

2.2.3 – Situação actual: os embargos do ambiente depois da reforma do Contencioso Administrativo. Meio processual "vazio" ou ainda "dotado de sentido"?

– A reforma do Contencioso Administrativo e a necessidade de reconsiderar a questão dos embargos em face das alterações introduzidas, nomeadamente:
   a) o desaparecimento da competência exclusiva dos tribunais judiciais para o conhecimento dos embargos do ambiente (reformulação do artigo 45.° da Lei de Bases do Ambiente, feita pelo ETAF – Lei n.° 13/ 2002, de 19 de Fevereiro);
   b) o alargamento do âmbito da jurisdição administrativa em matéria ambiental (artigo 4.°, n.° 1, alínea l), do ETAF – D.-L. n.° 13/2002, de 19 de Fevereiro);

Programa e Conteúdos da Disciplina de Direito do Ambiente   185

c) a criação de um processo urgente da Justiça Administrativa denominado "intimação para protecção de direitos, liberdades e garantias" (artigos 109.° e seguintes do Código de Processo nos Tribunais Administrativos – Lei n.° 15/ 2002, de 23 de Fevereiro);
d) a substituição da regra da tipicidade pelo princípio da cláusula aberta em matéria de providências cautelares no Contencioso Administrativo (artigos 112.° e seguintes do Código de Processo nos Tribunais Administrativos – Lei n.° 15/ 2002, de 23 de Fevereiro)

– Significado e relevância actuais dos embargos do ambiente. Os embargos do ambiente como meio processual "vazio" ou ainda dotado de sentido?

IDENTIFICAÇÃO DOS CONTEÚDOS NA "TRILOGIA (PEDAGÓGICA) VERDE"

A) VASCO PEREIRA DA SILVA, «Verde Cor de Direito, Lições de Direito do Ambiente», páginas 234 a 248.

B) VASCO PEREIRA DA SILVA / JOSÉ CUNHAL SENDIM / JOÃO MIRANDA, «O Meu Caderno Verde. Trabalhos Práticos de Direito do Ambiente», páginas 37 a 39 («Questões de Estudo»).

C) VASCO PEREIRA DA SILVA / JOÃO MIRANDA, «Verde Código. Legislação de Direito do Ambiente», páginas 675 a 702 (V – «Conflitos Ecológicos: o Contencioso do Ambiente», A – «Os Embargos ambientais»).

SUGESTÕES COMPLEMENTARES DE LEITURA

MÁRIO AROSO DE ALMEIDA
– «Tutela Jurisdicional em Matéria Ambiental», in «Estudos de Direito do Ambiente», Publicações Universidade Católica, Porto, 2003, páginas 77 e seguintes.
– «O Novo Contencioso Administrativo em Matéria de Ambiente», in «Revista Jurídica do Urbanismo e do Ambiente», n.°s 18 / 19, Dezembro 2002 / Junho 2003, páginas 113 e seguintes.
– «O Novo Regime do Processo nos Tribunais Administrativo», 4.ª edição, Almedina, Coimbra, 2005.

FREITAS DO AMARAL
- «Lei de Bases do Ambiente e Lei das Associações de Defesa do Ambiente», in «Direito do Ambiente», Instituto Nacional de Administração, Lisboa, 1994, páginas 367 e seguintes.

FREITAS DO AMARAL / MÁRIO AROSO DE ALMEIDA
- «Grandes Linhas da Reforma do Contencioso Administrativo», 3.ª edição, Almedina, Coimbra, 2004.

JOSÉ CARLOS VIEIRA DE ANDRADE
- «A Justiça Administrativa (Lições)», 7.ª edição, Almedina, Coimbra, 2005.

TIAGO ANTUNES
- «Urge Salvar o Ambiente! A Tutela Ambiental Urgente no Novo Contencioso Administrativo», in «Revista de Direito do Ambiente e Ordenamento do Território», n.° 12, páginas 27 e seguintes.

WLADIMIR BRITO
- «Lições de Direito Processual Administrativo», Coimbra Editora, Coimbra, 2005.

GOMES CANOTILHO
- «Relações Jurídicas Poligonais, Ponderação Ecológica de Bens e Controlo Judicial Preventivo», in «Revista Jurídica do Urbanismo e do Ambiente», n.° 1, Junho de 1994, páginas 55 e seguintes.
- «Privatismo, Associativismo e Publicismo na Justiça Administrativa do Ambiente (As Incertezas do Controlo Ambiental)», in «Revista de Legislação e Jurisprudência», n.° 3858 e 3859 (páginas 265 e seguintes), 3860 (páginas 322 e seguintes), e 3861 (páginas 354 e seguintes).

ELISABETH FERNANDEZ
- «Normas de Protecção Ambiental. Deficit de Execução. Processo de Intimação para um Comportamento», in «Cadernos de Justiça Administrativa», n.° 4, 1997, páginas 53 e seguintes.
- «A "Camuflada" Acção para Reconhecimento de Direitos», in «Cadernos de Justiça Administrativa», n.° 26, 2001, páginas 53 e seguintes.

VASCO PEREIRA DA SILVA
- «Da Protecção Jurídica Ambiental – Os Denominados Embargos Administrativos em Matéria de Ambiente», A.A.F.D.L., Lisboa, 1997.
- «O Contencioso Administrativo no Divã da Psicanálise. Ensaio sobre as Acções no Novo Processo Administrativo», Almedina, Coimbra, 2005.

Programa e Conteúdos da Disciplina de Direito do Ambiente 187

19.ª LIÇÃO

SUMÁRIO:

V – CONFLITOS ECOLÓGICOS: O CONTENCIOSO DO AMBIENTE
   3 – A responsabilidade civil em matéria de ambiente
      3.1 – Problemas e especificidades da responsabilidade ambiental
      3.2 – O actual regime jurídico português de responsabilidade civil em matéria de ambiente
         3.2.1 – "Avaliação ambiental" do regime nacional vigente: inadequação ao objecto, indesejável lógica dualista (tanto no que respeita à jurisdição competente como ao regime jurídico aplicável)
         3.2.2 – O regime jurídico público da responsabilidade civil ambiental
            3.2.2.1 – Regime da denominada responsabilidade por actos de gestão pública
            3.2.2.2 – Regime da denominada responsabilidade por actos de gestão privada

EXPLICITAÇÃO SUMÁRIA DOS CONTEÚDOS "VERDES" A LECCIONAR

3 – A responsabilidade civil em matéria de ambiente

3.1 – Problemas e especificidades da responsabilidade ambiental

– A relevância da responsabilidade civil como forma de realização dos princípios e valores do Direito do Ambiente. Tentativa breve de perspectivar o passado, o presente e o futuro da responsabilidade civil ambiental
– A natureza multifuncional da responsabilidade civil em matéria de ambiente (nomeadamente, preventiva, repressiva, ressarcitória, reconstitutiva).
– Algumas especificidades da responsabilidade civil ambiental:

  a) valorização tanto da responsabilidade civil subjectiva como da objectiva (pelo risco, por actos lícitos ou pelo prejuízo);

b) necessidade de adoptar (na responsabilidade civil subjectiva) uma noção objectivada de culpa;

c) necessidade de distinguir o dano subjectivo (também chamado dano ambiental), que é susceptível de individualização em face dos titulares de direitos subjectivos, do dano objectivo (também chamado dano ecológico), que é produzido relativamente a toda a comunidade;

d) multiplicidade e concurso de causas dos danos no domínio do ambiente e a necessidade de adoptar uma teoria da "causalidade ambientalmente adequada". A "flexibilização" das regras de causalidade e a adopção de "presunções de causalidade"

3.2 – O actual regime jurídico português de responsabilidade civil em matéria de ambiente

3.2.1 – "Avaliação ambiental" do regime nacional vigente: inadequação ao objecto, indesejável lógica dualista (tanto no que respeita à jurisdição competente como ao regime jurídico aplicável)

– Da unidade da tutela ambiental na Constituição Portuguesa de Ambiente para a fragmentação legislativa do(s) regime(s) jurídico(s) da responsabilidade civil ambiental

– Ausência de lei específica da responsabilidade civil ambiental e natureza dispersa, confusa e contraditória dos (múltiplos) regimes jurídicos (substantivos) aplicáveis neste domínio. A necessidade de uma autónoma lei da responsabilidade civil ambiental

– A (indesejável) dualidade de jurisdições em matéria de responsabilidade civil ambiental. A clarificação dos critérios de delimitação do âmbito das jurisdições e as "melhorias de sistema" introduzidas pela reforma do Contencioso Administrativo (2002/ 2004)

3.2.2 – O regime jurídico público da responsabilidade civil ambiental

– O problema da responsabilidade civil pública como um dos "traumas da infância difícil" do Direito Administrativo

Programa e Conteúdos da Disciplina de Direito do Ambiente 189

– A dualidade "esquizofrénica" do regime jurídico da responsabilidade civil administrativa. Ilogicidade e inadequação da distinção entre gestão pública e gestão privada como critério de regulação da responsabilidade civil administrativa
– As alterações introduzidas pela recente reforma do Contencioso Administrativo (artigo 4.º, n.º 1, alíneas g, h, j, do E.TA.F. – D.L. n.º 13/ 2002, de 22 de Fevereiro) que, no entanto, ficou a "meio do caminho": unidade jurisdicional do contencioso da responsabilidade civil pública, mas "dualidade" de regimes jurídicos aplicáveis. A "urgência" de uma nova lei da responsabilidade civil pública "conforme ao processo" (para além da referida necessidade de uma específica lei de responsabilidade civil ambiental)

3.2.2.1 – Regime da denominada responsabilidade por actos de gestão pública

– Problemas e limitações da legislação aplicável à responsabilidade civil ambiental administrativa decorrente de uma "actuação de gestão pública" (D.-L. n.º 48 051, de 21 de Novembro de 1967).
– A responsabilidade por facto ilícito culposo. Os pressupostos: do facto (acção ou omissão) ilícito (violador tanto de regras jurídicas como técnicas, ou outras); da culpa (determinada de "forma objectivada", quer o facto seja imputável a um concreto sujeito, quer se trate de "culpa do serviço"); do prejuízo (com a necessidade de distinguir os prejuízos "subjectivizáveis", dos produzidos objectivamente em relação a toda a comunidade e, de entre os primeiros, saber quais os "insuportáveis"); do nexo de causalidade (considerando a referida necessidade de uma "causalidade adequada ao ambiente")
– A responsabilidade pelo risco de funcionamento dos serviços públicos
– A responsabilidade por actos lícitos, ou pelo prejuízo, e as potencialidades da sua aplicação a uma multiplicidade de situações do domínio ambiental

3.2.2.2 – Regime da denominada responsabilidade por actos de gestão privada

– Problemas e limitações do regime jurídico aplicável à responsabilidade civil ambiental administrativa decorrente de uma "actuação de gestão privada" (constante do Código Civil)
– Regime jurídico da responsabilidade civil ambiental por actos ilícitos e pelo risco (remissão)

IDENTIFICAÇÃO DOS CONTEÚDOS NA "TRILOGIA (PEDAGÓGICA) VERDE"

A) VASCO PEREIRA DA SILVA, «Verde Cor de Direito, Lições de Direito do Ambiente», páginas 248 a 269.

B) VASCO PEREIRA DA SILVA / JOSÉ CUNHAL SENDIM / JOÃO MIRANDA, «O Meu Caderno Verde. Trabalhos Práticos de Direito do Ambiente», páginas 39 e 40 («Questões de Estudo»); páginas 509 e seguintes (Capítulo VII – «Jurisprudência Ambiental»), páginas 601 e seguintes (Capítulo VIII – «Pareceres e Recomendações em Matéria de Ambiente).

C) VASCO PEREIRA DA SILVA / JOÃO MIRANDA, «Verde Código. Legislação de Direito do Ambiente», páginas 703 e seguintes (V – «Conflitos Ecológicos: o Contencioso do Ambiente», «B – Responsabilidade Ambiental»).

SUGESTÕES COMPLEMENTARES DE LEITURA

FREITAS DO AMARAL
– «Direito Administrativo», vol. III, lições policopiadas, Lisboa, páginas 471 e seguintes.
– «Lei de Bases do Ambiente e Lei das Associações de Defesa do Ambiente», in «Direito do Ambiente», Instituto Nacional de Administração, Lisboa, 1994, páginas 367 e seguintes.
GOMES CANOTILHO
– «O Problema da Responsabilidade do Estado por Actos Lícitos», Almedina, Coimbra, 1974.

Maria Lúcia Amaral Pinto Correia
- «Responsabilidade do Estado e Dever de Indemnizar do Legislador», Coimbra Editora, Coimbra, 1998.

Branca Martins da Cruz
- «Responsabilidade Civil por Dano Ecológico – Alguns Problemas», in «Lusíada», Número Especial (Actas do I Congresso Internacional de Direito do Ambiente da Universidade Lusíada – Porto), Porto, 1996, páginas 187 e seguintes.

Gema Díez-Picazo Jiménez
- «Responsabilidad Civil Ambiental», in Antonio Vercher Noguera / Gema Díez-Picazo Giménez / Manuel Castanon del Valle, «Responsabilidad Ambiental Penal, Civil y Administrativa», Ecoiuris – La Ley Actualidad, Madrid, 2003, páginas 89 e seguintes.

Luís Díez-Picazo y Ponce de León
- «Los Problemas Jurídicos de los Danos Ambientales», in «A Tutela Jurídica do Meio Ambiente: Presente e Futuro», Boletim da Faculdade de Direito da Universidade de Coimbra, Coimbra Editora, Coimbra, 2005, páginas 119 e seguintes.

José Esteve Pardo
- «Técnica, Riesgo y Derecho – Tratamento del Riesgo Tecnológico en Derecho Ambiental», Ariel Derecho, Barcelona, 1999, páginas 179 e seguintes.

Lucía Gomis Catalá
- «Responsabilidad por Danos al Medio Ambiente», Arazandi, Navarra, 1998.

Jesús Jordano Fraga
- «Responsabilidade por Danos al Medio Ambiente», in «Reparto Competencial en Materia de Medio Ambiente. Control Medioambiental de la Administración Pública», «Estudios de Derecho Judicial, n.º 56, 2004, páginas 325 e seguintes.

Maria da Glória Garcia
- «A Responsabilidade Civil do Estado e demais Pessoas Colectivas Públicas», edição do Conselho Económico e Social, Lisboa, 1997.

Rui Medeiros
- «Ensaio Sobre a Responsabilidade Civil do Estado por Actos Legislativos», Almedina, Coimbra, 1992.
- «Acções de Responsabilidade – Elementos do Regime Jurídico e Contribuições para uma Reforma», Principia, Lisboa, 1999.

CARLOS DE MIGUEL PERALES
- «La Responsabilidad Civil por Danos al Medio Ambiente», Civitas, Madrid, 1993.

FAUSTO DE QUADROS
- «Responsabilidade Civil Extracontratual da Administração Pública» (coorden.), Almedina, Coimbra, 1995.

JOSÉ CUNHAL SENDIM
- «Responsabilidade Civil por Danos Ecológicos. Da Reparação do Dano através de Restauração Natural», Coimbra Editora, Coimbra, 1998.
- «Responsabilidade Civil por Danos Ecológicos», Cadernos CEDOUA – Almedina, Coimbra, 2002.

VASCO PEREIRA DA SILVA
- «Verdes são Também os Direitos do Homem; Responsabilidade Administrativa em Matéria de Ambiente», Principia, Cascais, 2000, páginas 23 e seguintes.
- «"Era uma vez..." O Contencioso da Responsabilidade Civil Pública», in «Cadernos de Justiça Administrativa», n.º 40, Julho / /Agosto, 2003, páginas 60 e seguintes.
- «O Contencioso Administrativo no Divã da Psicanálise. Ensaio sobre as Acções no Novo Processo Administrativo», Almedina, Coimbra, 2005 (vide páginas 472 e seguintes).

Programa e Conteúdos da Disciplina de Direito do Ambiente 193

20.ª LIÇÃO

SUMÁRIO:

V – CONFLITOS ECOLÓGICOS: O CONTENCIOSO DO AMBIENTE
 3.2 – O actual regime jurídico português de responsabilidade civil em matéria de ambiente (continuação)
  3.2.3 – O regime especial de responsabilidade estabelecido na Lei de Acção Popular
  3.2.4 – O regime jurídico privado da responsabilidade civil ambiental
 3.3 – O Direito Europeu da responsabilidade civil ambiental e a necessidade de reforma do direito português

EXPLICITAÇÃO SUMÁRIA DOS CONTEÚDOS "VERDES" A LECCIONAR

V – CONFLITOS ECOLÓGICOS: O CONTENCIOSO DO AMBIENTE

3.2 – O actual regime jurídico português de responsabilidade civil em matéria de ambiente (continuação)

3.2.3 – O regime especial de responsabilidade estabelecido na Lei de Acção Popular

– O estabelecimento de um regime específico de responsabilidade civil (também ambiental) comum a relações públicas e privadas, sempre que esteja em causa uma acção popular
– A confusão entre a tutela objectiva e subjectiva de interesses ambientais e a necessidade de interpretação correctiva da Lei da Acção Popular, restringindo o respectivo âmbito de aplicação à defesa da legalidade e do interesse público ("independentemente de interesse directo na demanda", artigo 2.°, n.° 1, *in fine,* da Lei da Acção Popular). A "confirmação desta interpretação" pela recente reforma do Contencioso Administrativo (artigo 9.°, n.° 2, do CPTA – Lei n.° 15/2002, de 22 de Fevereiro)
– Equívocos e incongruências da Lei da Acção Popular (Lei 83/95,

de 31 de Agosto), em especial no que respeita à regulação da responsabilidade civil no domínio ambiental

– Os "modelos" (teóricos e de direito comparado) de responsabilidade civil: a lógica "ressarcitória" e a lógica "punitiva" ("punitive dammages")

– O sentido útil do regime jurídico da responsabilidade civil ambiental da Lei da Acção Popular como limitado à defesa da legalidade e do interesse público, para a tutela "punitiva" de danos objectivos (também chamados "danos ecológicos") ao ambiente

– Originalidade e relevância, no direito português, desta "nova dimensão" da responsabilidade civil, mormente em termos ambientais, e a necessidade de completar e aperfeiçoar o respectivo regime jurídico, nomeadamente procedendo à sua compatibilização e integração com as demais modalidades de responsabilidade civil

3.2.4 – O regime jurídico privado da responsabilidade civil ambiental

– Âmbito de aplicação: relações jurídicas privadas e relações jurídicas (públicas) em que o sujeito público pratique actos de gestão privada. Inadequação do regime jurídico constante do Código Civil tanto do ponto de vista do âmbito de aplicação às relações administrativas, como em razão da não consideração das especificidades da problemática ambiental

– O regime da responsabilidade civil ambiental por actos ilícitos

– O regime da responsabilidade civil ambiental objectiva ou pelo risco. O "deficit" de regulação da matéria da responsabilidade civil objectiva e a necessidade de interpretação das normas vigentes em termos "conformes à Constituição" e à Lei de Bases do Ambiente

– O problema dos seguros de responsabilidade civil ambiental

3.3 – O Direito Europeu da responsabilidade civil ambiental e a necessidade de reforma do direito português

– A nova directiva comunitária relativa à responsabilidade ambiental (2004/35/CE) e o estabelecimento de um "novo paradigma", que

Programa e Conteúdos da Disciplina de Direito do Ambiente 195

conjuga prevenção e reparação, responsabilizando de forma directa as autoridades públicas pelos danos ambientais verificados (independentemente da possibilidade destas virem, depois, responsabilizar os sujeitos – privados ou públicos – causadores do dano)
– Principais inovações introduzidas pelo regime da Directiva: estabelecimento de uma responsabilidade pública, de primeira linha, que é independente da posterior responsabilização do sujeito (público ou privado) causador do dano; adopção de uma noção ampla e objectiva de "dano ambiental" (que põe em causa a distinção doutrinária entre "dano ambiental" e "dano ecológico", alargando o primeiro de modo a abarcar também o segundo); conjugação de acções de prevenção com acções de reparação; preferência pela "reconstituição natural" em vez da "reparação"; estabelecimento de deveres de colaboração entre os Estados membros em matéria de prevenção e de reparação
– A necessidade de "dar cumprimento" ao Direito Europeu como "oportunidade ideal", não apenas para transposição da Directiva, mas também para regular de forma sistemática e integrada, através de lei própria, todo o "universo jurídico" da responsabilidade civil em matéria de ambiente

IDENTIFICAÇÃO DOS CONTEÚDOS NA "TRILOGIA (PEDAGÓGICA) VERDE"

A) Vasco Pereira da Silva, «Verde Cor de Direito, Lições de Direito do Ambiente», páginas 248 a 275.

B) Vasco Pereira da Silva / José Cunhal Sendim / João Miranda, «O Meu Caderno Verde. Trabalhos Práticos de Direito do Ambiente», páginas 39 e 40 («Questões de Estudo»), páginas 509 e seguintes (Capítulo VII – «Jurisprudência Ambiental»), páginas 601 e seguintes (Capítulo VIII – «Pareceres e Recomendações em Matéria de Ambiente).

C) Vasco Pereira da Silva / João Miranda, «Verde Código. Legislação de Direito do Ambiente», páginas 703 e seguintes (V – «Conflitos Ecológicos: o Contencioso do Ambiente», «B – Responsabilidade Ambiental»).

SUGESTÕES COMPLEMENTARES DE LEITURA

HENRIQUE SOUSA ANTUNES
- «Ambiente e Responsabilidade Civil», in «Estudos de Direito do Ambiente», Publicações Universidade Católica, Porto, 2003, páginas 149 e seguintes.

BERND BECKER
- «Einfuehrung in die Richtlinien ueber Umwelthaftung zur Vermeidung und Sanierung vom Umweltschaeden», in «Neue Zeitschrift fuer Verwaltungsrecht», n.º 4, 2005, páginas 371 e seguintes.

CHRIS CLARKE
- «Direito Civil *versus* Direito Público: as Diferentes Abordagens», in VÁRIOS, «Actas – Conferência Internacional sobre Responsabilidade Ambiental», «Revista de Direito do Ambiente e do Ordenamento do Território», n.º 10 (n.º especial), Novembro 2002, páginas 64 e seguintes.

JESÚS CONDE ANTEQUERA
- «El Deber Jurídico de Restauración Ambiental», Editorial Comares, Granada, 2004.

GEMA DÍEZ-PICAZO JIMÉNEZ
- «Responsabilidad Civil Ambiental», in ANTONIO VERCHER NOGUERA / GEMA DÍEZ-PICAZO GIMÉNEZ / MANUEL CASTANON DEL VALLE, «Responsabilidad Ambiental Penal, Civil y Administrativa», Ecoiuris – La Ley Actaulidad, Madrid, 2003, páginas 89 e seguintes.

MICHEL DOUMENQ
- «Le Contentieux Indémnitaire devant le Juge Administratif», in «Lusíada», Número Especial (Actas do I Congresso Internacional de Direito do Ambiente da Universidade Lusíada – Porto), Porto, 1996, páginas 57 e seguintes.

VALERIE FOGLEMAN
- «Avaliação Crítica do Enquadramento Jurídico do Regime Proposto e as Consequências Práticas da sua Aplicação», in VÁRIOS, «Actas – Conferência Internacional sobre Responsabilidade Ambiental», «Revista de Direito do Ambiente e do Ordenamento do Território», n.º 10 (n.º especial), Novembro 2002, páginas 88 e seguintes.

CÉLIA GOMES / EDUARDO PEREIRA
- «Seguro de Responsabilidade Civil Poluição», in «Ambiente –

Textos», Centro de Estudos Judiciários, Lisboa, 1994, páginas 429 e seguintes.

JESÚS JORDANO FRAGA
– «Riesgos del Desarrollo como Causa de Exclusión en la Directiva del Parlamento y del Consejo sobre Responsabilidad Medioambiental en relación con la Prevención y Reparación de Danos Ambientales» in «Actas del V Congreso Nacional de Derecho Ambiental», in «Revista Arazandi de Derecho Ambiental (Monografía)», n.° 5, Navarra, 2004, páginas 27 e seguintes.

FRANCO GIAMPIETRO
– «La Direttiva Communitaria n. 2004/ 35 / CE, sulla Responsabilità per Danno all' Ambiente: Esame Comparato com L' Esperienza Italiana», in «Lusíada – Direito – Universidade Lusíada – Porto», nos 1 e 2, 2003, páginas 313 e seguintes.

ADA PELLEGRINI GRINOVER
– «A Acção Popular Portuguesa: uma Análise Comparativa», in «Lusíada – Revista de Ciência e Cultura», Número especial (Actas do I Congresso Internacional de Direito do Ambiente da Universidade Lusíada – Porto), 1996, páginas 245 e seguintes.

LUDWIG KRAEMER
– «EC Envronmental Law», 5.ª edição, Thomson / Maxwell & Smith, London, 2003 (vide páginas 167 e seguintes).

BRIAN JONES
– «A Directiva sobre Responsabilidade Ambiental: Propostas da Comissão Europeia», in VÁRIOS, «Actas – Conferência Internacional sobre Responsabilidade Ambiental», «Revista de Direito do Ambiente e do Ordenamento do Território», n.° 10 (n.° especial), Novembro 2002, páginas 36 e seguintes.

LISBOA DE LIMA
– «O Seguro e o Ambiente», in «Ambiente – Textos», Centro de Estudos Judiciários, Lisboa, 1994, páginas 429 e seguintes.

RUI MACHETE
– «Acção Procedimental e Acção Popular – Alguns dos Problemas Suscitados pela Lei n.° 83/95, de 31 de Agosto», in «Lusíada – Revista de Ciência e Cultura», Número especial (Actas do I Congresso Internacional de Direito do Ambiente da Universidade Lusíada – Porto), 1996, páginas 263 e seguintes.

ANTÓNIO PAYAN MARTINS
– «Class Actions em Portugal», Cosmos, Lisboa, 1999.

ISABEL MERTENS
- «A Perspectiva Portuguesa: Introdução ao Tema e Síntese das Principais Questões e Desafios de um Regime de Responsabilidade Ambiental», in VÁRIOS, «Actas – Conferência Internacional sobre Responsabilidade Ambiental», «Revista de Direito do Ambiente e do Ordenamento do Território», n.º 10 (n.º especial), Novembro 2002, páginas 211 e seguintes

JORGE SINDE MONTEIRO
- «Protecção dos Interesses Económicos na Responsabilidade Civil por Dano Ambiental», in «A Tutela Jurídica do Meio Ambiente: Presente e Futuro», Boletim da Faculdade de Direito da Universidade de Coimbra, Coimbra Editora, Coimbra, 2005, páginas 133 e seguintes.

JOÃO PEREIRA REIS
- «Lei de Bases do Ambiente – Anotada e Comentada», Almedina, Coimbra, 1992, páginas 86 e seguintes.

PAULA RIOS
- «A Experiência Portuguesa em Seguros de Danos ao Meio Ambiente e as Prováveis Mudanças face à Nova Directiva», in VÁRIOS, «Actas – Conferência Internacional sobre Responsabilidade Ambiental», «Revista de Direito do Ambiente e do Ordenamento do Território», n.º 10 (n.º especial), Novembro 2002, páginas 115 e seguintes.

ANA SALGUEIRO
- «Proposta para uma Directiva de Responsabilidade Ambiental», in VÁRIOS, «Actas – Conferência Internacional sobre Responsabilidade Ambiental», «Revista de Direito do Ambiente e do Ordenamento do Território», n.º 10 (n.º especial), Novembro 2002, páginas 227 e seguintes.

FRANK ANDREAS SCHENDEL
- «Proposta para uma Directiva de Responsabilidade Ambiental», in VÁRIOS, «Actas – Conferência Internacional sobre Responsabilidade Ambiental», «Revista de Direito do Ambiente e do Ordenamento do Território», n.º 10 (n.º especial), Novembro 2002, páginas 103 e seguintes.

VASCO PEREIRA DA SILVA
- «Verdes são Também os Direitos do Homem; Responsabilidade Administrativa em Matéria de Ambiente», Principia, Cascais, 2000, páginas 23 e seguintes.

Programa e Conteúdos da Disciplina de Direito do Ambiente   199

– «"Era uma vez..." O Contencioso da Responsabilidade Civil Pública», in «Cadernos de Justiça Administrativa», n.º 40, Julho / / Agosto, 2003, páginas 60 e seguintes.
– «O Contencioso Administrativo no Divã da Psicanálise. Ensaio sobre as Acções no Novo Processo Administrativo», Almedina, Coimbra, 2005 (vide páginas 472 e seguintes).

VÁRIOS

– «Actas – Conferência Internacional sobre Responsabilidade Ambiental», «Revista de Direito do Ambiente e do Ordenamento do Território», n.º 10 (n.º especial), Novembro 2002.

21.ª LIÇÃO

SUMÁRIO:

V – CONFLITOS ECOLÓGICOS: O CONTENCIOSO DO AMBIENTE
4 – Breve nota sobre o Direito Sancionatório do Ambiente
   4.1 – Alternatividade ou complementaridade da tutela penal e da tutela
   contra-ordenacional do ambiente?
   4.2 – O Direito Penal do Ambiente
   4.3 – O Direito Contra-ordenacional do Ambiente

EXPLICITAÇÃO SUMÁRIA DOS CONTEÚDOS "VERDES" A LECCIONAR

V – CONFLITOS ECOLÓGICOS: O CONTENCIOSO DO AMBIENTE

4 – Breve nota sobre o Direito Sancionatório do Ambiente

4.1 – Alternatividade ou complementaridade da tutela penal e da tutela contra-ordenacional do ambiente?

– Natureza recente do Direito Sancionatório do Ambiente. Sua relevância como instrumento de realização do Estado de Direito de
Ambiente
– A "primeira questão" (historicamente colocada): saber se pode, ou
não, haver Direito Penal do Ambiente?
– O ambiente como valor essencial das sociedades modernas e como
bem jurídico fundamental integrante do "contrato social" – a Constituição portuguesa de Ambiente –, na sua dupla dimensão de direito fundamental e de tarefa estadual
– A "segunda questão" (ainda) actual (a colocar): saber se vale, ou
não, a pena o Direito Penal do Ambiente?
– Vantagens e inconvenientes da tutela do ambiente pela via penal ou
pela via contra-ordenacional
– A "resposta conciliatória" ao dilema inicial: necessidade de combinação da via penal com a via contra-ordenacional para a defesa
adequada e dos bens e valores ambientais

4.2 – O Direito Penal do Ambiente

– Os crimes ambientais no direito português.
– O problema das normas penais "em branco" e a questão da inevitável "acessoriedade administrativa" dos crimes ambientais. Sentido e limites (constitucionais)

4.3 – O Direito Contra-ordenacional do Ambiente

– Breve referência ao regime geral das contra-ordenações e a alguns regimes especiais constantes de leis ambientais
– A necessidade de se proceder ao levantamento de todas as modalidades de sanções administrativas em matéria ambiental, vigentes no nosso ordenamento jurídico, a fim de permitir a compatibilização e a sistematização dos respectivos regimes jurídicos
– As recentes iniciativas legislativas tendentes à elaboração de uma Lei Geral das Contra-ordenações Ambientais

IDENTIFICAÇÃO DOS CONTEÚDOS NA "TRILOGIA (PEDAGÓGICA) VERDE"

A) VASCO PEREIRA DA SILVA, «Verde Cor de Direito, Lições de Direito do Ambiente», páginas 275 a 286.

B) VASCO PEREIRA DA SILVA / JOSÉ CUNHAL SENDIM / JOÃO MIRANDA, «O Meu Caderno Verde. Trabalhos Práticos de Direito do Ambiente», páginas 40 e 41 («Questões de Estudo»), páginas 517 a 531 (Capítulo VII – «Jurisprudência Ambiental»).

C) VASCO PEREIRA DA SILVA / JOÃO MIRANDA, «Verde Código. Legislação de Direito do Ambiente», páginas 779 e seguintes (V – «Conflitos Ecológicos: o Contencioso do Ambiente», «C – Sanções Ambientais», 1. Crimes Ambientais, 2. Contra-ordenações ambientais»).

SUGESTÕES COMPLEMENTARES DE LEITURA

MARIA JOÃO ANTUNES
– «A Responsabilidade Criminal das Pessoas Colectivas entre o Di-

reito Penal Tradicional e o Novo Direito Penal», in «Lusíada –
Direito – Universidade Lusíada – Porto», nos 1 e 2, 2003, páginas
357 e seguintes.

Silvina Bacigalupo
– La Responsabilidad Penal de las Personas Jurídicas», Bosch, Barcelona, 1998.

Luis Burrillo Borrego
– «La Acreditáción de los Hechos en el Proceso Penal Medioambiental», in in «Actas del V Congreso Nacional de Derecho Ambiental»,
in «Revista Arazandi de Derecho Ambiental (Monografía)», n.° 5,
Navarra, 2004, páginas 59 e seguintes.

Dario Bortolotti
– «Potere Pubblico ed Ambiente – Contributo allo Studio della "Etero-
-Integrazione" di Norma Penale», Giuffrè, Milano, 1984.

Jorge dos Reis Bravo
– «A Tutela Penal dos Interesses Difusos – A Relevância Criminal na
Protecção do Ambiente, do Consumo e do Património Cultural»,
Coimbra Editora, Coimbra, 1997.

Manuel Castanon del Valle
– «Responsabilidad Administrativa Ambiental», in Antonio Vercher Noguera / Gema Díez-Picazo Giménez / Manuel Castanon
del Valle, «Responsabilidad Ambiental Penal, Civil y Administrativa», Ecoiuris – La Ley Actualidad, Madrid, 2003, páginas 175
e seguintes.

Jorge Figueiredo Dias
– «Sobre o Papel do Direito Penal na Protecção do Ambiente», in
«Revista de Direito e Economia», 1978, n.° 1 (Janeiro/Junho),
páginas 3 e seguintes.
– «Sobre a Tutela Jurídico-Penal do Ambiente: Um Quarto de Século
Depois», in «Estudos em Homenagem a Cunha Rodrigues», vo-
lume I, Coimbra Editora, Coimbra, 2002.
– «A Tutela Jurídico-Penal do Ambiente: Um Ponto de Vista Portu-
guês», in «A Tutela Jurídica do Meio Ambiente: Presente e Futuro»,
Boletim da Faculdade de Direito da Universidade de Coimbra,
Coimbra Editora, Coimbra, 2005, páginas 179 e seguintes.

Paulo Silva Fernandes
– «Globalização, "Sociedade de Risco" e o Futuro do Direito Penal»,
Almedina, Coimbra, 2001.

Winfred Hassemer
- «A Preservação do Meio-Ambiente Através do Direito Penal», in «Lusíada, Revista de Ciência e Cultura», número especial, 1996, páginas 317 e seguintes.

Kloepfer / Vierhaus
- «Umweltstrafrecht», 2.ª edição, Beck, Muenchen, 2002.

Richard J. Lazarus
- «Meeting the Demands of Integration in the Evolution of Environmental Law: Reforming Environmental Criminal Law», in «The Georgetown Law Journal», n.º 7, Septembro 1995, páginas 2407 e ss..

C. Lesmes Serrano / F. Román García / S. Milàns de Bosch y J. de Urries / E. Ortega Martín
- «Derecho Penal Administrativo (Ordenación del Territorio, Patrimonio Histórico y Medio Ambiente)», Editorial Comares, 1997, Granada.

Pedro Garcia Marques
- «Direito Penal do Ambiente: Necessidade Social ou Fuga para a Frente?», in «Direito e Justiça», 1999, tomos II (páginas 163 e seguintes), e III (páginas 191 e seguintes).

Nuria Matellanes Rodríguez
- «Medio Ambiente y Funcionarios Publicos – Análisis del Tipo Objectivo del Articulo 329 del Código Penal», Bosch, Barcelona, 2000.

Paulo de Sousa Mendes
- «Vale a Pena o Direito Penal do Ambiente?», A.A.F.D.L., Lisboa, 2000.

José Adriano Souto Moura
- «Crimes contra o Ambiente», in «Revista de Direito do Ambiente e Ordenamento do Território», n.º 3, Outubro, 1998, páginas 51 e seguintes.

Maria Fernanda Palma
- «Direito Penal do Ambiente – Uma Primeira Abordagem», in «Direito do Ambiente», Instituto Nacional de Administração, 1994, páginas 431 e seguintes.
- «Novas Formas de Criminalidade: O Problema do Direito Penal do Ambiente», in «Estudos Comemorativos do 150.º Aniversário do Tribunal da Boa Hora», Ministério da Justiça, Lisboa, páginas 199 e seguintes.

LUCA RAMACCI
- «Manuale di Diritto Penale Dell' Ambiente», 2.ª edição, CEDAM, Padova, 2003.

ANABELA MIRANDA RODRIGUES
- «Poluição», in FIGUEIREDO DIAS (coord.), «Comentário Conimbricence ao Código Penal», tomo II, Coimbra Editora. Coimbra, 1999, páginas 944 e seguintes.

GONZALO RODRÍGUEZ MOURULLO
- «Limitaciones del Derecho Penal del Medio Ambiente: Alternativas Politico-Criminales», in «A Tutela Jurídica do Meio Ambiente: Presente e Futuro», Boletim da Faculdade de Direito da Universidade de Coimbra, Coimbra Editora, Coimbra, 2005, páginas 161 e seguintes.

FLORIAN SCHMALENBERG
- «Ein europaeisches Umweltstrafrecht», BWV – Berliner Wissenschafts-Verlag, Berlin, 2003.

GERMANO MARQUES DA SILVA
- «A Tutela Penal do Ambiente», in «Estudos de Direito do Ambiente», Publicações Universidade Católica, Porto, 2003, páginas 9 e seguintes.

CARLOS ADÉRITO TEIXEIRA
- «Fiscalidade Ecológica – Uma Ideia em Busca de Afirmação», in «Revista de Direito do Ambiente e Ordenamento do Território», números 6 e 7, 2001, páginas 33 e seguintes.

ANTONIO VERCHER NOGUERA
- «Responsabilidad Penal Ambiental», in ANTONIO VERCHER NOGUERA / GEMA DÍEZ-PICAZO GIMÉNEZ / MANUEL CASTANON DEL VALLE, «Responsabilidad Ambiental Penal, Civil y Administrativa», Ecoiuris – La Ley Actualidad, Madrid, 2003, páginas 11 e seguintes.

III

UTILIZANDO AS "MELHORES TÉCNICAS DISPONÍVEIS" PARA ENSINAR DIREITO DO AMBIENTE. OS MÉTODOS DE ENSINO

1 – Problemas gerais
2 – Aulas teóricas
3 – Aulas práticas
    3.1 – Explicitação da matéria e esclarecimento de dúvidas
    3.2 – Resolução de casos práticos
    3.3 – Realização de debates
    3.4 – Comentários de jurisprudência
    3.5 – Trabalhos de investigação
    3.6 – Europeização do ensino do Direito, utilização jurídica de línguas estrangeiras e de novas tecnologias
    3.7 – Outras actividades complementares
4 – Simulações de julgamento
5 – Sistema de avaliação e provas de exame

III

UTILIZANDO AS "MELHORES TÉCNICAS DISPONÍVEIS" PARA ENSINAR DIREITO DO AMBIENTE. OS MÉTODOS DE ENSINO

1 – Problemas gerais

Depois da "avaliação do impacto" do ensino do Direito do Ambiente – que implicou a verificação do "estado da arte" da metodologia de ensino das ciências jurídicas e jurídico-ambientais, assim como das respectivas "envolventes externas", tanto nacionais como europeias –, cabe agora garantir a utilização das "melhores técnicas disponíveis" (à semelhança do estabelecido na Lei da Licença Ambiental)[111] na leccionação da disciplina. É, pois, altura de passar do enquadramento prévio das questões metodológicas para o "teste" dos "métodos de ensino" de Direito do Ambiente, fazendo um «exercício prático de aplicação dessas considerações didácticas»[112].

Em termos didácticos, o desenvolvimento de técnicas de ensino que atribuíam aos estudantes um papel activo no processo de aprendizagem, no século passado, significou uma autêntica "revolução coperniciana" em relação aos métodos tradicionais, que se preocupavam exclusivamente com a intervenção do professor. Mudança de paradigma que, se era comum a todos o graus de ensino, deveria manifestar-se também – e com maior premência ainda – no ensino superior (tendo em conta a idade, maturidade e prévia experiência escolar dos estudantes). Mas a concretização dessas profundas transformações nos métodos pedagógicos levou também ao

---

[111] Vide o artigo 8.º, n.º 1, do Decreto-Lei n.º 194/ 2000, de 21 de Agosto, (Lei da Licença Ambiental), onde se estabelece que nas instalações a licenciar «sejam adoptadas as medidas preventivas adequadas ao combate à poluição, designadamente mediante a utilização das melhores técnicas disponíveis».

[112] Vide VASCO PEREIRA DA SILVA, «Ensinar D. (a D.) C. A.», cit., p. 113.

afastamento das suas visões mais radicais, pelo que, hoje em dia, «depois de quase um século de controvérsias» pedagógicas, a «oposição maniqueísta entre o ensino centrado no mestre e o ensino centrado no aluno parece ultrapassada» (VIVIANNE DE LANDSHEERE), tendo dado origem à busca de métodos eclécticos, que atribuem um papel activo tanto a discentes como docentes – ainda que, eventualmente, com maior preocupação por um ou outro desses pólos da relação de ensino –, de acordo com uma espécie de "movimento pendular" (VIVIANNE DE LANDSHEERE)[113].

Assim, no que respeita ao ensino do Direito, e em particular do Direito do Ambiente seria absolutamente impensável a adopção de uma perspectiva metodológica que não levasse em conta a participação dos estudantes como sujeitos activos do processo de aprendizagem, os quais devem ser antes convidados a construir os respectivos quadros mentais, mediante o estudo e o aprofundamento de concepções e argumentos alheios (quer sejam retirados da ordem jurídica interna quer da europeia, da experiência histórica como do presente), de modo a permitir que estejam em condições de "compreender os problemas", assim como de formular os seus próprios "juízos fundamentados" e de elaborar e de apresentar "alternativas" (teóricas e práticas) de "solução hipotética" das questões. Mas seria igualmente "incompleta" uma concepção pedagógica adequada ao ensino universitário que não tivesse em devida conta o papel do professor, «que elaborou ele próprio o saber que transmite (através da investigação e da teorização)», no âmbito de disciplinas académicas caracterizadas por serem dotadas de um elevado grau de complexidade, «especificidade, tecnicidade e especialização das matérias»[114].

No que respeita ao ensino das ciências jurídicas, em Portugal, hoje em dia, esta orientação metodológica "ecléctica", que considera simultaneamente o papel do estudante e do professor (ainda que podendo centrar mais a sua atenção, ora num, ora no outro, consoante a perspectiva, ou as circunstâncias de que se parta) manifesta-se também na distinção entre aulas teóricas e aulas práticas. Assim, por um lado, o referido «movimento pendular entre professor e aluno (...) deve igualmente variar em razão da natureza da lição em causa, devendo o ensino ser primariamente centrado no professor, se se tratar de uma aula teórica, ou no estudante, se se tratar

---

[113] Vide VIVIANNE DE LANDSHEERE, «Educação e Formação – Ciência e Prática» (tradução), Edições Asa, Lisboa, 1994, página 97.

[114] Vide VASCO PEREIRA DA SILVA, «Ensinar D. (a D.) C. A.», cit., p. 113.

de uma aula prática»[115], por outro lado, mesmo quando em cada uma dessas modalidades de lições se verificar a tendencial valorização de um dos pólos, nos termos referidos, tal não significa nunca o descurar do pólo oposto, pelo que haverá sempre que considerar o papel conjugado de professores e estudantes como sujeitos activos do procedimento educativo.

A dicotomia aulas teóricas / aulas práticas, que já é tradicional entre nós, assenta na «distinção pedagógica (...) entre um estudo dirigido fundamentalmente a uma formação sistemática e um estudo complementar mais concreto – analítico, exemplificador e crítico» –, no ensino de «uma ciência prática» – como é o caso do Direito –, que «não permite a distinção entre um momento puramente teórico e um momento de aplicação, experimentação ou prático, tal como o permitem as ciências rigorosamente teóricas e as experimentais» (CASTANHEIRA NEVES)[116].

Assim, as aulas teóricas e as aulas práticas «correspondem a dois momentos diferenciados de formação dos estudantes, respectivamente»: de «exposição (de modo a permitir a aprendizagem e a assimilação) de conceitos, princípios, concepções dogmáticas», e de «esclarecimento, exemplificação e aplicação desses conhecimentos, mediante o estabelecimento de um diálogo entre o professor e o aluno, com a colaboração activa deste»[117]. Nas aulas teóricas, as técnicas pedagógicas devem centrar-se tendencialmente na pessoa do professor, que expõe a matéria, perante «uma audiência que é convidada a escutar a lição e que, por isso, assume uma posição receptiva, o que, contudo, não deve ser sinónimo de passividade»; enquanto que as aulas práticas devem estar centradas tendencialmente nas pessoas dos estudantes, cabendo ao docente «orientar uma discussão sobre um tema lectivo», mediante as técnicas necessárias para incentivar «a participação do aluno», assumindo «o papel de direcção e de condução de um diálogo que se deve alargar a todos os presentes» (TEIXEIRA DE SOUSA)[118].

---

[115] Vide VASCO PEREIRA DA SILVA, «Ensinar D. (a D.) C. A.», cit., p. 113.

[116] CASTANHEIRA NEVES, «Relatório com a Justificação do Sentido e Objectivo Pedagógico, o Programa, os Conteúdos e os Métodos de um Curso de "Introdução ao Estudo do Direito"», Coimbra, 1976, páginas 190 e 191.

[117] VASCO PEREIRA DA SILVA, «Ensinar D. (a D.) C. A.», cit., p. 115.

[118] MIGUEL TEIXEIRA DE SOUSA, «Aspectos Metodológicos e Didácticos do Direito Processual Civil», in «Revista da Faculdade de Direito da Universidade de Lisboa», volume XXXV, 1994, página 339.

A distinção entre aulas teóricas e práticas representou o modo como o ensino do Direito, entre nós, superou a clássica contraposição entre dois modelos (históricos) antagónicos de formação dos juristas: «o europeu continental, baseado na tradição da "escola de Bolonha", de carácter livresco e preocupado exclusivamente com a formação teórica dos estudantes, e o inglês ou anglo-saxónico, de carácter profissionalizante, privilegiando a aprendizagem prática, que era realizada no âmbito das diferentes corporações profissionais». Dimensão teórica e dimensão prática do ensino do direito que, em nossos dias, se transformaram em «duas faces da mesma moeda», enquanto vertentes indispensáveis e complementares da formação universitária dos juristas. Já que a complexidade das questões jurídicas e a europeização – quando não mesmo a globalização – dos fenómenos jurídicos conduziu à necessidade de conjugação das perspectivas teórica e prática da formação jurídica, conduzindo, em toda a parte, à «transformação e aproximação dos modelos históricos de ensino» do Direito (FILIPPO RAINIERI)[119].

O desafio de conciliação entre teoria e prática no ensino do Direito, conjugando o estudo teórico aprofundado da disciplina com o treino das aptidões técnicas necessárias para o exercício das profissões jurídicas, passa, pois, entre nós, pela complementaridade de aulas teóricas e práticas na formação do "jurista integral"[120].

A este propósito, julgo que o esquema actualmente adoptado, na Faculdade de Direito da Universidade de Lisboa, se é adequado no que respeita à conjugação de aulas teóricas e práticas, peca pela sua excessiva rigidez, já que aplica invariavelmente a qualquer disciplina o mesmo modelo (de 2 aulas teóricas mais 3 aulas práticas), além de ter como pressuposto um plano curricular "clássico" (com disciplinas anuais, em número reduzido, e em que as opções só são possíveis nos 2 últimos anos). Ora, da minha perspectiva, olhando a questão de forma dinâmica, e tendo em conta a necessidade de reforma global do sistema em função da criação do "espaço europeu de ensino universitário" (conforme se referiu), julgo que a "grelha" correspondente à mais elevada carga horária deverá antes

---

[119] FILIPPO RAINIERI, «Juristen fuer Europa: Wahre und falsche Probleme in der derzeitigen Reformdiskussion zur deutschen Juristenausbildung», in «Juristen Zeitung», n.º 17, Setembro de 1997, páginas 806 e 808.

[120] Posição que vai no mesmo sentido de JORGE MIRANDA, ao defender a «distinção das aulas teóricas e práticas», assim como a «unidade, ou talvez melhor, a complementaridade do ensino teórico e do ensino prático» (JORGE MIRANDA, «Relatório com o P., os C. e os M. de E. de D. F.», cit., in Separata da «Revista da F. de D. da U. de L.», cit., p. 313).

corresponder a 2 aulas teóricas para 2 aulas práticas, de modo a permitir "libertar" tempo lectivo para a leccionação em cada semestre de mais disciplinas, de natureza optativa, mantendo embora o "equilíbrio" entre aulas teóricas e práticas. Além de que tal "grelha" deve valer apenas para as disciplinas obrigatórias (todas semestrais e que devem ser em número mais reduzido do que actualmente), ou às quais tenha sido atribuído um número mais elevado de créditos (de acordo com o sistema ECTS), ou ainda aquelas cuja natureza eminentemente prática assim o justifique (nomeadamente, disciplinas optativas de natureza processual).

Diferentemente, em relação às demais disciplinas, devem ser adoptadas "grelhas" mais "flexíveis" de conjugação do ensino teórico com o prático, prevendo-se nomeadamente que funcionem apenas com aulas teórico-práticas[121], ou com 2 aulas teóricas e 1 prática, ou 1 teórica e 2 práticas, ou mesmo só com 1 aula teórica e 1 prática, tendo em conta o facto de se tratar de disciplinas de natureza facultativa (que devem ser, em minha opinião, muito mais numerosas do que são hoje, devendo mesmo ser predominantes no "segundo nível" do ensino do direito), ou de corresponder a um montante menos elevado de créditos (podendo, inclusive, algumas delas funcionar em regime de seminário intensivo de 10 ou de 20 horas), ou de possuir uma natureza mais cultural do que técnica (v.g. certas disciplinas de natureza histórica ou filosófica)[122].

---

[121] As aulas teórico-práticas são aquelas «em que numa mesma sessão se combinam momentos de exposição do professor com momentos de participação activa dos alunos» (FREITAS DO AMARAL, «Relatório Sobre o P., os C. e os M. de E. de uma D. de D. A.», cit., in «Revista da F. de D. da U. de L.», cit., p. 316). Da minha perspectiva, este tipo de sessão não deve ser visto como uma alternativa global à tradicional combinação de aulas teóricas e de aulas práticas, a aplicar de forma genérica no ensino de toda e qualquer disciplina jurídica, mas sim apenas como mais um modelo de aula, a ser utilizada sempre que necessário ou conveniente, em razão do objecto de determinadas matérias (de natureza mais teórica do que prática), ou da circunstância de se tratar de uma disciplina de duração reduzida, ou que confere um diminuto número de créditos (ECTS). Daí que me pareça que o modelo de substituição genérica de aulas teóricas e práticas pelas teórico-práticas – tal como sucede de acordo com o modelo adoptado na Faculdade de Direito da Universidade Nova de Lisboa –, e que corresponde a um menor número de horas lectivas por disciplina, corre o risco de conduzir a uma subalternização da componente prática do ensino do direito, o que se me afigura não ser o mais adequado para a formação global dos juristas.

[122] Este modelo de "grelha flexível" quanto ao número e modalidade de aulas corresponde, basicamente, ao que é seguido na Faculdade de Direito da Universidade Católica Portuguesa, desde a reforma curricular de 2003 (que entrou em vigor no ano lectivo de 2003 / 2004).

Assim, em relação à disciplina de Direito do Ambiente, em razão, primeiro, da importância das questões ecológicas no actual modelo de Estado Pós-social; segundo, da respectiva natureza pluridisciplinar (tanto no que se refere a domínios científicos extra-jurídicos, como, sobretudo, aos diferentes ramos da ciência jurídica); terceiro, do seu carácter formativo (que, para além dos instrumentos próprios, implica a utilização de institutos provenientes dos mais diversos ramos da ciência jurídica); quarto, do respectivo objecto respeitar a matérias de natureza substantiva, procedimental e processual, entendo justificar-se que seja considerada como uma disciplina de natureza obrigatória (do "primeiro" ou do "segundo nível" de ensino), à qual deverá corresponder elevado número de créditos e de carga horária (o que corresponderia, actualmente, à "grelha" de 2 aulas teóricas para 3 aulas práticas, mas que em desejada futura reforma deveria passar a corresponder a 2 aulas teóricas para 2 aulas práticas).

Mas, já no que respeita às demais disciplinas jurídico-ambientais, que é necessário criar no quadro da nova lógica do processo de Bolonha – tanto as respeitantes a "ramos especiais" de Direito do Ambiente (v.g. Direito Internacional do Ambiente, Direito Europeu do Ambiente, Direito Administrativo do Ambiente, Direito Fiscal do Ambiente, Direito Penal do Ambiente, Direito Civil do Ambiente), como as que tenham por objecto componentes ambientais, ou fenómenos ecológicos particularmente relevantes (v.g. Direito das Águas, Direito dos Resíduos, Direito da Energia, Direito do Ruído, Direito dos Animais, Direito do Património Natural Abiótico) –, entendo que o respectivo estatuto curricular deve ser o das matérias facultativas e de estrutura flexível (podendo algumas delas funcionar como disciplinas semestrais, embora com "grelhas" que combinem um número mais reduzido de aulas teóricas e práticas, ou ter apenas aulas teórico-práticas, ou ainda apresentar a forma de seminários intensivos de curta duração), susceptível de variação mesmo de semestre para semestre, em função do interesse e das necessidades de professores e estudantes, ou até para satisfazer conjunturais exigências da sociedade civil (v.g. criação de Mestrados especializados, ou de cursos e de seminários de curta duração que correspondam a anseios de instituições nacionais ou estrangeiras, em razão de efemérides especiais – v.g. "Ano dos Oceanos" –, ou de realidades novas – v.g. aplicação do Protocolo de Quioto –, ou de "perigos iminentes" – v.g. o direito da prevenção e do combate da seca, ou da desertificação, ou dos incêndios).

2 – Aulas teóricas

Do ponto de vista pedagógico, tão importantes são as aulas teóricas como as práticas para o ensino de uma qualquer disciplina jurídica. Assim, não compartilho da concepção tradicional de desvalorização da relevância das aulas práticas, de acordo com uma lógica exclusivamente conceptual – como se o direito fosse uma "ciência pura", desligada da realidade envolvente e dos valores e interesses a que procura dar resposta – da mesma maneira como não comungo da visão, actualmente muito generalizada, de diminuir a importância das aulas teóricas, em nome de uma visão tecnicista e pragmática – como se o direito não fosse também uma ciência e se pudesse confundir com a simples prática jurídica, ou com os "usos e costumes" das instituições jurídicas.

Parte da recente tendência para a contestação das aulas teóricas – em geral, e não apenas no que respeita ao ensino do direito –, tem que ver, de resto, com a rejeição generalizada do ensino *ex cathedra*, em que o lente «comunica autoritariamente crenças cuja verdade é tida como incontestável, conhecimentos cuja veracidade é reconhecida, maneiras de agir de que importa não se afastar». Esquecendo que esse estereótipo é «caricatural», já que a transmissão de conhecimentos especializados pelo docente pode ser feita «de forma não dogmática, sublinhando os pontos de incerteza e evocando concepções opostas», além de que «o entusiasmo do professor por aquilo que ensina, a qualidade dos exemplos propostos, a sua vivacidade, o seu sentido de humor e do contraste, a sua sensibilidade às reacções não verbais do auditório» pode ir ao «ponto de suscitar uma verdadeira paixão pela matéria exposta» (VIVIANNE DE LANDSHEERE)[123]. Impõe-se, por isso, não tomar a parte pelo todo e ter em atenção que as aulas teóricas apresentam «múltiplas variedades, que vão da sessão soporífica durante a qual um texto é lido de forma monocórdica à exposição estimulante e cativante, por vezes mesmo hilariante» (VIVIANNE DE LANDSHEERE)[124].

As aulas teóricas desempenham uma multiplicidade de funções, nomeadamente servindo para uma compreensão global e sequencial do objecto da disciplina, funcionando como uma espécie de «"visita guiada" às matérias do programa» para facilitar a sua apreensão (FREITAS DO

---

[123] Vide VIVIANNE DE LANDSHEERE, «Educação e F. – C. e P.», cit., pp. 103 e 104.
[124] Vide VIVIANNE DE LANDSHEERE, «Educação e F. – C. e P.», cit., p. 104.

AMARAL)[125], e fornecendo um modelo de organização e de sistematização para «orientar o aluno no estudo da matéria leccionada» (TEIXEIRA DE SOUSA)[126]. Mas, para além destas, «a aula teórica tem por função principal interessar os estudantes pela disciplina, estimulando-os para o estudo da matéria leccionada», devendo, portanto, «"ser interessante" para quem a dá e para quem a recebe, sob pena de se cair no "erro de DESCARTES"[127], de "separação da razão e da emoção"»[128]. Uma vez que, sendo inseparáveis a emoção da «maquinaria da razão» (MANUEL DAMÁSIO)[129], a função primordial da aula teórica é ser capaz de «comunicar a "paixão" do professor, posta no ensino da matéria (que, por sua vez, decorre da "paixão" que, antes, ele colocara na tarefa de investigação e de teorização), ao estudante que a recebe, de modo a permitir a comunicação entre a "paixão de ensinar" e a "paixão de aprender"»[130].

A leccionação de qualquer aula (neste caso, de uma aula teórica) implica, pois, a combinação da razão com a emoção, do saber com o "engenho e a arte", da ciência com a técnica, em termos tão variáveis como subjectivos. Até porque não existem «"modelos mágicos" de leccionação de aulas teóricas. Uma boa aula teórica é o resultado de múltiplos factores, nem todos controláveis por igual, que vão da preparação da matéria à clareza e lógica da exposição, do grau de conhecimentos à capacidade de comunicação, do interesse da matéria à elegância e à atracção do verbo, da vivacidade e do sentido de humor ao estado físico e à boa ou má disposição do professor»[131].

---

[125] FREITAS DO AMARAL, «Relatório Sobre o P., os C. e os M. de E. de uma D. de D. A.», cit., in «Revista da F. de D. da U. de L.», cit., p. 314.

[126] MIGUEL TEIXEIRA DE SOUSA, «Aspectos M. e D. do D. P. C.», cit., in «Revista da F. de D. da U. de L.», cit., p. 429.

[127] De acordo com MANUEL DAMÁSIO, o "erro de DESCARTES" consiste na «separação radical entre o corpo e a mente, entre a substância corporal, infinitamente divisível, com volume, com dimensões e com um funcionamento mecânico, por um lado, e a substância mental, indivisível, sem volume, sem dimensões e intangível (...). Em concreto: a separação das operações mais refinadas da mente, por um lado, e da estrutura e funcionamento do organismo biológico, para o outro» (Vide MANUEL DAMÁSIO, «O Erro de DESCARTES – Emoção, Razão e Cérebro Humano», 5.ª edição, Europa-América, Mem Martins, 1995, página 255).

[128] VASCO PEREIRA DA SILVA, «Ensinar D. (a D.) C. A.», cit., p. 120.

[129] MANUEL DAMÁSIO, «O Erro de D. – E., R. e C. H.», cit., p. 255.

[130] VASCO PEREIRA DA SILVA, «Ensinar D. (a D.) C. A.», cit., p. 121.

[131] VASCO PEREIRA DA SILVA, «Ensinar D. (a D.) C. A.», cit., p. 118.

Utilizando as "Melhores Técnicas Disponíveis" para Ensinar   215

Procedendo à "arrumação" de algumas das variáveis em questão, pode afirmar-se, conforme antes se escreveu, que a qualidade da aula teórica depende, nomeadamente, dos seguintes factores:

a) «da "arte" do professor», em que são de incluir, entre outros, «o jeito e o gosto de ensinar, a vivacidade e o entusiasmo postos na explanação da matéria, a capacidade de sedução do auditório, a capacidade de improvisação, o poder de captação do sentir do auditório (que são qualidades inatas)»;

b) «da "técnica" utilizada, tanto no que respeita ao modo de organização da exposição, à linearidade, clareza e coerência conceptual e argumentativa do discurso, como naquilo que diz respeito às qualidades mais "cénicas", como sejam a dicção, o modo de entoação das frases, o poder de representação, o modo como se impõe o respeito (e o silêncio)»;

c) «da "ciência" que é comunicada pelo docente, da profundidade, grau de conhecimento científico, capacidade argumentativa e de refutação revelado na exposição da matéria»[132].

Daí a dificuldade em dar uma "boa aula teórica", já que se trata de algo que não se coaduna com certas práticas lectivas, infelizmente existentes[133], como a da «leitura monocórdica de apontamentos ou de um texto escrito em casa», nem com o «"falar para as moscas" ou para as paredes de um auditório vazio», nem sequer com o «monologar com uma assistência repleta de pessoas distraídas ou adormecidas», muito menos com a tentativa de «gritar mais alto do que um coro de estudantes em turbamulta. Mas a sensação de dar uma boa aula teórica, de transmitir a mensagem (o "testemunho") aos estudantes, é também das coisas mais gratificantes da vida de um professor, tanto melhor quanto ela é susceptível de se renovar quotidianamente»[134].

---

[132] VASCO PEREIRA DA SILVA, «Ensinar D. (a D.) C. A.», cit., p. 118.

[133] Em certo sentido, pode mesmo dizer-se, conforme antes escrevi, que «contrariamente a uma opinião algo generalizada, é mesmo mais difícil dar uma boa aula teórica do que uma boa aula prática», nomeadamente porque «é mais difícil cativar e prender a atenção pretendida a um grande auditório do que a um reduzido número de pessoas» (VASCO PEREIRA DA SILVA, «Ensinar D. (a D.) C. A.», cit., p. 119).

[134] VASCO PEREIRA DA SILVA, «Ensinar D. (a D.) C. A.», cit., p. 119.

A multiplicidade e a relevância das funções que desempenham, fazem das aulas teóricas (em especial, no domínio das ciências humanas, como são as jurídicas) uma componente essencial do procedimento de aprendizagem, conferindo-lhe, ainda para mais, uma dimensão humana, de natureza inter-subjectiva. Pois, a relação professor / aluno, que se estabelece nas aulas (neste caso, teóricas), se é certo que não pode, em caso algum, dispensar o esforço individual de compreensão e de estudo das matérias, não é menos certo que, em razão da dinâmica pessoal ou subjectiva nelas criada, por um lado, facilita a aprendizagem, por outro lado, constitui um estímulo suplementar para a investigação e o aprofundamento das questões. Em termos psicanalíticos, dir-se-ia mesmo que se verifica, não raras vezes, um fenómeno de "transferência afectiva" da "impressão" que se tem do docente para a da disciplina, que faz com que os estudantes "gostem mais" ou "gostem menos" da matéria, ou que frequentem mais ou menos certas as aulas de certas disciplinas, consoante também "gostem mais" ou "gostem menos" do respectivo professor.

Assim, "dar boas aulas" (ou, pelo menos, esforçar-se por isso) constitui um dever inalienável do professor universitário, o qual vai completar e acrescentar-se aos demais deveres e ónus, nomeadamente em matéria de investigação e de progressão na carreira. O professor universitário tem, assim, o dever estatutário de preparar as suas aulas, tanto no que respeita à matéria leccionada (vertente científica) como ao modo de a ensinar (vertente pedagógica), devendo adoptar as "melhores técnicas disponíveis" (o que pressupõe também, entre outras coisas, um juízo de adequação das técnicas didácticas ao objecto e à natureza da aula a leccionar) para o ensino da respectiva disciplina. Dever este que assume mesmo a configuração de uma obrigação, em face de cada um dos estudantes, no âmbito das concretas relações jurídicas de ensino estabelecidas. Enquanto que, do lado dos estudantes, a este dever corresponde não apenas o correlativo direito a ser ensinado, mas igualmente um feixe de deveres e de ónus que lhe andam associados, nomeadamente de frequência e de assiduidade às aulas, de respeito e de comportamento adequados à natureza da aula, de participação (activa e passiva) no procedimento de aprendizagem.

Entendida nestes termos, mesmo a aula teórica implica a participação activa – sobretudo, anterior e posterior, mas também simultânea (quando tenham sido levantadas dúvidas ou questões) – do estudante, que deve assimilar a matéria leccionada na aula teórica. Tal a nova lógica do denominado "processo de Bolonha" em que cada aula é apreciada e valorada

Utilizando as "Melhores Técnicas Disponíveis" para Ensinar

não em função do tempo lectivo da respectiva duração, mas sim em razão do "volume de trabalho" ("workload") necessário para que o estudante possa aprender a referida matéria – "medido" de acordo com o número de horas dispendidas por um "estudante médio" na preparação prévia e no estudo posterior à lição e, designadamente, dos textos (considerando o seu número, dimensão e grau de dificuldade) que deve ler, dos ensaios que é convidado a escrever, ou dos exercícios práticos que deve realizar. O que obriga a uma nova filosofia de ensino, que não se esgota com a explanação da matéria pelo professor, mas que se preocupa antes com a efectiva aquisição de conhecimentos por parte do estudante. E que corresponde às referidas concepções pedagógicas ecléticas que, mesmo no respeitante às aulas teóricas, não se preocupam exclusivamente com o papel do professor, considerando também a intervenção do estudante como sujeito activo do processo de ensino.

Refira-se, por último, que uma tal valorização das aulas teóricas, não só em nada contraria, como corresponde mesmo à melhor forma de realização da missão científica da Universidade, uma vez que «a investigação e a docência devem andar ligadas» e que a «função lectiva não pode ser descurada, nem substituída pela escrita de livros de texto[135]. O professor deve, portanto, investigar para ensinar, comunicando de "viva voz" aos estudantes e à comunidade académica os resultados do seu labor criativo, tal como deve ensinar para investigar, aproveitando para fins de investigação as dúvidas e os problemas sentidos na explanação da matéria ou resultantes do diálogo com os estudantes»[136].

3 – Aulas práticas

Tão essenciais como as teóricas, no ensino do Direito, as aulas práticas atribuem aos estudantes uma posição ainda mais activa no procedi-

---

[135] Concorda-se, pois, com JORGE MIRANDA, quando escreve que «as aulas não dispensam um texto escrito, um texto escrito não substitui as aulas» (JORGE MIRANDA, ««Relatório com o P., os C. e os M. de E. de D. F.», cit., in Separata da «Revista da F. de D. da U. de L.», cit., p. 390). Em sentido diferente, MENEZES CORDEIRO interroga-se acerca do «papel das aulas teóricas», em nossos dias, uma vez que entende que «a transmissão universitária de conhecimentos faz-se, hoje, predominantemente e pacificamente, através de elementos escritos» (MENEZES CORDEIRO, «Direito B. – R.», cit. pp. 213 e 214.).

[136] VASCO PEREIRA DA SILVA, «Ensinar D. (a D.) C. A.», cit., p. 119.

mento de aprendizagem. O que se coaduna com a natureza das ciências jurídicas, que incidem sobre um objecto – o Direito – que «não existe para ser conhecido e interpretado, existe para ser obedecido e aplicado. E nesta perspectiva o ensino prático é, pelo menos, tão importante como o teórico», pelo que «a aula teórica e a aula prática não estão uma para a outra como o pão de primeira e o pão de segunda – são antes duas faces da mesma moeda e aquela nada vale sem esta» (FREITAS DO AMARAL)[137].

Assim, aulas teóricas e práticas «correspondem a dois momentos distintos e inseparáveis do ensino e da aprendizagem do Direito», as primeiras, tendencialmente «centradas na pessoa do professor, que transmite um saber especializado, da forma mais eficaz e interessante possível, as segundas, tendo por centro os estudantes, e destinadas a fazer com que eles apliquem os conhecimentos jurídicos, enquanto sujeitos activos do procedimento de ensino»[138]. Função das aulas práticas é, portanto, a aplicação e a concretização das noções e doutrinas aprendidas, assim como «o treino e o desenvolvimento de aptidões e capacidades (de dialéctica, de negociação, de decisão) que vão ser necessários ao exercício futuro de profissões jurídicas», mediante «a adopção de métodos de ensino inter-subjectivos e tridimensionais (v.g. simulações de julgamento, ou de preparação e de celebração de contratos, ou de procedimentos públicos)»[139].

A dualidade entre aulas teóricas e aulas práticas tem subjacente a distinção entre ciência e técnica, entre o estudo abstracto do Direito e o estudo do mesmo na perspectiva da sua aplicação prática. De acordo com uma lógica de "repartição de tarefas", cabe às aulas teóricas o ensino da "ciência pura" (nomeadamente, dos conceitos, das doutrinas, do enquadramento histórico, da comparação com outras ordens jurídicas, dos interesses e valores tutelados, da "letra" e do "espírito" do sistema, das alternativas de solução dos problemas) e às práticas o ensino da "ciência para" (nomeadamente, das técnicas de enunciação e de resolução de problemas, o treino das aptidões necessárias para o exercício das diferentes profissões jurídicas, a análise da jurisprudência). O objectivo das aulas práticas não é, pois, a aprendizagem das actuações quotidianas, nem dos usos e costumes das diferentes profissões jurídicas (a qual deverá, antes, caber aos

---

[137] FREITAS DO AMARAL, «Relatório Sobre o P., os C. e os M. de E. de uma D. de D. A.», cit., in «Revista da F. de D. da U. de L.», cit., p. 316.
[138] VASCO PEREIRA DA SILVA, «Ensinar D. (a D.) C. A.», cit., p. 123.
[139] VASCO PEREIRA DA SILVA, «Ensinar D. (a D.) C. A.», cit., pp. 122 e 123.

Utilizando as "Melhores Técnicas Disponíveis" para Ensinar

estágios profissionais), mas sim o ensino do modo de colocação e de resolução dos problemas jurídicos, assim como a exercitação e o desenvolvimento das aptidões ou qualidades específicas dos juristas, tais como a retórica e a capacidade argumentativa, as técnicas de negociação e de compromisso, a linguagem jurídica (escrita e oral), o espírito de síntese.

Daí a importância das aulas práticas – ainda para mais numa disciplina pluridisciplinar como é o caso do Direito do Ambiente –, em que «é possível passar das simples formas de ensino "unilaterais" (que tomam o direito como uma realidade estática) para a utilização de métodos de ensino dinâmicos: quer "bidimensionais", quando se trate da aplicação do direito a situações determinadas, reais ou hipotéticas (v.g. resolução de casos práticos, análise de decisões jurisprudenciais), quer "tridimensionais", quando se trate da concretização do direito em situações de litígio, obrigando a uma lógica de intersubjetividade na afirmação e refutação de direitos (e deveres) antagónicos alegados pelas partes (v.g. simulações de julgamento, de celebração e de negociação de contratos, de procedimentos públicos)» [140].

Entendidas como dois momentos do mesmo procedimento de ensino, aulas teóricas e práticas devem constituir «um todo coerente e não realidades divorciadas no conteúdo ou no tempo» (MARCELO REBELO DE SOUSA)[141]. Em virtude disso, a leccionação da disciplina de Direito do Ambiente implica um verdadeiro "trabalho de equipa", por parte dos docentes, de modo a conseguir a «unidade do ensino da disciplina» (ALVES CORREIA)[142]. Cabendo ao professor, enquanto primeiro responsável pela obtenção desse resultado, a tarefa de «coordenação efectiva do trabalho do Assistente, ou dos Assistentes, que consigo colaboram no ensino da disciplina, designadamente, chamando a si as seguintes tarefas:

a) elaboração das linhas-mestras do plano lectivo das aulas práticas;
b) programação do andamento dos trabalhos das aulas práticas em coordenação com o ritmo da matéria leccionada em aulas teóricas;

---

[140] VASCO PEREIRA DA SILVA, «Ensinar D. (a D.) C. A.», cit., p. 125. As expressões relativas aos "métodos de ensino unidimensionais", "bidimensionais" e "multidimensionais" são inspiradas (embora com um sentido não inteiramente coincidente) em OSKAR HARTWIEG, «Die Schnellen Rechtsbehelfe in der Debatte um die Juristenausbildung», in «Juristen Zeitung», n.º 8, Abril 1977, páginas 381 e seguintes.

[141] MARCELO REBELO DE SOUSA, «Ciência P. – C. e M.», cit., p. 92.

[142] FERNANDO ALVES CORREIA, «Relatório», in «Estudos de Direito do Urbanismo», Almedina, Coimbra, 1997, página 78.

c) convocação de reuniões periódicas, destinadas à troca de informações acerca do ensino teórico e prático, assim como a fazer o respectivo "ponto da situação";
d) selecção de hipóteses para serem resolvidas em aulas práticas;
e) elaboração dos casos objecto da simulação de julgamento e acompanhamento da respectiva preparação e execução (se possível, assistindo às sessões simuladas de audiência de julgamento);
f) selecção dos temas para debate em aulas práticas (e, se possível, assistência a alguns deles);
g) leccionação de algumas aulas práticas, em cada uma das subturmas, sempre que possível;
h) definição dos critérios de atribuição das notas de avaliação contínua, assim como intervenção na sua aplicação;
i) elaboração das provas de exame;
j) estabelecimento dos critérios de correcção das provas de exame, a fim de permitir a uniformização das classificações, quando haja mais de um corrector, e presidência do júri de atribuição das respectivas classificações;
k) presidência do júri»[143] das provas orais (as quais, na perspectiva da reforma do sistema de avaliação, que deve ser associada à reforma curricular, tendo em vista a criação do "espaço universitário europeu", defendo que devam ser apenas possíveis para a situação de melhoria de nota)

Aspecto importante das aulas práticas, que assentam na participação dos estudantes, é a criação de um ambiente propício à "aprendizagem relacional", evitando a utilização de métodos de ensino anónimos e de massa, e adoptando «uma lógica de ensino individualizado e personalizado. Constitui, por isso, dever do responsável pelas aulas práticas conhecer todos e cada um dos seus estudantes, designando-os pelo seu nome próprio (...) e estabelecendo com eles uma relação de cordialidade, assente

---

[143] VASCO PEREIRA DA SILVA, «Ensinar D. (a D.) C. A.», cit., p. 126. No referido relatório de Contencioso Administrativo, elaborado em 1998 (ainda num "contexto" que era, entre nós, pré-Bolonha"), no concurso para professor associado da Faculdade de Direito da Universidade de Lisboa, escrevia-se – o seguinte: «presidência do júri de todas as provas orais (o que é realizável, dado tratar-se de uma disciplina leccionada no quinto ano) ou, caso isso não seja possível, pelo menos das provas de melhoria de nota».

Utilizando as "Melhores Técnicas Disponíveis" para Ensinar 221

no respeito mútuo»[144]. E «este princípio do ensino personalizado é extensível, na medida do possível, às aulas teóricas», pelo que deverão existir (feitas pelos serviços ou elaboradas pelos próprios docentes) cadernetas com a fotografia e os dados pessoais dos estudantes, tanto das turmas teóricas como das (sub)turmas práticas, que devem ser consultadas (e "estudadas") com regularidade por todos os docentes.

A importância da vertente prática do ensino do Direito tem justificado, nos últimos tempos, tanto entre nós como em outros países europeus, o surgimento de textos de apoio de natureza pedagógica, com extensão e formatos muito diversificados (coligindo, nomeadamente, normas e diplomas legislativos, textos doutrinários, sentenças judiciais, casos práticos, exercícios de aprendizagem, exames), destinados a familiarizar os estudantes com os problemas de concretização e de aplicação de um determinado ramo de direito[145]. Foi esse objectivo que se pretendeu alcançar através da

---

[144] VASCO PEREIRA DA SILVA, «Ensinar D. (a D.) C. A.», cit., p. 127.

[145] Assim, textos didácticos no âmbito do Direito Público são de referir, em Portugal, entre outros, os seguintes: FREITAS DO AMARAL / MARIA JOÃO ESTORNINHO / VASCO PEREIRA DA SILVA, «Casos Práticos de Direito Administrativo», Associação Académica da Faculdade de Direito de Lisboa, Lisboa, 1989; FAUSTO DE QUADROS / ALEXANDRE ALBUQUERQUE / VIEIRA DUQUE / LUÍS FÁBRICA, «Direito Administrativo – Casos Práticos», Associação Académica da Faculdade de Direito de Lisboa, Lisboa, 1997; JORGE MIRANDA, «Casos Práticos de Ciência Política e Direito Constitucional», Associação Académica da Faculdade de Direito de Lisboa, Lisboa, 1993; JORGE MIRANDA, «Casos Práticos de Direito Constitucional II», Associação Académica da Faculdade de Direito de Lisboa, Lisboa, 1993; FAUSTO DE QUADROS / LUÍS FÁBRICA / MOREIRA DA SILVA / VASCONCELOS ABREU, «Direito Administrativo – Casos Práticos», Associação Académica da Faculdade de Direito de Lisboa, Lisboa, 1997; FAUSTO DE QUADROS / LUÍS FÁBRICA / FILOMENA VIEIRA / /BERNARDO AYALA, «Direito Administrativo – Casos Práticos», Associação Académica da Faculdade de Direito de Lisboa, Lisboa, 1997; ALEXANDRE PINHEIRO, «Direito Constitucional – Elementos de Estudo para Aulas Práticas», volumes I e II, Associação Académica da Faculdade de Direito de Lisboa, Lisboa, 2003; MARIA JOÃO ESTORNINHO, «Ciência Política e Direito Constitucional – Programa, Sumários, Roteiro de Leituras e Sugestões de Trabalhos Práticos», Associação Académica da Faculdade de Direito de Lisboa, Lisboa, 2003; SÉRVULO CORREIA / MARTINS CLARO / A. GOUVEIA MARTINS / MARK KIRKBY, «Elementos de Estudo de Direito Administrativo», Associação Académica da Faculdade de Direito de Lisboa, Lisboa, 2005.

No que respeita a textos didácticos de Direito Público, em outros países europeus, são de referir, nomeadamente os seguintes: RAMON FERNANDEZ / ALONSO GARCIA / PRIETO DE PEDRO / SUAY RINCON, «Documentos de Derecho Administrativo», Civitas, Madrid, 1991; FRIEDRICH SCHOCH, «Uebungen im Oeffentlichen Rechts II», Walter de Gruyter, Berlin / New York, 1992; VICENTE MARIA GONZÁLEZ-HABA GUISADO, «Ejercicios de

elaboração de uma compilação de legislação actualizada em matéria ambiental (Vasco Pereira da Silva / João Miranda, «Verde Código – Legislação de Direito do Ambiente», Almedina, Coimbra, 2004) e de um caderno de exercícios de concretização e de aplicação do Direito do Ambiente (Vasco Pereira da Silva / José Cunhal Sendim / João Miranda, «O Meu Caderno Verde – Trabalhos Práticos de Direito do Ambiente», 2.ª edição, Associação Académica da Faculdade de Lisboa, Lisboa, 2005).

Em especial, o "Caderno Verde" «reúne um conjunto de trabalhos práticos elaborados para a leccionação da disciplina de Direito do Ambiente», mas que «pode também ser útil para todos quantos se interessam pelas questões da protecção jurídica ambiental», ao possibilitar «a familiarização (...) com o Direito do Ambiente "em acção"», desta forma contribuindo «para promover o conhecimento e a divulgação da temática jurídica ambiental». O objectivo do "Caderno Verde" é, pois, essencialmente de natureza pedagógica, destinando-se a ser utilizado, em primeiro lugar, pelos estudantes «como auxiliar de estudo e como instrumento para a realização de exercícios de interpretação e de aplicação de Direito do Ambiente»[146]. Para esse efeito, integram o Caderno os seguintes elementos didácticos, a ser utilizados em aulas práticas:

a) «o programa da disciplina e sugestões bibliográficas genéricas;
b) um questionário para o estudo do Direito do Ambiente, de modo a permitir aos estudantes testar os conhecimentos que vão adquirindo, à medida que vão progredindo na aprendizagem;
c) casos práticos com indicações de resolução, que não apenas exemplificam situações hipotéticas de aplicação do Direito do Ambiente, como também procuram fornecer modelos de raciocínio e de solução de problemas jurídicos;

Derecho Administrativo y Derecho Constitucional», volume I, Tecnos, Madrid, 1993; Yves Gaudemet / Jean-Claude Venezia, «Droit Administratif – Corrigés d' Examens», L.G.D.J., Paris, 1997; Gunther Schwerdtfeger, «Oeffentliches Recht in der Fallbearbeitung», 10.ª edição, Beck, Muenchen, 1997; Jiménez-Blanco / Suay Rincón / Pinar Manas / García Macho, «Derecho Administrativo Práctico», Tirant lo Blanch, Valencia, 1998; Sabino Cassese / Claudio Franchini, «L' Esame di Diritto Amministrativo», 3.ª edição, Giuffrè, Milano, 2000; Yves Jégouzo (coorden.), «Droit Administratif – D.E.U.G. de Droit», Dalloz, Paris, 2001.

[146] Vasco Pereira da Silva / José Cunhal Sendim / João Miranda, «Introdução», in «O Meu Caderno Verde – Trabalhos Práticos de Direito do Ambiente», 2.ª edição, Associação Académica da Faculdade de Lisboa, Lisboa, 2005, páginas 11 e 12.

Utilizando as "Melhores Técnicas Disponíveis" para Ensinar 223

d) simulações de julgamento, que consistem em exercícios didácticos de aplicação do direito (nacional, europeu, internacional, e mesmo de diferentes países estrangeiros, já que se incluiu também uma simulação, antes realizada numa Universidade de Verão, com estudantes europeus e americanos, em língua inglesa, destinada a comparar a forma como distintos sistemas jurídicos procuram responder aos mesmos problemas), que visam o desenvolvimento pelos estudantes de qualidades inerentes ao exercício de distintas profissões jurídicas, que eles são convidados a desempenhar, como se de um julgamento da vida real se tratasse;

e) provas de exame final, para possibilitar a avaliação do grau de conhecimentos adquiridos, no termo do período lectivo da disciplina;

f) exemplos de formas de actuação jurídica ambiental, em que se apresentam concretos instrumentos jurídicos de protecção do ambiente, que vão, designadamente, da avaliação do impacto ambiental às contra-ordenações no domínio do ambiente, passando pelo contrato de adaptação ambiental, a licença ambiental, ou o rótulo ecológico;

g) jurisprudência ambiental, que inclui decisões em matéria ambiental tanto de Tribunais nacionais como do Tribunal de Justiça da União Europeia, a que se acrescentaram recomendações e pareceres de autoridades administrativas independentes, como o Provedor de Justiça e a Procuradoria-geral da República»[147].

Todos estes (e alguns mais) elementos de trabalho vão ser utilizados em aulas práticas para o ensino da vertente técnica do Direito do Ambiente, com o intuito não só de aplicação à realidade dos conceitos e doutrinas aprendidos em aulas teóricas, mas também de treino e aperfeiçoamento das aptidões necessárias ao desempenho de funções jurídicas. Tal o que se procurará explicar, de forma breve, nas páginas seguintes, explicitando algumas das tarefas a realizar em aulas práticas de Direito do Ambiente.

---

[147] Vasco Pereira da Silva / José Cunhal Sendim / João Miranda, «Introdução», in «O Meu Caderno V. – T. P. de D. do A.», cit., pp. 11 e 12.

3.1 – *Explicitação da matéria e esclarecimento de dúvidas*

As aulas práticas servem, em primeiro lugar, para permitir aos docentes acompanhar a evolução do procedimento de aprendizagem por parte dos alunos, explicitando melhor certos pontos da matéria, esclarecendo dúvidas, indicando exercícios e trabalhos complementares, dando sugestões bibliográficas para o aprofundamento das questões ou para a feitura de trabalhos, aconselhando os estudantes no que concerne a métodos de estudo ou de investigação.

Em termos comparativos, tais funções das aulas práticas assemelham-se, em parte, às desempenhadas pelas sessões (colectivas) de tutoria ("tutorship") nas Universidades anglo-saxónicas, só que em grupos de maior dimensão. Mas, ainda assim, tal similitude de resultados será maior ou menor, consoante o número de estudantes por (sub)turma for mais (o que será normalmente o caso) ou menos elevado, já que essa circunstância condiciona a lógica de personalização do acompanhamento da evolução de cada aluno.

Daí que, tendo em conta a comparação do método tutorial do sistema anglo-saxónico (e a eficiência dos respectivos resultados) com a "tradição" das nossas aulas práticas (de eficácia comprovada no ensino da vertente prática das ciências jurídicas), julgo que seria desejável, mantendo estas últimas (como julgo continuar a ser o mais acertado, até porque elas permitem um leque de experiências didácticas mais diversificado, de natureza colectiva, nomeadamente as simulações de julgamento ou os debates alargados), conjugá-las também com sessões de tutoria, individual e de pequenos grupos, a realizar no horário de atendimento aos estudantes (que é parte integrante das tarefas lectivas de cada professor). Assim se conseguindo combinar as vantagens das aulas práticas (típicas do sistema "franco-germânico" de ensino do direito), da participação dos estudantes em grupos grandes que é propiciadora de específicas experiências pedagógicas, com os benefícios das sessões de tutoria (características do sistema anglo-saxónico de ensino do direito), de uma maior individualização e personalização no acompanhamento de cada estudante, conduzindo à adopção de um "método europeu misto", que me parece ser particularmente adequado à ideia de construção do "espaço comunitário do ensino superior (do Direito)".

Mas, se as aulas práticas servem para explicitar a matéria dada e para o esclarecimento de eventuais dúvidas, elas não devem, no entanto, ser

Utilizando as "Melhores Técnicas Disponíveis" para Ensinar 225

utilizadas para a leccionação de matéria teórica, o que equivaleria a transformá-las em «"aulas teoricamente práticas e praticamente teóricas", desvalorizando a vertente prática e intersubjectiva do ensino das ciências jurídicas». Daí que «não julgo que seja pedagogicamente correcto utilizar aulas teóricas para realização de trabalhos práticos (...), muito menos usar aulas práticas para a leccionação de matérias teóricas»[148], violando a desejável e necessária "repartição de tarefas" entre umas e outras.

De referir, por último, que a fim de permitir ao estudante o testar dos conhecimentos que vai adquirindo em Direito do Ambiente, o "Caderno Verde" inclui um conjunto de questões que acompanham a par e passo a matéria leccionada (Capítulo II – «Questões de Estudo»)[149], assim como alguns enunciados de exames escritos (Capítulo V – «Provas de Exame Final»)[150], os quais tanto podem ser utilizados como suporte de aulas práticas como individualmente, por cada um dos alunos, no estudo autónomo das matérias.

3.2 – *Resolução de casos práticos*

Sendo o Direito uma realidade que existe para ser aplicada, é indispensável ensiná-lo, não apenas do ponto de vista científico, mas também da perspectiva técnica, a fim de apreender o modo como ele deve ser concretizado na resolução dos problemas da realidade quotidiana. Daí a importância da resolução de casos práticos, possibilitando a aplicação e a concretização do Direito do Ambiente a situações hipotéticas, configuradas com o intuito pedagógico de ilustrar de forma emblemática determinados problemas necessitados de resposta jurídica.

A programação da resolução das hipóteses, em aulas práticas, deve ser feita de modo a permitir, por um lado, o acompanhamento da matéria que vai sendo leccionada nas aulas teóricas, por outro lado, o agrupamento dos casos a resolver numa sequência de complexidade crescente, de acordo com o «princípio geral da progressão do mais simples para o mais com-

---

[148] Vasco Pereira da Silva, «Ensinar D. (a D.) C. A.», cit., pp.. 126 e 127.
[149] Vasco Pereira da Silva / José Cunhal Sendim / João Miranda, «O Meu Caderno V. – T. P. de D. do A.», cit., pp. 23 e ss..
[150] Vasco Pereira da Silva / José Cunhal Sendim / João Miranda, «O Meu Caderno V. – T. P. de D. do A.», cit., pp. 91 e ss...

plexo» (FREITAS DO AMARAL)[151]. Nestes termos, a resolução de hipóteses pressupõe a necessária ligação e complementaridade entre aulas teóricas e práticas, na medida em que consiste num método pedagógico «"bidimensional", mediante o qual se relacionam conceitos teóricos e estruturas normativas com situações de facto, obrigando à realização de operações de sub-sunção e de aplicação do direito. O objectivo primordial destes exercícios, mais do que fornecer soluções apriorísticas para casos dados, é o a utilização do "método problemático", ensinando os estudantes a formular correctamente as questões jurídicas, como única forma de as resolver»[152].

A conjugação das dimensões científicas e técnicas do ensino das ciências jurídicas implica, portanto, que não seja suficiente «um ensino do Direito que se limite a fornecer soluções ou a treinar técnicas formais de resolução de casos práticos (embora isso seja também necessário), mas que se preocupe, sobretudo, em ensinar o modo de enunciação de problemas jurídicos, assim como de determinação dos interesses materiais e dos valores jurídicos envolvidos. O que constitui, simultaneamente, um incentivo para o estudo da matéria teórica, já que, tratando-se de um domínio científico eminentemente prático, vigora aqui o aforismo segundo o qual "quanto mais teoria se souber, tanto melhor se é capaz de resolver os casos práticos"»[153].

Tais casos práticos – não importa se inspirados na realidade, se decorrentes de factos efectivamente ocorridos, ou ainda se fruto integral da imaginação do seu autor – devem ser elaborados de forma tal que, por um lado, sejam representativos de problemas jurídicos e conducentes a uma solução exemplar (susceptível de servir de modelo para idênticas situações), por outro lado, devem possuir total verosimilhança, aparentando sempre ser "autênticos" ou "verdadeiros". Pois, à semelhança de um "quadro (neste caso, jurídico)", «não se trata de pintar a vida, mas de tornar viva a pintura» ("il ne s'agit pas de peindre la vie, il s'agit 'de rendre vivante la peinture") (BONNARD)[154], pelo que o que importa é que tais situações hipotéticas, mesmo se totalmente inventadas, pareçam ser – e pudessem ser – verdadeiras.

---

[151] FREITAS DO AMARAL, «Relatório Sobre o P., os C. e os M. de E. de uma D. de D. A.», cit., in «Revista da F. de D. da U. de L.», cit., p. 319.

[152] VASCO PEREIRA DA SILVA, «Ensinar D. (a D.) C. A.», cit., p. 129.

[153] VASCO PEREIRA DA SILVA, «Ensinar D. (a D.) C. A.», cit., p. 129.

[154] Vide VÁRIOS, «PIERRE BONNARD – L'oeuvre d'art, un arrêt du temps», Paris Musées / Ludion, Paris, 2006, página 31.

Mas, da minha perspectiva, tais hipóteses devem ainda ser "maiores do que a própria vida" ("bigger than life" – como se dizia, antes, do cinema) na medida em que devem ser capazes de "provocar" os estudantes – nomeadamente, pela ironia, pela sátira, pela crítica social –, suscitando o seu interesse e "desafiando-os" – intelectual e emocionalmente – para a resolução dos casos práticos. Um tal desafio pode mesmo passar por convidar os estudantes a "completar a história", mediante a introdução de outros elementos de facto, ou de direito, que considerem relevantes para a melhor resolução do "seu caso" ("convite" que costumo fazer tanto no enunciado das simulações de julgamento, como no das hipóteses de exame final). Assim como pode passar pelo "convite" aos estudantes no sentido de assumirem "papeis" diferentes, correspondentes ao desempenho de profissões jurídicas distintas (v.g. juiz, advogado) – como sucede nas simulações de julgamento –, ou a resolverem a hipótese de acordo com a lógica funcional de cada uma dessas profissões, nomeadamente emitindo sentenças, como se fossem juizes, ou produzindo alegações por cada uma das partes, como se fossem advogados – como sucede nas hipóteses de exame final.

É, pois, de acordo com estas premissas que o "Caderno Verde" procura apresentar uma grande variedade e diversidade de hipóteses a ser resolvidas em aulas práticas, ou a título individual pelos estudantes, quer no Capítulo III ("Casos Práticos")[155] – em que se apresentam tanto casos com indicações esquemáticas de resolução, como outros por resolver –, quer no Capítulo IV ("Simulações de Julgamento")[156], quer ainda no Capítulo V ("Exames de Direito do Ambiente")[157].

3.3 – *Realização de debates*

É impensável conceber o ensino do Direito sem a existência de discussão, não apenas porque, do ponto de vista científico, a ciência jurídica (enquanto ciência social) encontra-se submetida à máxima de POPPER,

---

[155] VASCO PEREIRA DA SILVA / JOSÉ CUNHAL SENDIM / JOÃO MIRANDA, «O Meu Caderno V. – T. P. de D. do A.», cit., pp. 43 e ss..

[156] VASCO PEREIRA DA SILVA / JOSÉ CUNHAL SENDIM / JOÃO MIRANDA, «O Meu Caderno V. – T. P. de D. do A.», cit., pp. 81 e ss..

[157] VASCO PEREIRA DA SILVA / JOSÉ CUNHAL SENDIM / JOÃO MIRANDA, «O Meu Caderno V. – T. P. de D. do A.», cit., pp. 91 e ss..

segundo a qual "só é científico o que for da ordem do refutável"[158], mas também porque, de uma perspectiva técnica, o debate e o confronto de ideias são realidades inerentes ao desempenho de qualquer profissão jurídica, sem esquecer ainda que o direito serve para resolver conflitos de interesses, através de um mecanismo processual assente no contraditório entre as partes.

Ora, «as aulas práticas são o espaço (e o tempo) adequado(s) para a troca e o conflito de ideias sobre temas jurídicos. No âmbito de uma didáctica jurídica, concebida como diálogo entre o professor e o aluno, é necessário que as aulas práticas estejam sempre abertas à realização de debates sobre todos os pontos da matéria, a fim de permitir a abertura de "novos horizontes" aos estudantes mediante a permanente contraposição de perspectivas e de argumentos, tendo em vista o aprofundamento das questões e a tomada de posições (dogmáticas) o mais informadas e conscientes possível»[159].

Os debates em aulas práticas tanto podem ser livres e espontâneos, tendo lugar sempre que necessário – entre docente e discentes ou apenas entre estes últimos –, quando ocorra uma qualquer controvérsia acerca de temas jurídicos, como podem ser provocados e organizados, de acordo com regras e esquemas formais pré-determinados, enquanto método didáctico de aprendizagem intersubjectiva do direito. De entre os modelos de debate organizado, sobressai o do "tribunal de debate" ("moot court"), «como ferramenta educativa ("educational tool")» típica do sistema de ensino anglo-saxónico, que «possui uma longa história e uma grande utilização nas Faculdades de Direito do Reino Unido» (ANNETTE NORDHAUS / SORCHA MACLEOD)[160].

De referir, desde logo, que apesar de uma convicção bastante generalizada (em parte determinada pela equivocidade das denominações) o "tribunal de debate" ("moot court") não é a mesma coisa que a "simulação

---

[158] KARL POPPER, «A Lógica das Ciências Sociais», in «Em Busca de um Mundo Melhor» (tradução), Fragmentos, Lisboa, s.d., páginas 71 e seguintes.

[159] VASCO PEREIRA DA SILVA, «Ensinar D. (a D.) C. A.», cit., p. 130.

[160] ANNETTE NORDHAUS / SORCHA MACLEOD, «The Role of Mooting in European Legal Education: UK and German Perspectives», texto policopiado (correspondente à intervenção proferida na «Annual General Meeting and Conference» da ELFA, que teve lugar em Birmingham, de 20 a 22 de Fvereiro de 2003, subordinada ao tema «New Directions in European Legal Education: Credible, Credited and Continuing Legal Education»), página 1.

de julgamento" ("mock trial"). Na verdade, o "tribunal de debate" ("moot court") consiste numa discussão jurídica entre duas partes, assente numa lógica intersubjectiva, similar à existente num qualquer tribunal, mas em que a controvérsia é limitada às "questões de direito", enquanto que a simulação de julgamento ("mock trial") equivale à "teatralização" integral do processo jurisdicional, para efeitos didácticos, implicando nomeadamente a inquirição de testemunhas, a produção de prova, para além da discussão das questões jurídicas (ou seja, ocupa-se tanto das "questões de facto" como das "questões de direito", tal como um verdadeiro julgamento).

No que respeita ao "tribunal de debate" ("moot court"), a discussão processa-se entre duas equipas de duas pessoas – que podem ser assistidas, cada uma delas pelo seu próprio "treinador" ("coach") –, que entabulam um debate contraditório perante um tribunal (composto por um ou mais juízes), o qual pode, a todo o tempo, interromper as partes para fazer perguntas ou esclarecer dúvidas. No final, esse mesmo tribunal emite uma sentença, contendo duas decisões: a de saber quem ganhou o debate, em razão, nomeadamente, da capacidade de argumentação, da persuasão, dos dotes oratórios de cada uma das partes; a de saber quem ganhou o "caso", através da sustentação da posição mais conforme ao direito vigente.

O "tribunal de debate" possui uma tradição histórica de muitos séculos na formação profissional dos advogados ("barrister") britânicos (assumindo múltiplas formas, algumas públicas, como no condado de Kent, no século XVII, em que os "moot courts" eram realizados em público, e com a assistência de toda a população), tendo passado a fazer parte dos currículos das faculdades de direito, somente a partir do século XIX[161]. Nos nossos dias, os "tribunais de debate" ("moot court") saltaram as barreiras da "common law" e generalizaram-se a todo o continente europeu, existindo mesmo numerosas competições internacionais, que assim contribuem também para o "espaço jurídico comum das universidades". Competições estas que, diga-se de passagem, constituem, além do mais, excelentes oportunidades para os estudantes aprenderem Direito Europeu, assim como de se habituarem ao uso jurídico de línguas estrangeiras (ainda para mais com o atractivo da competição, das viagens, do convívio...).

---

[161] Sobre a história e a actualidade dos "moot courts" nos sistemas jurídicos anglo-saxónicos, vide ANNETTE NORDHAUS / SORCHA MACLEOD, «The Role of M. in E. L. E.: UK and G. P.», cit., pp. 1 e ss..

Parcialmente inspirado neste sistema de "tribunal de debate" ("moot court") é o modelo, que venho testando, de há uns anos a esta parte, na disciplina de Direito do Ambiente (embora, também, noutras disciplinas que tenho regido). Trata-se de «um exercício didáctico, em que, a propósito de um tema polémico, se constituem duas equipas, compostas por um igual número de estudantes (de três a cinco, que vão, entre si, trocar argumentos na defesa das suas respectivas posições antagónicas»)[162]. As «regras que proponho para a realização destes debates são as seguintes:

a) uma primeira fase, de exposição inicial do tema e da orientação defendida, cabendo um período de intervenção de cinco minutos a cada uma das equipas;

b) uma segunda fase, de resposta aos argumentos expostos pela contraparte, cabendo agora três minutos a cada uma das equipas;

c) uma terceira fase, de contra-resposta, cabendo novamente três minutos a cada uma das equipas;

d) uma quarta fase, em que, em que cada uma das equipas responde a questões que sejam postas pela assistência (com um período máximo de duração de dez minutos, para perguntas e respostas relativamente a ambas as equipas);

e) uma quinta fase, de intervenção de síntese, cabendo de novo cinco minutos, a cada uma das equipas;

f) no final, põe-se à votação dos colegas (...) duas coisas: a questão de saber qual das equipas é que ganhou o debate, em razão dos argumentos invocados, e a questão de saber qual a posição que se entende ser a mais correcta, em termos objectivos (e independentemente do juízo que se faça em relação às equipas em contenda)»[163].

Em minha opinião, a realização destes debates (independentemente do concreto modelo utilizado) «é muito útil do ponto de vista pedagógico, já que permite incentivar o gosto pelo estudo e pela investigação (...), assim como o desenvolvimento de qualidades que vão ser necessárias ao futuro exercício de profissões jurídicas, como sejam: os hábitos de trabalho em equipa, o espírito de síntese, a disciplina mental (...), o espírito lógico e a capacidade de argumentação, as qualidades dialécticas e a

---

[162] VASCO PEREIRA DA SILVA, «Ensinar D. (a D.) C. A.», cit., pp. 130 e 131.
[163] VASCO PEREIRA DA SILVA, «Ensinar D. (a D.) C. A.», cit., p. 131.

Utilizando as "Melhores Técnicas Disponíveis" para Ensinar 231

eficácia dos discursos, a capacidade de decisão e de reacção na resposta a dar aos argumentos alheios, o poder de persuasão, o espírito de competição (saudável), o respeito pela (diferença de) opinião dos outros»[164]. Daí que entenda que a realização e a generalização deste tipo de debates a todos os países, assim como o estabelecimento de grandes competições internacionais, representa um significativo "passo em frente" no caminho da "modernização" da formação dos juristas, no âmbito da construção de um "espaço universitário europeu do ensino do Direito".

3.4 – *Comentários de jurisprudência*

A análise de jurisprudência constitui um excelente forma de ensinar qualquer disciplina jurídica, não só porque a jurisprudência é fonte de Direito, gozando o juiz de uma função criadora da ordem jurídica ao fazer a sua aplicação no caso concreto, mas também porque as sentenças fornecem aos estudantes exemplos práticos de aplicação das normas jurídicas na resolução de conflitos de interesses.

Desta forma, as aulas práticas são o local apropriado para conhecer e analisar a jurisprudência relevante em matéria de ambiente quer ao nível europeu, quer ao nível nacional. Em aulas práticas de Direito do Ambiente é, portanto, «aconselhável orientar os estudantes para a leitura e a análise crítica de acórdãos, de preferência através de formas didácticas que estimulem a sua participação activa, designadamente encarregando alguns deles da apresentação e do comentário do acórdão, ou dando-lhes previamente os dados do caso objecto do acórdão e pedindo-lhes que o resolvam, comparando depois as conclusões e os argumentos utilizados com os da jurisprudência»[165].

Tendo em conta a extraordinária relevância didáctica da jurisprudência no ensino do Direito do Ambiente, consagrou-se-lhe o Capítulo VII ("Jurisprudência Ambiental")[166] do "Caderno Verde". Aí se encontram compiladas sentenças recentes de Direito do Ambiente, que resolvem litígios relativos a alguns dos mais importantes temas e problemas deste

---

[164] Vasco Pereira da Silva, «Ensinar D. (á D.) C. A.», cit., p. 131.

[165] Vasco Pereira da Silva, «Ensinar D. (a D.) C. A.», cit., p. 132.

[166] Vasco Pereira da Silva / José Cunhal Sendim / João Miranda, «O Meu Caderno V. – T. P. de D. do A.», cit., pp. 283 e ss..

nosso domínio científico (v.g. a colisão de direitos fundamentais, nomeadamente entre a propriedade privada e o ambiente; o âmbito da avaliação de impacto ambiental, assim como o papel das providências cautelares da Justiça Administrativa na protecção ambiental, a propósito do célebre "caso do túnel do Marquês de Pombal"; a responsabilidade civil ambiental; os crimes e as contra-ordenações ambientais; o incumprimento de Directivas comunitárias no domínio do ambiente), assim como provenientes das mais distintas ordens de tribunais (v.g. do Tribunal Constitucional, do Tribunal de Justiça da União Europeia, dos Tribunais Judiciais, dos Tribunais Administrativos e Fiscais)[167]. Além de que, para além da jurisprudência propriamente dita, se resolveu incluir também no "Caderno Verde" um outro capítulo (Capítulo VIII – "Pareceres e Recomendações em Matéria Ambiental"[168]), contendo recomendações e pareceres de autoridades administrativas independentes no domínio do Direito do Ambiente, como é o caso do Provedor de Justiça e da Procuradoria-Geral da República.

Tudo isto, constitui um importante acervo de material de trabalho a utilizar em aulas práticas, assim como de grande utilidade para o estudo individual do Direito do Ambiente.

3.5 – *Trabalhos de investigação*

O ensino universitário de qualquer disciplina – e, ainda para mais, tratando-se de uma disciplina tão relevante do ponto de vista cultural como jurídico, como é o caso de Direito do Ambiente – deve estar, por natureza, aberto à autónoma investigação por parte dos estudantes. Assim, é função dos docentes em aulas práticas elucidar os estudantes acerca dos métodos e das técnicas de investigação científica no domínio das ciências jurídicas, assim como de os auxiliar na escolha dos temas e de lhes prestar todos os esclarecimentos e ajuda que sejam necessários para a elaboração dos trabalhos que os estudantes, voluntariamente, se proponham fazer.

---

[167] Vide Vasco Pereira da Silva / José Cunhal Sendim / João Miranda, «O Meu Caderno V. – T. P. de D. do A.», cit., pp. 283 e ss..

[168] Vasco Pereira da Silva / José Cunhal Sendim / João Miranda, «O Meu Caderno V. – T. P. de D. do A.», cit., pp. 567 e ss..

Utilizando as "Melhores Técnicas Disponíveis" para Ensinar 233

Estes trabalhos, orais ou escritos, que frequentes vezes constituem o «banco de ensaio para pesquisas mais ambiciosas ulteriores (porque a investigação nunca é um ponto de chegada, é sempre um ponto de partida)» (JORGE MIRANDA)[169], podem ser apresentados e discutidos em aulas práticas, assim como servir de tema de discussão em caso de eventual prova oral (para melhoria de nota).

3.6 – *Europeização do ensino do Direito, utilização jurídica de línguas estrangeiras e de novas tecnologias*

O fenómeno da "europeização", que se verifica, ao nível do direito substantivo, em todos os diferentes domínios da ciência jurídica, não poderia deixar de ter, mais tarde ou mais cedo, consequências no que respeita à metodologia do ensino do Direito. Aí está, pois, o processo de Bolonha, introduzindo um "esquema formal" unificado em matéria de graus académicos, de forma a possibilitar a criação de um "espaço europeu do ensino superior", mas que vai implicar também transformações metodológicas profundas, de índole material, no que respeita ao ensino do Direito na Europa.

Diga-se, desde logo (conforme antes escrevia, num texto sobre metodologia jurídica europeia), que «sendo o Direito Europeu "um sistema jurídico mestiço" (MARIO CHITI)[170], enquanto resultado da mistura do Direito criado pelas instituições da União Europeia, do Direito Internacional e do sistema jurídico de cada um dos Estados membros, seria tão inadequado como indesejável que existisse uma metodologia unificada e monolítica do ensino do Direito na Europa»[171]. Pelo contrário, julgo que «o modo correcto de ensinar Direito, na Europa de hoje, não pode

---

[169] JORGE MIRANDA, «Relatório com o P., os C. e os M. de E. de D. F.», cit., in Separata da «Revista da F. de D. da U. de L.», cit., p. 554.

[170] MARIO CHITI, «Monismo o Dualismo in Diritto Amministrativo: Vero o Falso Dilema?», in «Rivista Trimestrale di Diritto Amministrativo», n.° 2, 2000, página 305.

[171] VASCO PEREIRA DA SILVA, «Bringing the World Together – What Methods of Law Teaching Would Be Appropriate?», in HILMAR FENGE / ANASTASIA GRAMMATICAKI--ALEXIOU (coorden.), «ELPIS for EUROPE. The European and Comparative Dimension of Law Teaching in Europe», Nomos, Baden-Baden, 2006, páginas 163 e seguintes.

De ora em diante (neste ponto 3.6)., todas as citações não referenciadas com a indicação do respectivo autor, constituem a versão portuguesa desse meu outro trabalho sobre metodologia do ensino do direito.

esquecer os diferentes métodos e tradições de tipo continental e de tipo anglo-saxónico (...), mas deve procurar também misturá-los e combiná-los numa nova "mistura" metodológica europeia».

Assim, «por um lado, o estudo e a comparação, tanto dos métodos de tipo continental como dos da "common law", torna possível o aperfeiçoamento dessas distintas perspectivas, através da possibilidade de múltiplas combinações e fusões entre ambos, com benefícios mútuos. Por outro lado, a coexistência desses diferentes métodos, simultaneamente com o respectivo processo de combinação e de fusão, deve constituir também uma realidade nos currículos normais dos estudantes [que devem oferecer disciplinas jurídicas, de natureza optativa, referentes a ordenamentos estrangeiros], em diferentes cursos e seminários, de modo a que eles possam beneficiar das perspectivas distintas dos diferentes sistemas nacionais».Oferta curricular, esta, de disciplinas e de seminários (normalmente de curta duração) referentes a um ordenamento jurídico estrangeiro que é, já hoje, uma realidade, nas mais importantes Universidades europeias, sendo, também ela, o resultado de políticas e de normas comunitárias, nomeadamente o intercâmbio de professores realizado pelo Programa ERASMUS / SOCRATES.

O advento de uma «nova metodologia do ensino europeu do Direito, concebida como o resultado da mistura dos sistemas tradicionais e nacionais de ensino do Direito, é actualmente exigida pela aplicação da Declaração de Bolonha. De facto, a criação de um "Espaço Europeu do Ensino Superior", conforme pretendido pela Declaração de Bolonha, implica, entre outras coisas – nomeadamente, a adopção de um sistema de comparabilidade de graus, a instituição de um sistema de créditos, a promoção da mobilidade – o desenvolvimento de metodologias do ensino do Direito assentes numa lógica de comparabilidade, assim como imbuídas de dimensão europeia».

Todas estas transformações metodológicas necessitam de ser acompanhadas por uma maior abertura cultural e linguística, convidando estudantes e professores, para além do uso jurídico da sua própria língua materna (que, nunca é demais, preservar e expandir), a aprender a utilizar também as linguagens jurídicas de outros países. Pois, «no nosso mundo globalizado, os estudantes não devem somente poder estudar Direito Internacional, Direito Europeu, Direito Comparado, e Sistemas Jurídicos de outros países, como devem também ser capazes de fazê-lo numa língua diferente da sua. A fim de alcançar tal objectivo, os currículos universi-

Utilizando as *"Melhores Técnicas Disponíveis" para Ensinar*

tários devem contemplar a possibilidade de frequência de várias disciplinas e seminários numa língua estrangeira, leccionados por professores nacionais ou estrangeiros, nos domínios do Direito Internacional, do Direito Comparado e do Direito Europeu, mas também de sistemas jurídicos estrangeiros, se possível na própria língua do país em questão. Isto dará a todos os estudantes – e não apenas aqueles que passaram um ou dois semestres em outro país, no âmbito dos intercâmbios estudantis do Programa ERASMUS (que é, de resto, uma experiência que deve ser, seguramente, ainda mais fomentada e encorajada) –, a possibilidade de aprender o "Direito sem Fronteiras"».

O que se pretende com tais experiências didácticas «não é o estudo da língua estrangeira em si, e por si mesma (mesmo se o domínio da língua estrangeira certamente que ajudará), mas sim a sua utilização como um instrumento para a aprendizagem jurídica e para o exercício e aperfeiçoamento das aptidões de utilização de linguagem jurídica ("legal language skills"). Considerando que o "mundo é uma aldeia", o maior desafio, que se coloca todos os profissionais do Direito, é o de serem capazes de se expressar na "linguagem comum do Direito", o que tanto inclui o Direito Internacional, o Direito Comparado e o Direito Europeu, como os princípios básicos de linguagens e de sistemas jurídicos estrangeiros (v.g. inglês jurídico, francês jurídico, alemão jurídico, português jurídico, grego jurídico, polaco jurídico, sueco jurídico, islandês jurídico)».

No que respeita ao Direito do Ambiente, seria desejável que, no currículo da Faculdade de Direito da Universidade de Lisboa, "houvesse espaço" para completar a formação jurídica neste domínio, não apenas com disciplinas de direito português (que, conforme se disse, deveriam ser várias, podendo mesmo dar origem a uma menção autónoma), mas também com seminários de curta duração (de 10 ou 20 horas, correspondentes a 1 ou 2 semanas), leccionados por professores estrangeiros, sobre o seu próprio sistema jurídico e na sua própria língua (aos quais seria de atribuir um número variável de créditos, que deveria ser pequeno, para não prejudicar a escolha de disciplinas nacionais "nucleares", mas suficiente para tornar atractiva tal opção), de modo a tornar mais completa a formação dos nossos estudantes.

Mas, para além disso é possível – ainda que de forma limitada – introduzir, em aulas práticas, alguma dimensão jurídico-linguística europeia, nomeadamente estimulando os estudantes a formar equipas para concorrerem a competições internacionais ("moot courts", "mock trials"), e auxiliando-os na respectiva preparação. A este propósito, inclui-se no "Caderno Verde" o enunciado de um caso, em língua inglesa, que tanto pode ser utilizado para realizar um "tribunal de debate" ("moot court") como uma simulação de julgamento ("mock trial"), em que se pede aos estudantes que assumam as vestes de diferentes profissões jurídicas, resolvendo um problema de responsabilidade civil ambiental, de acordo com as regras dos ordenamentos jurídicos norte-americano, alemão, italiano e português. Tal caso prático, a resolver em língua inglesa, já foi, de resto, "testado" numa Universidade de Verão ("Summer School"), de natureza internacional.

Outro aspecto em mutação, em nossos dias, é o do desenvolvimento extraordinário das novas tecnologias, acompanhado da circunstância do respectivo acesso ser cada vez mais generalizado a todas as pessoas, que vão permitir "abrir novas fronteiras" ao ensino do Direito, assim como obrigar a repensar os tradicionais quadros mentais dos juristas. Conforme antes se escrevia, o acesso às novas tecnologias «significa não só a possibilidade de utilização de meios técnicos como auxiliares das aulas (por exemplo, "power point", materiais audio-visuais), mas também – e mais importante do que isso – uma metodologia do ensino do Direito que parta do pressuposto que a utilização de novas tecnologias é um instrumento de ensino indispensável».

Isto porque, numa época que pode ser «caracterizada pelo "dilúvio de novas normas" e pelo enorme volume de matéria jurídica a estudar», verifica-se também, simultaneamente, «um progresso considerável na área do equipamento técnico necessário para processar essa informação. Pelo que será cada vez menos necessária, para as futuras gerações de juristas, a memorização de enormes quantidades de informação. Daí decorrendo que a prioridade metodológica deva ser atribuída a métodos de ensino e de avaliação que conduzam o estudante a uma compreensão sistemática do sistema jurídico», em vez da pura e simples acumulação de informação (FENGE / CRAMER-FRANK / WESTPHAL)[172]. Assim, «numa palavra, os professores de Direito devem estar familiarizados com a utilização de novas tecnologias e os estudantes devem ser treinados para usar essas aptidões técnicas ("technological tools") como um instrumento diário de "acesso" ao Direito».

---

[172] HILMAR FENGE / CRAMER-FRANK / WESTPHAL, «Legal Education and Training in Europe – Germany», in «The International Journal of the Legal Profession», volume II, n.º 1, 1995, página 112.

No que respeita ao Direito do Ambiente, os estudantes devem ser familiarizados com a utilização das múltiplas bases de dados – internacionais, europeias e nacionais – relevantes para a disciplina, assim como podem também ser estimulados a usar tais instrumentos na perspectiva da promoção da educação ius-ambiental, nomeadamente formando "grupos de discussão em rede", ou criando "sítios" e "páginas" no ciber-espaço vocacionadas para a divulgação da temática ambiental.

3.7 – Outras actividades complementares

A natureza pluridisciplinar da disciplina de Direito do Ambiente, que convoca para o seu domínio tanto conhecimentos provenientes de outros ramos da ciência jurídica, como de outros domínios científicos (v.g. ecologia, biologia, física, química, meteorologia), é particularmente adequada para a programação de múltiplas actividades de "banda larga", conjugando interesses científicos e culturais (a realizar dentro ou fora dos períodos lectivos).

Uma actividade didáctica, que permite "fazer a ponte" entre teoria e realidade, é a criação de uma espécie de "observatório" da situação ambiental, tanto a nível nacional, como europeu, ou mesmo à escala global. Pode-se, para tanto, encarregar um grupo de estudantes (que pode variar, de umas vezes para as outras) de fazer um "breve relatório" sobre o "estado da situação" ambiental (em Portugal ou no Mundo), com base nos acontecimentos relatados pelos meios de comunicação social durante esse período. Relatório esse a apresentar oralmente – por exemplo, uma vez por mês –, em aulas práticas, de modo a provocar uma discussão, não só acerca dos problemas e da maneira de os resolver, ou minorar, mas também sobre o modo como o Direito é – ou devia ser – capaz de lidar com eles.

Além das actividades lectivas quotidianas, é possível ainda programar uma ou duas actividades extra-escolares, em cada semestre, como sejam visitas de estudo a instituições públicas ou privadas actuantes no domínio do ambiente, ou a determinados eventos culturais ou artísticos de interesse ambiental (v.g. Instituto do Ambiente, Organizações Não Governamentais de Ambiente, Jardim Botânico, centrais de tratamento de resíduos, exposições ou espectáculos artísticos de temática ambiental).

No domínio cultural, particularmente interessante – ainda para mais, dada a minha "condição de cinéfilo inveterado" – parece-me ser a tentativa

238   *Ensinar Verde a Direito*

didáctica de «intercepção do direito com o cinema», analisando o modo como os filmes podem ser «utilizados como auxiliares do ensino, em geral, e especialmente do ensino do Direito» (GREENFIELD / OSBORN / ROBSON)[173]. O objectivo desta orientação, muito em voga nas universidades anglo-saxónicas, consiste em analisar o cinema da perspectiva do Direito e da sua aplicação, procurando detectar, formular e resolver as questões jurídicas suscitadas pelos denominados "filmes jurídicos" ("law films")[174].

Tal método pedagógico é susceptível de encontrar um vasto âmbito de aplicação no que respeita ao ensino do Direito do Ambiente, já que são numerosos – e, muitas vezes, também de grande qualidade cinematográfica – os "filmes jurídico-ambientais" (para referir só alguns exemplos, vide: «Derzu Urzala», de Akira Kurosawa; «O Dia Depois de Amanhã», de Roland Emmerich; «Erin Brockovich», de Steven Soderbergh; «A Floresta Interdita», de Nicholas Ray; «Parque Jurássico», de Steven Spielberg; «Reacção em Cadeia», de Mike Nichols; «Os Respigadores e a Respigadora», de Agnès Varda; «O Síndroma da China», de James Bridges; «O Vale era Verde», de John Ford; «A Vida Continua», de Abbas Kiarostami). O exercício didáctico de "Direito no cinema" consistiria, então, em assistir, em conjunto, a um desses filmes (quer assistindo a uma sessão comercial, quer – numa solução mais ambiciosa – dando origem a um ciclo de cinema próprio, por exemplo, organizado pela Associação Académica, ou pela Cinemateca Nacional[175]), para depois o debater, não apenas do ponto de vista ecológico ou do cultural, mas também da perspectiva do Direito, identificando e procurando resolver as questões jurídicas nele colocadas.

---

[173] STEVE GREENFIELD / GUY OSBORN / PETER ROBSON, «Film and the Law», Cavendish Publishing, London / Sydney, 2001, página 1.

[174] Sobre o alcance e os limites dos denominados "filmes jurídicos" ("law films") vide STEVE GREENFIELD / GUY OSBORN / PETER ROBSON, «Film and the L.», cit., pp. 14 e ss..

[175] A Faculdade de Direito da Universidade Nova tem organizado algo de semelhante (embora, talvez, sem uma componente didáctica tão acentuada e com uma temática que não se restringe a uma única disciplina), nos seus ciclos sobre «Direito e Cinema», em colaboração com a Cinemateca Nacional, em que se procede à projecção de um filme, seguida de um debate com um convidado.

4 – Simulações de julgamento

As simulações julgamento, a ser preparadas em aulas práticas, mas para ser realizadas em sessões especiais (já que a sua duração é, em regra, de duas horas) constituem excelentes exercícios pedagógicos – de natureza inter-activa e tridimensional –, que «permitem a aprendizagem e o desenvolvimento de qualidades do "jurista em situação", colocando o estudante perante o desempenho de "papeis" que, mais tarde, irão corresponder ao exercício futuro de profissões jurídicas. E isto tanto no que se refere às "qualidades necessárias para actuar em juízo", como também relativamente a outras "qualidades jurídicas não tradicionais ("non traditional legal skills")", como sejam as "qualidades sociais e de comunicação ("social and comunicative skills") [, que] ganham relevância, quando associadas ao conhecimento do direito substantivo" (como são, por exemplo, a capacidade de negociação, o espírito de trabalho em equipa, as capacidades de liderança)[176]».[177]

O procedimento, que sigo habitualmente, nestas "andanças didácticas" realizadas na disciplina de Direito do Ambiente (mas que sigo também, em experiências similares, noutras disciplinas)[178], passa pelas seguintes fases:

a) elaboração de um caso prático, que é distribuído aos estudantes e preparado em aulas práticas (em especial, no que se refere à resolução dos problemas jurídicos), com o auxílio dos docentes. Caso

---

[176] VASCO PEREIRA DA SILVA, «Ensinar D. (a D.) C. A.», cit., p. 135. As citações contidas nesse excerto são retiradas de um documento policopiado, relativo aos objectivos da Conferência ("Objectives of the Conference") sobre o Ensino do Direito na Europa, organizada pela Associação das Faculdades de Direito da Europa (AFDE / ELFA), intitulada «New Challenges for European Law Schools – U. S. Legal Education: a Source of Inspiration for Europe», que teve lugar em Gent, em 1997.

[177] Conforme escreve PUCHALSKA, trata-se «de aptidões técnicas como as de escrever e elaborar projectos de textos jurídicos ("writing and drafting"), de aptidões organizativas, de capacidade de diagnóstico e de solução dos problemas dos clientes ou "DRAIN"». A expressão "DRAIN", típica do ensino anglo-saxónico do Direito, corresponde a «drafting, legal research, advocacy, interviewing and negotiation» – BOGUSIA PUCHALSKA, «Legal Education: Professional, Academic or Vocational?» Texto da intervenção apresentada na «Annual General Meeting and Conference», que teve lugar em Birmingham, de 20 a 22 de Fevereiro de 2003, subordinada ao tema «New Directions in European Legal Education: Credible, Credited and Continuing Legal Education» (texto policopiado), página 1.

[178] VASCO PEREIRA DA SILVA, «Ensinar D. (a D.) C. A.», cit., pp. 135 e ss.

240 *Ensinar Verde a Direito*

prático que descreve uma situação jurídica emblemática, deixando normalmente alguma "abertura" para o "completar da história", mediante a introdução de novos elementos de facto e de direito;

b) distribuição dos diferentes papeis a desempenhar (juizes, advogados, representante do Ministério Público, peritos, testemunhas) pelos estudantes. Na sequência dessa distribuição, «os advogados e as respectivas testemunhas vão "trabalhar" o caso em conjunto, construindo a "história" que vai ser levada a juízo, a qual dependerá, nos seus detalhes, da actuação das testemunhas e dos advogados na audiência, uma vez que só se admite prova testemunhal e que os únicos factos provados são os constantes do texto-base, salvo comum acordo» das partes[179];

c) audiência de julgamento (simulado), de acordo com regras processuais simplificadas e no respeito pelo princípio do contraditório. Desta forma, «cada uma das partes procederá a umas breves alegações iniciais, destinadas a introduzir sobretudo a matéria de facto, depois proceder-se-á à inquirição das testemunhas, pelos advogados de ambas as partes, seguindo-se as alegações finais para a discussão da matéria de direito, também a cargo dos advogados»[180]. A fim de permitir a "condensação" da audiência simulada, esta deve ser marcada fora do horário lectivo (de modo a permitir que o julgamento se possa processar durante duas horas seguidas), deve ser fixado previamente um número máximo de testemunhas ou de peritos para cada uma das partes, deve estabelecer-se um limite máximo de duração para cada uma das "intervenções processuais";

d) direcção integral dos trabalhos da audiência pelos estudantes que desempenham o papel de juizes, os quais têm depois um prazo de uma semana para redigir a sentença, que deve ser entregue (à equipa docente) por escrito e lida na aula prática da semana seguinte;

No "Caderno Verde" encontram-se compilados os casos objecto de simulação de julgamento na disciplina de Direito do Ambiente, nos últimos

---

[179] Vasco Pereira da Silva, «Ensinar D. (a D.) C. A.», cit., pp. 135 e ss.
[180] Vasco Pereira da Silva, «Ensinar D. (a D.) C. A.», cit., pp. 135 e ss.

anos lectivos (Capítulo IV – "Simulações de Julgamento")[181]. A experiência didáctica destes anos tem sido, a meu juízo, bastante proveitosa, uma vez que o entusiasmo, normalmente colocado pelos estudantes na realização da simulação de julgamento (tanto no que respeita à busca de solução para as questões jurídicas, como à "encenação" da audiência), tem-se traduzido na elevada qualidade dos trabalhos orais e escritos realizados (v.g. "acórdãos", "alegações", "pareceres", "peritagens"), sendo – por tudo isso – possível concluir que se trata de uma excelente forma de aprendizagem de Direito do Ambiente.

5 – Sistema de avaliação e provas de exame

A aplicação do processo de Bolonha ao ensino do Direito, com as consequentes modificações de estatuto das disciplinas integrantes do currículo, nomeadamente em termos de semestralização, diversificação, multiplicação de possibilidades de opção, e duração variável dependente do regime de créditos, vai ter forçosamente de implicar profundas alterações do sistema de avaliação vigente na Faculdade de Direito da Universidade de Lisboa.

Na verdade, o actual sistema de avaliação da Faculdade de Direito de Lisboa se, por um lado, apresenta o mérito de fazer realçar a importância da avaliação contínua, ao nível do denominado Método A, por outro lado, enferma de excessos no que respeita à cumulação de provas e à sua rigidez, em termos susceptíveis de pôr em risco a respectiva praticabilidade, ou "sustentabilidade". Senão veja-se:

a) existem duas modalidades de avaliação, os denominados métodos A e B, elaborados no pressuposto de um modelo curricular em que a maioria das disciplinas era anual;

b) o método A é composto de 3 métodos de avaliação cumulativos (embora com possibilidade de dispensa da prova oral): avaliação contínua, mais prova escrita, mais prova oral;

c) o método B é composto por 2 provas: escrita e oral.

Ora, a aplicação de tal modelo – que, diga-se de passagem, já hoje em dia é susceptível de causar disfunções em certas disciplinas, pela despro-

---

[181] VASCO PEREIRA DA SILVA / JOSÉ CUNHAL SENDIM / JOÃO MIRANDA, «O Meu Caderno V. – T. P. de D. do A.», cit., pp. 81 e ss..

porção existente entre o tempo despendido a avaliar com o utilizado a ensinar – à nova lógica de Bolonha, com mais cadeiras e mais opções, torna-se totalmente impraticável. Isto porque:

a) desaparecido o pressuposto da anualidade das cadeiras, e perante um currículo que deverá combinar disciplinas semestrais com outras de duração variável, para além da diversidade de opções, os métodos de avaliação devem ser flexíveis e susceptíveis de variação de acordo com os créditos (ECTS) que forem atribuídos a cada disciplina;

b) a avaliação contínua, o exame escrito e o exame oral constituem três formas de avaliação que, em tese geral, são susceptíveis de, por si só, permitir a avaliação correcta e integral dos estudantes (independentemente do juízo que se faça acerca do mérito relativo de cada uma delas). Ora, as actuais regras pressupõem a cumulação de duas (método B) ou de três dessas formas de avaliação (método A), o que parece ser manifestamente excessivo;

Daí que, "em tempo de mudança" – e procurando evitar, por um lado, que no futuro se chegue à situação extrema de se passar mais tempo a avaliar do que a ensinar, por outro lado, afastando uma ruptura abrupta em relação à situação actual – as minhas sugestões vão no seguinte sentido:

a) relativamente às disciplinas com duração inferior a um semestre, ou com reduzida carga lectiva, deveria existir sempre apenas uma forma de avaliação (que seria, em princípio, a avaliação contínua, mas que também poderia ser, em alternativa, a escrita ou a oral, sempre que a natureza da disciplina, ou o esquema adoptado de leccionação o justificasse), embora se pudesse considerar também a possibilidade de uma segunda prova, mas apenas para melhoria de nota. Da minha perspectiva, justifica-se nestes casos o privilegiar da opção pela avaliação contínua (ainda mais, devendo tratar--se de disciplinas de opção e com um provável reduzido número de alunos), por corresponder à «modalidade mais completa e mais justa de apreciação do trabalho discente» (MARCELO REBELO DE SOUSA)[182], salvo quando tal não fosse viável (v.g. diminuto número

---

[182] MARCELO REBELO DE SOUSA, «Ciência P. – C. e M.», cit., p. 112.

Utilizando as "Melhores Técnicas Disponíveis" para Ensinar 243

de horas lectivas, ou de aulas práticas, de acordo com o esquema lectivo adoptado);
b) relativamente às disciplinas semestrais, o método A deveria corresponder apenas a duas formas de avaliação (avaliação contínua mais prova escrita), o método B deveria corresponder apenas à prova escrita. Isto, muito embora, tanto no caso do método A, como do B, se pudesse sempre admitir o acesso à prova oral, para melhoria de nota.

Em termos sintéticos, em minha opinião, um esquema deste tipo permitiria realizar os seguintes objectivos:

a) evitar o problema da cumulação excessiva de distintas formas de avaliação, com o consequente prolongamento desmesurado dos períodos de exame em detrimento dos períodos lectivos;
b) manter a tónica da avaliação contínua como método de avaliação preferencial, como tem sido apanágio da Faculdade de Direito da Universidade de Lisboa;
c) combinação de formas escritas e orais de avaliação;
d) possibilidade de acesso à prova oral (tradicional, nos cursos de direito) para os casos de melhoria de nota.

Por último, uma breve referência às formas de avaliação em Direito do Ambiente. No que respeita à avaliação contínua, realizada em aulas práticas – e que entendo tratar-se do método de avaliação mais justo e completo, por permitir combinar as vertentes oral e escrita da avaliação – ela deve assentar nas diversas actividades pedagógicas, antes referidas, podendo ou não haver também um teste escrito (realizado numa aula prática)[183].

No que respeita às provas de exame escrito, que costumo realizar em Direito do Ambiente, elas procuram «apelar mais à compreensão dos problemas e ao exercício das capacidades de análise crítica do que à

---

[183] Metodologia de avaliação (pouco usual no curso de Direito, mas merecedora de consideração no futuro, em especial no que se refere a testes realizados em aulas práticas) é a dos testes de escolha múltipla e de resposta alternativa (verdadeiro/ falso). Até porque noutros países, com tradições universitárias similares às nossas, como é o caso da Itália, «são cada vez mais numerosas as provas – universitárias e pós-universitárias – que se realizam de acordo com técnicas modernas, mais simples na aparência, mais difíceis na realidade» (SABINO CASSESE, CLAUDIO FRANCHINI, «L' Esame di Diritto Amministrativo», 3.ª edição, Giuffrè, Milano, 2000, p. 13).

memorização de conceitos», não incluindo, por isso, perguntas solicitando «simples definições ou distinções conceptuais»[184]. Assim, o modelo de provas escritas, que adopto, divide-se habitualmente em duas partes:

a) uma primeira parte, constante de frases para comentar, procurando cobrir toda a matéria dada e dando hipótese de escolha entre vários temas, solicitando-se aos estudantes que escrevam um pequeno ensaio, de reflexão pessoal e crítica, a partir da referida frase, sobre cada um dos temas escolhidos (em geral, dois). Esta parte da prova (que vale metade da classificação, ou seja, 10 valores) tem, sobretudo, como objectivo apreciar o grau de compreensão dos estudantes relativamente aos grandes problemas de Direito do Ambiente, assim como avaliar o seu espírito crítico, profundidade de conhecimento das matérias, capacidade de argumentar e qualidades de escrita;

b) uma segunda parte, constante de um caso prático (que vale, igualmente, metade da classificação da prova, isto é, os outros 10 valores), elaborado nos termos antes referidos, sendo muitas vezes solicitado aos estudantes que resolvam a prova, quer da perspectiva do juiz, quer da dos advogados de ambas as partes.

As provas de exame realizadas nos últimos anos lectivos encontram-se compiladas no "Caderno Verde" (Capítulo V – "Provas de Exame Final")[185], também aqui, com a preocupação didáctica de dar a conhecer aos estudantes a lógica da avaliação a efectuar, assim como a fornecer-lhes orientações úteis para o estudo da matéria, para além de se oferecer ainda um instrumento destinado a testar os respectivos conhecimentos.

De referir ainda que, no tocante às provas orais, os estudantes devem poder começar a prova "com o pé direito", pelo que são convidados a escolher a matéria por onde será iniciado o interrogatório (que tanto poderá ser a indicação de um tema de investigação, previamente preparado, como a simples manifestação de uma preferência pessoal), mas (independentemente disso) devem ser, seguidamente, interrogados sobre outros pontos da matéria, de modo a que sejam percorridos, com perguntas, os diversos capítulos do programa.

---

[184] VASCO PEREIRA DA SILVA, «Ensinar D. (a D.) C. A.», cit., p. 143.

[185] VASCO PEREIRA DA SILVA / JOSÉ CUNHAL SENDIM / JOÃO MIRANDA, «O Meu Caderno V. – T. P. de D. do A.», cit., pp. 91 e ss..

ÍNDICE

I – "Avaliação do impacto" do ensino do direito ambiental. Considerações genéricas

1 – Da "natureza" e da "cultura" do relatório   11

2 – Da "sustentabilidade do desenvolvimento" de um relatório sobre Direito do Ambiente   13

3 – Das condicionantes externas: o "meio-ambiente universitário europeu". A Declaração de Bolonha e a criação do "Espaço Europeu do Ensino Universitário do Direito"   15

   3.1 – "Estudo de impacto ambiental" da Declaração de Bolonha (levantamento da situação). Fichas sobre o ensino do Direito e sobre o Ensino do Direito do Ambiente na Europa   20

   3.2 – "Avaliação do impacto" da Declaração de Bolonha no ensino do Direito   74

   3.3 – Ensinar Direito do Ambiente no contexto da Declaração de Bolonha   80

II – Verde Cor de Direito. Programa e conteúdos da disciplina de Direito do Ambiente

1 – Programa e indicações bibliográficas gerais da disciplina de Direito do Ambiente   87

2 – Conteúdos da disciplina de Direito de Direito do Ambiente. Planificação de matérias, indicações sumárias de conteúdos e sugestões bibliográficas para cada lição   99

III – Utilizando as "melhores técnicas disponíveis" para ensinar Direito do Ambiente. Os métodos de ensino

1 – Problemas gerais   207

2 – Aulas teóricas   213

3 – Aulas práticas   217
   3.1 – Explicitação da matéria e esclarecimento de dúvidas   224
   3.2 – Resolução de casos práticos   225
   3.3 – Debates   227
   3.4 – Comentários de jurisprudência   231
   3.5 – Trabalhos de investigação   232
   3.6 – Europeização do ensino do Direito, utilização jurídica de línguas
       estrangeiras e de novas tecnologias   233
   3.7 – Outras actividades complementares   237
4 – Simulação de julgamento   239
5 – Sistema de avaliação e provas de exame   241